U0147691

# 歷史視野下的中華民族精神　中冊

——鄭師渠　史革新　主編

## 總論

# 第三編——

# 宋元明清：統一的多民族國家新發展與民族精神的昇華

# 第八章
# 多民族統一的新發展和民族起源的認同觀念

從西元九六〇年北宋建立到一三六八年元滅亡和明朝的建立，這是中國歷史的進一步發展時期，東、西方的文化得到了進一步的交流。在這樣的大背景下，中華民族進入新的發展時期。

民族精神在新的歷史條件下有了新發展，這與時代是緊密聯繫在一起的。

宋元時期一個重大特點是民族關係的發展。宋元時期，各個民族既有鬥爭，又有團結，在交往和鬥爭中，各個民族之間發展了新的關係。在中華大地上，各個民族對祖國歷史都作出了自己的貢獻。筆者認為應當把遼、宋、西夏、金、元作為一個整體來認識。過去談到這段歷史，多是把遼、宋、西夏、金、元分開來寫，在評價歷史事件和歷史人物時，角度又往往不盡相同，以至不能全面反映出中華民族的發展，也很難體會民族精神發展之所在。

宋元時期的民族關係加強、發展形成歷史大勢，民族精神在這樣的趨勢下得到加強。這樣的主流趨勢，用白壽彝先生的話來說就是「總的說來，友好關係越來越發展」，民族之間的鬥爭雖然存在，但民族的交往又在進一步加強。白壽彝先生有一段話，對於我們理解這個時期的民族精神，是十分重要的，這是他在二十世紀五〇年代的思考，後來又寫進多卷本《中國通史》第一卷《導論》中，話是這樣說的：

在多民族統一的歷史發展過程中，民族之間有和好，有爭吵。和好，有聘問、朝貢、封賜、和親、交易、民間的各種往來。爭吵，有時發展為戰爭。因此就有人問，民族關係史是以民族友好為主流，還是以民族鬥爭為主流？對於這個問題，我們須作一些分析。第一，友好和鬥爭都不是絕對的。有的時候，鬥爭是手段，友好是目的。有的時候，友好是手段，鬥爭是目的。有時，在個別事件、個別地區有爭吵，但不一定就破壞民族間的友好。第二，在歷史記載中，對於民族友好的記載往往不像記載民族糾紛，特別是民族戰爭那樣引人注目。民族糾紛，特別是民族戰爭，即使是暫時性的、自發性的，也可以改變人們對於長期友好的印象。廓清歷史上所籠罩的一些迷霧，揭示出歷史的真實面貌，是須下些苦功的。現在根據我們所接觸的材料看，在中國歷史的長河中，民族關係是曲折的。但總的說來，友好關係越來越發展。[1]

從總體上說，我們應當有這樣的認識。

宋元時期是中華民族大發展時期。民族發展和融合是一個雙向的過程。漢族與少數民族在曲折歷史過程中向前發展。一些少

1 白壽彝主編：《中國通史》第 1 卷《導論》，上海人民出版社 1989 年版，第 95 頁。

數民族建立的政權，在新占領區把漢族和少數民族編制在一起，這樣做是為加強控制，但對民族之間的交往也產生了一定的作用。另一方面，少數民族統治者，逐步接受了漢文化，有的傾慕儒學，組織力量翻譯儒家經籍，要他們的子孫和臣僚學習《貞觀政要》及《史記》《漢書》和新舊《唐書》。「用漢官制度」來編制戶口、勞動力。「夷夏雜居」的編制，推進了民族融合的發展。另外，在共同的鬥爭中，各族人民的聯繫更加密切。在不少地區，漢族和其他各族人民在一起進行生產。經濟、文化的交流促進了民族關係的發展。宋、遼、金、元時期，是中國民族關係大發展的時期。

## 第一節 ▶ 多民族統一的新發展

把北宋到元亡作為一個整體，我們可以看出，中華民族的各個民族都對中國歷史的發展作出了貢獻，各個民族的英主競相展現自己的才能，宋太祖、太宗等是一代英主，而契丹的遼太祖、遼聖宗，西夏的景宗，女真族的世宗、章宗，蒙古族太祖、世祖等，都是在歷史上有大作為的君王。

這個時期的民族精神的發展，從各個方面體現出來。遼、宋、西夏、金、元歷史在每一個階段上，各個民族為社稷的振興展現高揚的向上的精神；民族起源的認同觀念是突出的；各個民族在政治上、經濟上、文化上的交往更為緊密，隨著封建化從中原地區向周邊地區推開，各民族聯繫得到很大的加強。物質文化、精神文化、制度文化體現出對漢文化傾慕、吸納，顯現出一種內在凝聚力。無論是「戰」，還是「和」，這個總的趨向，是越來越明顯，越來越得到加強，從宋到元，中華民族走向世界，中華民族精神也突破了地域的界限，得到了傳播。

下面有必要作具體分析。

從九六〇年到九九七年，即宋太祖、宋太宗統治的年代，是北宋歷史的第一個階段。在這一階段，北宋一方面採取措施鞏固加強封建專制主義的統治；另一方面，消滅割據勢力，統一全國。在北方，北宋和遼展開鬥爭，以爭取擴大統一的規模。

顯德七年（960 年），趙匡胤趁北漢勾結契丹進攻後周，帶領大軍出征。趙匡胤建國號宋，在位十七年，繼位的是他的弟弟趙光義即宋太宗。他們為統一進行了南征北戰，北宋的統一實際路徑是由西南，再東南，然後向北。

宋太祖、太宗在位時期，逐個消滅了地方的割據勢力。首先北宋平定了李筠、李重進的叛亂。其後於九六三年，平定荊南；九六五年，消滅後蜀；九七一年，南漢被迫投降北宋。九七五年，南唐主李煜雖然百般地順從宋廷，但是趙匡胤還是不允許南唐苟延下去，趙匡胤說：「臥榻之側，豈容他人鼾睡。」既要一統天下，就容不得這個政權保留下來。在大軍壓境的形勢下，李煜歸降。

太宗繼位後，九七八年，吳越獻地。同一年，割據漳、泉二州的陳洪進也納土於宋。至此，宋消滅了南方的割據政權。

九七九年，太宗親征，北漢主降宋。太宗滅北漢的同年，發動了對遼的軍事鬥爭，想乘機收復契丹占據的燕雲十六州，但宋軍在高梁河大敗；九八六年，太宗乘遼朝政局不穩之機，再次伐遼。又失敗。這一年是太宗雍熙三年，所以又稱「雍熙北伐」。高梁河之戰和雍熙北伐失敗後，宋朝對遼的鬥爭，由進攻變為相持。宋朝統一的規模與格局基本形成了。

在肯定北宋的同時，也要看到契丹族在推進中華民族發展上的貢獻。北宋前期，宋遼的關係是當時的主要矛盾，戰爭是主要的，但民族關係還是在發展，這要從中華民族發展上來認識。陳述先生在上個世紀有兩本書《契丹史論證稿》與《契丹政治史稿》，他說過這樣的話「契丹為中華民族一支，故契丹威名之廣溢，亦中華民族之光榮」，「方今全國一家，縱以地域氣候所限，容有生活方式之殊，而精神之凝聚無間，是又吾人所不可忽視者也」。他對契丹族作為中華民族一員對祖國歷史的貢獻，歸納出五點：一是溝通長城南北，奠定了祖國統一的基礎；二是對東北、北方的開發建設，直接穩定了祖國的北疆；三是促進了社會經濟的發展；四是契丹族在文化上的貢獻；五是遼代對宋、金、元、明、清產生直接的影響。陳述先生的論述得到史學界的認可稱讚。[2]

契丹是一個古老的民族，唐末到五代，契丹逐漸強大，並不斷向外擴張。九一六年耶律阿保機在今天的內蒙古的西拉木倫河流域建立了契丹國，是為遼太祖。太祖營建都城（即以後的上京

2 參見王宏志：《讀〈契丹史論證稿〉和〈契丹政治史稿〉》，宋德金等編：《遼金西夏史研究》，天津古籍出版社 1997 年版。

臨潢府)。使用俘獲的漢族知識分子,注意吸收漢文化。遼太祖時期,社會經濟得到進一步的發展。遼國境內,經濟發展很不平衡,但都有不同程度的變化。遼朝境內多民族生活在一起,對於北方各族的交融起到了積極的作用。

遼太祖向西北、東北擴張,並且滅了已經進入封建制度的渤海國。遼太祖在黃河沿岸建立了漢族式的皇都,而都城的建築就是在漢族知識分子康默記等人的主持下完成的。此外,還制定法律、建孔子廟、仿造漢字偏旁制定了契丹文字,傳播漢族封建文化。這些舉措都有助於遼朝雙軌政治制度的建立和實行。

遼推行科舉制度,對社會文化教育的普及和發展也起到了積極作用,學而優則仕,遼朝境內各族上層人物積極讀書賦詩,求仕進,契丹很多貴族也學習漢文、讀經卷。

在史學領域內,無論在修史機構、制度,還是在內容方面,都是遼仿宋制。

九二六年,耶律阿保機病死於扶餘(今吉林農安境)。耶律德光繼位,是為遼太宗。九四七年,遼太宗入開封,滅後晉,建國號為大遼國。

遼朝統治地區包括今黑龍江、吉林、遼寧、內蒙古自治區以及河北、山西的北部等地,就經濟形態來說,既有先進的封建經濟,也有奴隸主占有制經濟,還有氏族制的殘餘;就生產方式來說,既有北面大漠的畜牧業,又有南面平原的農業;就人口成分來說,既有契丹族人,更有大量的中原漢族人。因此,遼太宗明智地採取有效的治理方針,即「官分南北,以國制治契丹,以漢制待漢人」[3] 所謂官分南北，是設南面官北面官之意。[4] 北面官多由契丹人擔任，手持指揮棒，身帶堅弓，掌兵機、群牧、選任武官之政；南面官由漢人充任，著漢服、文質彬彬，掌部族、丁賦、文官選拔之政。北面官的地位要高於南面官。南面官的最高行政機構為三省：中書省、門下省、尚書省。下設六部，州設刺史，縣置縣令，與宋制大體相同，像參知政事、翰林學士、節度使、觀察使、防禦使等南面官都有。即使北面官也有類似官職，只不過稱呼不同。

九八二年，年僅十二歲的聖宗繼位，他的母親承天皇太后掌握政權。

遼聖宗即位前，宋太宗滅北漢。他向北的發展，遭到失敗。晚年採取「守內虛外」的政策，整個形勢發生變化。宋真宗繼位後，遼自九九九年後，數度南下，深入到霸、雄等十多個州。

遼聖宗統和二十二年（宋真宗景德元年，1004 年），遼聖宗和蕭太后帶領遼軍南下，十一月在連破一些州城後，直抵澶州，直接威脅宋的都城開封。宋君臣震動。在宰相寇准和畢士安的推動下，真宗終於親自出征，大大鼓舞了宋軍的士氣。遼受到挫折，經過幾次交涉，十二月，雙方議和成是為「澶淵之盟」。

澶淵之盟以後，宋遼之間維持一段較長時間的相對的穩定的

3 《遼史・百官志一》。

4 遼國風俗，皇帝坐西朝東，北面與南面分立官員，在牙帳之北的稱北面官，在牙帳之南的稱南面官。

局面。宋開放宋遼之間的邊境上的榷場貿易，雙方百姓的友好關係得到發展。遼人君努力學習中原文化、吸納中原文化，其文化走向，體現出一種向心力和民族凝聚力。遼在文化教育上的措施與制度，也都反映出這一特點。

北宋與遼「戰與和」後，從整體趨向上說，是民族聯繫緊密了，民族關係發展了。

由於有一些精通遼漢文化的人臣的譯介、傳播，使中原地區的史書在遼境內得到流傳。

遼聖宗是一代英主，他開創的盛世，與他對歷史的重視一致。據《契丹國志》卷七記載，聖宗好讀《貞觀政要》，並且親自以契丹字譯白居易《諷諫集》，供臣下諷讀，他評價唐代的人主時說：「五百年來，中國之英主，遠則唐太宗，次則後唐明宗，近則今宋太祖、太宗也。」可見，遼聖宗對這樣的歷史文獻不但閱讀，而且有自己的見解。他能打破民族界限，稱頌宋太祖、太宗。遼聖宗重視吸收漢族的文化。聖宗開科取士，刊刻佛教典籍，編修史書。遼聖宗期望從唐代高祖、太宗、玄宗的歷史中尋求歷史的經驗，作為治理社稷的借鑒，使自己能成為如同唐代貞觀、開元聖世之君。[5]

遼的一些公室大臣及其後代，包括女輩，也能讀到中原地區的史書。號稱是遼的賢女、太師適魯之妹，「讀《通曆》，見前

5　參見《遼史》卷八十《馬得臣傳》。

人得失，歷能品藻」[6]。

同樣，宋與西夏的關係，也體現了民族關係的發展。

西夏的主要民族是党項族，党項族是羌族的一支，原來居住在今天的青海東南以及四川西部一帶。唐朝為了防止党項和吐蕃聯繫在一起，把党項人遷到今天的陝北一帶。住在慶州（今甘肅慶陽）一帶的為東山部，住在夏州（今陝西靖邊北白城子）一帶是平夏部，橫山一帶的是南山部。

趙匡胤建立北宋後，封李彝殷為太尉，死後贈封為夏王。一〇三八年，元昊稱帝，國號大夏，是為西夏的景宗。他仿效漢人的禮儀，設立官僚機構，積極發展經濟。元昊通曉漢族文化，建立西夏政權的元昊是一位已經封建化的党項領袖，他「通漢文字」[7]，因而容易接受宋文化，比較了解漢族的封建政治制度，對宋朝政治體制度的優越性，有較為深刻的認識。

西夏官制大體仿宋，也在中央設中書省、樞密院，其下的機構和官品也和宋相仿。正如《宋史》所雲：夏「其設官之制，多與宋同」[8]。

党項族人用西夏文翻譯了大批儒家經典、兵書和史書，如《論語》《孟子》《孝經》《爾雅》《孫子兵法》《貞觀政要》等，以使更多的人領略中原傳統文化的魅力，借鑒歷代王朝興衰成敗

6 《遼史》卷九九《列女傳》。
7 王稱：《東都事略》卷一二七，附錄五《西夏》一。
8 《宋史》卷四八六《夏國下》。

的經驗教訓。

西夏王元昊不僅通漢文字，還通曉浮圖學（佛學），因此他組織人翻譯了《華嚴經》《妙法蓮花經》《般若波羅蜜多經》《金剛經》等許多佛經。為更好地普及中原文化，党項人編撰了字典類的工具書，如西夏文字典《文海》，夏漢字典《番漢合時掌中珠》等。

一〇四〇年至一〇四二年，西夏和宋發生了三川口（今延安西北）、好水川（今寧夏隆德東）和定川寨（今寧夏固原西北）三次大的戰鬥。一〇四四年，宋和西夏簽訂和約。和議規定西夏取消帝號，宋冊封元昊為夏國王，宋每年賜西夏銀七萬兩，絹十五萬匹，茶三萬斤。

北宋後期主要矛盾是與女真族建立的金的交爭。確實，戰爭帶來了巨大的災難，「靖康恥」是留在宋人心頭的很深的傷痛。但從總體上說，二者的和平相處是主要的，有的學人作了詳細的統計後說：「在宋金交往的一百一十七年之中，有八十九年的時間是和平相處時期。在和平相處時期，雙方均希望這種和平相處的局面保持下去，並為之進行了不懈的努力，這種努力應該是宋金和平相處時期雙方交往的主流。」[9]

金朝從長期的經歷中，體會到吸納中原地區文化的重要性。值得思考的是，劉祁的《歸潛志》總結金源氏亡國的教訓說：

大抵金國之政，雜遼、宋，非全用本國法，所以支持百年。

9 趙永春：《金宋關係史研究》，吉林教育出版社 1999 年版，第 43 頁。

然其分別蕃漢人，且不變家政，不得士大夫心，此所以不能長久。向使大定後宣孝得位，盡行中國法，明昌、承安間復知保守整頓以防後患，南渡之後能內修政令，以恢復為志，則其國祚亦未必遽絕也。[10]

作為金、元之際的歷史學家劉祁，他說的話當然是對新統治者的期望。「雜遼、宋，非全用本國法，所以支持百年」，而「分別蕃漢人，且不變家政，不得士大夫心」，是金人亡社稷的痛苦教訓。說得明白一點，就是：要社稷長治久安，在政策上就不應當「分別蕃漢人」、固守成法而不知變，要得士大夫之心，要「盡行中國法」。

金朝的創建者是女真族。女真受到契丹的欺壓敲詐，引起女真族的不滿與反抗，「女真厭苦之。」阿骨打（完顏旻）於一一一四年任部落聯盟長，開始了抗遼的鬥爭。一一一五年，阿骨打稱帝，建立大金國，年號收國，是為金太祖。

阿骨打建國以後，繼續向外擴張，這一年的九月，占領黃龍府（今吉林農安）。遼的天祚帝率領號稱七十萬大軍，進攻金人。阿骨打率二萬精兵，大破遼軍。第二年，占遼的東京遼陽府（今遼寧遼陽）。以後的幾年，相繼攻占遼的上京臨潢府（今內蒙古巴林左旗南），中京大定府（今內蒙古寧城西大名城），西京大同府（今山西大同）。到一一二二年，金軍攻下南京析津府（今北京）。一一二三年，阿骨打去世。弟吳乞買繼位，為金太

10 《歸潛志》卷十二《辯亡》，中華書局 1983 年版，第 137 頁。

宗。一一二五年，遼天祚帝在應州（今山西應縣）被擒獲，遼亡。隨著遼的趨於滅亡，金和宋的矛盾逐漸上升。

金人在滅遼以後，立即開始南下向宋進攻。徽宗宣和七年（1125 年），金軍分兩路南下。靖康元年十二月，金軍在開封城內大肆搜刮擄掠。宋徽宗和宋欽宗先後被扣作俘虜。靖康二年（1127 年）二月，金人廢徽、欽二宗，北宋滅亡。三月，金人扶植傀儡張邦昌建立偽楚政權。四月，虜徽、欽二宗及後妃、宗室大臣三千多人和大量金銀財寶、文物北歸，史稱「靖康之難」。

女真貴族剛入中原，排斥漢族文化，金兵占領孔子故鄉曲阜，放火焚燒了孔廟，甚至下令禁止人民穿漢服，強迫漢人依照女真人習慣剃髮，違者即死。漢人被俘後要在耳朵上刺字，作為奴隸出賣。

但是，漢族的文化對各少數民族具有很大的吸引力，即使其貴族統治者也莫能例外，金朝受漢文化薰陶，漸染華風。完顏阿骨打建立起金朝的過程中，重視收集中原文獻。天輔五年十二月，金太祖下詔，說：「若克中原，所得禮樂儀仗圖書文籍，並先次津發赴闕。」[11] 金太宗在同宋的戰爭中，就注意搜集中原文獻。金人赤盞暉到了杭州，通糧餉，回北方，特別帶上《資治通鑒》版[12]。南方大量文獻北傳，促進金人對漢文化的學習。所謂

11 《金史》卷一《太祖紀》。
12 《金史》卷八十《赤盞暉傳》。

「至於圖籍，南來士大夫家家有之」[13]，可以表明當時金人對漢文化的傾慕。

金太祖時已部分實行了遼宋官制，金太宗時更是明文規定新降地區「新附長吏職員仍舊」[14]。到金熙宗廢除了勃極烈女真舊制，「建尚書省，遂有三省之制」[15]。金熙宗之所以能果斷地沿襲宋制，是因為他自幼從漢族學者韓防學習漢文經典圖籍，能作詩寫漢字，「雅歌儒服」，曾被女真舊貴族認為「宛然一漢家少年子」[16]。他對漢族文化心嚮往之，自然一即位就如一漢族皇帝模樣，大刀闊斧實行改革，最終使金朝的「城郭、宮室、政權、號令，一切不異於中國」[17]。熙宗是尊儒重史的君王，皇統元年（1141 年）二月，祭孔子廟後，對侍臣說：「朕幼年遊佚，不知志學，歲月逾邁，深以為悔。孔子雖無位，其道可尊，使萬世景仰。大凡為善，不可不勉。」自此以後，他讀《尚書》《論語》及《五代》《遼史》各種書籍，史載他讀書的辛苦情形的一句話是：「或以夜繼焉」[18]。熙宗時，程寀上疏，引證古今歷史，論說為治之道。熙宗高興地接受他的意見。海陵王在《金史》中是一個暴君的形象，但他同樣是重文重史的人君。劉祁在《歸潛志》開篇說「金海陵庶人讀書有文才」，在宴會上與臣下發生爭

13 《金史》卷七十九《宇文虛中傳》。
14 《金史》卷七十四《宗望傳》。
15 《金史》卷五十五《百官志一》。
16 《三朝北盟會編》卷一六六引《金虜節要》。
17 《宋史》卷四三六《陳亮傳》。
18 《金史》卷四《熙宗紀》。

論，在訓斥中，海陵王還拿出《漢書》來。[19]

金代文化在吸納的基礎上，形成自己的特點。《金史》說：

金初未有文字。世祖以來，漸立條教。太祖既興，得遼舊人用之，使介往復，其言已文。太宗繼統，乃行選舉之法，及伐宋，取汴經籍圖，宋士多歸之。熙宗款謁先聖，北面如弟子禮。世宗、章宗之世，儒風丕變，庠序日盛，士由科第位至宰輔者接踵。當時，儒者雖無專門名家之學，然而朝廷典策、鄰國書命，粲然有可觀者矣。金用武得國，無異於遼，而一代製作能自樹立唐、宋之間，有非遼世所及，以文而不以武也。[20]

這一段話中至少交代了兩點：金代文化與遼、宋文化關係密切，「一代製作能自樹立唐宋之間」。

金世宗、章宗時期是金代史學思想的發展時期和成熟時期。重要的是借鑒史學在金代的統治中發揮了積極的作用。在中國史學史上，重視歷史經驗的如漢高祖、唐太宗這樣有代表性的君王。而金太宗對歷史的重視，在中國歷史上也是突出的，可以和唐太宗比肩。號稱小堯舜的世宗在位三十二年，治理上有相當的成績，史稱之為「大定之治」。

世宗時期對經史的整理有成績。世宗於大定年間對士子讀本，作了明確規定，除了經書如《易》用王弼、韓康伯注等以外，在史部書方面，規定《史記》用裴駰注，《前漢書》用顏師

**19** 《金史》卷七十六《太宗諸子傳》。
**20** 《金史》卷一二五《文藝上》。

古注，《後漢書》用李賢注，《三國志》用裴松之注，及唐太宗《晉書》、沈約《宋書》、蕭子顯《齊書》、姚思廉《梁書》《陳書》、魏收《魏書》、李百藥《北齊書》、令狐德棻《周書》、魏徵《隋書》、新舊《唐書》、新舊《五代史》。這些書都是由國子監刊印，授諸學校[21]。

章宗繼承了世宗的傳統，大規模網羅文獻、譯寫經史文籍。據《金史・章宗紀》，明昌五年（1194），二月章宗下詔購求《崇文總目》所闕書籍。三月，置弘文院，譯寫經書。[22]

即使是在金朝衰亡時，金代的人主仍然對歷史十分重視。在政治生活中，歷史意識表現得還是比較明顯，仍然保持著重史的傳統。衛紹王於大安二年（1210 年）五月，下詔儒臣編《續資治通鑒》。《金史》卷十三《衛紹王》。金朝人臣不忘用歷史對時局提出看法，而人君也力圖從歷史中找到挽救敗亡的局面。金哀宗正大元年（1224 年），詔趙秉文、楊雲翼作《龜鏡萬年錄》。《金史》卷十七《哀宗紀上》。正大四年八月，在萬年節上，同知集賢院史公奕進《大定遺訓》，待制呂造進《尚書要略》。《金史》卷十七《哀宗紀上》。

元朝歷史有自己的特點。元朝實行民族壓迫政策，把百姓分成四等：蒙古人、色目人、漢人和南人。但中國境內各民族不斷加強的趨勢是改變不了的，中華文化的「軟實力」是巨大的。

---

**21** 《金史》卷五十一《選舉志》。
**22** 《金史》卷十《章宗紀二》。

一二七一年，忽必烈建國號為「元」。元初，一些大臣在請開科取士的同時，又請立國子學。一二八七年，初置國子監。一二八九年設回回國子學。江南各路設儒學提舉司，一二九一年，今江南各路學及各縣學內設小學，在以前一些大儒辦過教育的地方，設立學院。由朝廷任命的師儒稱作教授，其他的由禮部、各行省及宣慰司任命者，稱作為學正、山長等。

元朝的統一在中國歷史上具有重要的意義，在滅南宋的同時，忽必烈逐漸建立起較為完善的國家機構和制度，進一步加強封建專制主義的統治。他推行「漢法」，保障蒙古貴族的利益，確立封建專制的中央集權制度。元朝統治具有民族壓迫與歧視的一面，但同時也重視宋代以來的文化，特別是理學。理學成為一代正宗意識形態。趙復（江漢先生）完成了理學北傳，元代通過科舉，使朱學影響擴大。而理學大家如許衡、劉因、饒魯、吳澄以及虞集、歐陽玄、蘇天爵等一代理學大家，在史學上都有貢獻。

元代是中國統一多民族國家的發展時期，白壽彝先生把這一時期稱為中國歷史上第二次民族大組合時期，這一時期廣大邊區的封建化則是「元代社會生產力發展的新氣象」[23]。如果說，宋代為中華民族文化走向世界奠定了基礎，那麼元代則是中華民族文化開始大步走向世界，顯示出文化上的開闊性、包容性。民族精神在世界範圍內得到更大的傳播。

**23** 《中國通史》，上海人民出版社 1989 年版，第 85 頁。

在元朝，西藏地區與內地的來往交流更加頻繁了。由於管轄吐蕃地區事務的最高機構宣政院設在大都，歷任帝師也在大都供職，所以，關於西藏地區的重要軍政事務，都要從大都發佈命令，或派官員到西藏地區處置。這樣，西藏地區的僧俗上層人物經常往返於大都，加之設立驛站，交通方便，不僅有利於西藏地區與內地的經濟、文化交流，有利於西藏的發展，而且也進一步鞏固了元朝對西藏地區的有效管轄和治理，對我國統一多民族國家的發展和加強意義重大。

臺灣、澎湖地區，在元朝同中國大陸之間的政治關係有了新的發展。據南宋記載，「泉（州）有海島，曰彭湖，隸晉江縣」[24]。可知在南宋時期，澎湖便歸泉州晉江縣管轄，這種政治上的隸屬關係已經十分明確。元朝初年，澎湖隸屬江浙行省，後改屬福建行省。元朝人說，澎湖「隸泉州晉江縣，至元年間立巡檢司」[25]。

元朝政府通過澎湖巡檢司管轄澎湖與臺灣，並徵收鹽稅。這是我國中央政府首次在臺灣地區正式建立的行政權力機構。元朝對西沙群島、南沙群島等島嶼也進行了有效管理，並將這些地方劃歸湖廣行省。

元朝在加強對中原地區統治的同時，特別加強了對邊疆地區的控制和開發。元朝大統一的政治形勢，促進了邊疆地區各族人

24 《諸蕃志》。
25 《島夷志略》。

民和中原地區經濟、文化聯繫的發展。而民族融合和各族人民聯繫的進一步加強，鞏固了空前統一的國家。特別是大批漢人被遣發到邊地開墾，邊疆地區各族則大量遷到內地定居，改變了宋、遼、西夏、金時期各少數民族偏守一隅的情況，各族之間的溝通、聯繫、學習、交往得到了加強，過去視為邊陲絕域的地區與中原地區成為同呼吸共命運的統一整體，原有的地域觀念在減弱。這一切，都使元朝統一多民族國家得到了鞏固和發展。元朝成為我國統一多民族國家發展史上的重要階段。

## 第二節 ▶ 民族起源的認同觀念

陳垣先生在《通鑒胡注表微》一書中說：

身之（胡三省）諄諄於中國之人者，明契丹主不足怪也。然契丹在金元，均稱漢人，已與中國為一家矣。豈獨契丹，女真在元，亦已稱漢人，在今則皆謂之華人。身之嘗歎中國自此胥為夷，豈知夷至此胥為中國乎！[26]

陳垣先生指出胡三省在歷史見識上褊狹的一面，說出當時各個民族「與中國為一家」的認同的歷史意識的事實，這也正是遼朝史學上一個明顯的特點。這裡說的是元朝情形，但在遼，史官寫史，就有了契丹與漢是「一家人」的觀念。

遼朝的史家和政治思想家，在族源的追溯上，體現出民族上



26 《通鑒胡注表微・夷夏篇》。

的認同感，《遼史世表・序》說：「庖羲氏降，炎帝氏、黃帝氏子孫眾多，王畿之封建有限，王政之布濩無窮，故君四方者，多二帝子孫，而自服土中者本同出也。」這裡值得注意的是，說明王畿範圍內，多是二帝子孫，也就是說，大多是炎黃的子孫後代，當然也有不能全部都斷為二帝的子孫，這是其一；其二，契丹是二帝的子孫，說法不一樣，一為炎帝後代說，一為耶律儼的黃帝後代說，兩種說法有差別，但與《史記・匈奴列傳》的思想相似。這種歷史意識，表現為一種認同。遼漢既都是二帝子孫，當然也就是平等的。因此，這裡又凝含著民族的平等的思想。楊樹森的《遼代史學述略》注意到遼史學的這一特點，說「遼朝為了說明自己的正統地位，他們不自外於中華，自稱他們都是炎黃的子孫」。「有一點必須指出，就是遼朝統治者自認為他們同漢族一樣，都是炎黃子孫，是中華民族的一員。」[27]

遼金史學文化體現出民族凝聚力。民族凝聚力體現在歷史發展的趨向上，又體現在文化和心理上。

少數民族如契丹的遼，宣稱自己是炎黃的子孫，從而體現出一種民族族源的認同感。南方漢人也吸收少數族文化，「民亦久習胡俗，態度嗜好，與之俱化」[28]。

遼的史家認定契丹從上古時代，就和中原地區的文化制度有不可分割的聯繫，《遼史・屬國表》說：「周有天下，不期而會

**27** 《遼金史論集》第三輯，書目文獻出版社 1987 年版，第 198-199 頁。
**28** 范成大：《攬轡錄》。

者，八百餘國。遼居松漠，最為強盛。天命有歸，建國改元。號令法度，皆遵漢制。命將出師，臣服諸國，人民皆入版籍，貢賦悉輸內帑。」這種歷史觀念還反映到社會、政治生活中去。據《遼史》的《后妃傳》：「太祖慕漢高皇帝，故耶律兼稱劉氏；以乙室、拔裡，比蕭相國，遂為蕭氏。耶律儼、陳大任《遼史・后妃傳》大同小異，酌取其當著於篇。」甚至，契丹統治者的姓氏也反映出一種歷史的思想。可見，遼朝史家這種從先民關係上，契漢一源的認同的這種歷史意識，已經成為一個時代思潮的主流，它滲透到各個文化的內涵中。

金朝人臣有一批通曉文史的政治家又是史臣。如，趙秉文是金代末年的一大儒[29]，劉祁與元好問在金代史學史上占有特殊的地位。《金史》作者謂：「劉京叔《歸潛志》與元裕之《壬辰雜編》二書雖微有異同，而金末喪亂之事猶有足征者焉。」[30] 劉祁之父劉從益也是名儒，劉祁為太學生，《金史》說他「（劉祁）甚有文名，值金末喪亂，作《歸潛志》以紀金事，修《金史》多採用焉」[31]，以及王若虛等。理學大家郝經曾從學於劉祁，稱劉祁的著述《處言》是：「其理則詣乎極而窮乎性命」[32]，而「國家盛衰興亡之故」[33] 是在《歸潛志》中。一代史家說「理」、論歷史

29 參見《金史》卷一一〇《趙秉文傳》。

30 《金史》卷一一五《完顏奴申傳》。

31 《金史》卷一二六《文藝下》。

32 《歸潛志》卷十四《續錄・渾源劉先生哀辭》，中華書局 1983 年版，第 183 頁。

33 《歸潛志・附錄》，第 185 頁。

興亡之「故」，顯然有別於前人。可以說，理學文化在史學上的價值得到認同，從思維上，是民族精神的提升。

所以，有的外國學者把中國歷史包括遼朝在內的某一時期，稱之為所謂的征服王朝，民族關係變成征服與被征服的關係。這種說法是錯誤的，不符合中國歷史的真實的情形。中國各族之間的凝聚力不斷增強，中國統一多民族的國家的發展是歷史內在的必然。就宋遼金元的歷史發展走向上看，民族凝聚力體現得非常明顯。中國十一世紀至十三世紀的文化中的史學觀念也深刻地反映出來。因此，我們必須把宋遼金史學作為一個整體來把握。

## 第三節 ▶ 正統觀的變化

這一時代的民族思想、政治變革觀念，融會在盛衰論中。宋代春秋學中的尊王大一統思想在這樣的時代背景下得到長足的發育，為歷史興衰觀念鋪墊，成為其理論形態。其中，歐陽修關於「正統」的理解，有了新的理念。「正統」者，實質是「一統」也。他很務實，提出歷史的正統有「三絕三續」說，從而發展「春秋」說的大一統的觀念。他把北宋的《春秋》學推至一個新的境界。

尊王觀念和正統「三絕三續」說。北宋《春秋》學在學術思想上沒有什麼新鮮的內容，它之所以受到北宋統治者的青睞，在於它適應了統治者的需要，突出了尊王大一統的觀念。孫復的《〈春秋〉尊王發微》論的中心思想是闡明尊王是《春秋》大義。

孫復在《〈春秋〉尊王發微》開篇說：

平王迨隱而死。夫生猶可待也，死何所為。《春秋》始隱者，天下無複有王也。欲治其末者必端其本，嚴其終者必正其始。元年書「王」，所以端本也；「正月」，所以正始也。其本既端，其始既正，然後以大中之法從而誅賞之。

孫復認為孔子作《春秋》是突出王者至尊的要義，傷周道絕，反對諸侯「專執」，反對大夫「專殺」。這些思想是通過書法上的損益、褒貶體現出來的，即使書年書月，也包含大義。歐陽修寫史，突出的一點是尊王的觀念，[34]。歐陽修的尊王觀念體現在褒貶議論中，另外一個重要方面是體現在他對「正統」的見解上。

歐陽修提出對「正統」的理解，說：

《傳》曰：「君子大居正」；又曰：「王者大一統。」正者，所以正天下之不正也；統者，所以合天下之不一也。由不正與不一，然後正統之論作。[35]

又說：

臣愚因以謂正統，王者所以一民而臨天下。[36]

在歐陽修以前有各種正統論，其中最有代表性的觀點，是以三統五運作為理論基礎，說明歷史上的統閏承續、變化。歐陽修

---

**34** 柴德賡說「歐史效法《春秋》，最突出的一點是尊王思想」柴德賡：《論歐陽修的〈新五代史〉》，《人民日報》1965 年 7 月 2 日。

**35** 《居士集》卷十六《正統論上》。

**36** 《居士集》卷十六《正統論序》。

的正統論，與之相比，明顯不同的地方，是歐陽修把尊王大一統的觀念作為「正統」的內涵。

由這樣的角度審視中國歷史，稱得上是正統王朝有三類：第一類，「居天下之正，合天下於一」，如堯、舜、夏、商、周、秦、漢、唐。第二類，「雖不得其正，卒能合天下於一」，如晉、隋等。第三類，「居其正而不能合天下於一」，如「周平王之有吳、徐是也」。有爭議的是三段歷史時期：周、秦之際，東晉、後魏之際，五代之際。對這三段時期中各個王朝怎樣認識，怎樣解釋各個王朝在統閏中的地位。學者的意見分歧很大。歐陽修認為發生爭議的原因有兩點：一是「挾自私之心而溺於非聖之學」，如寫南北朝歷史者，「私東晉者，曰隋得陳，然後天下一，則推其統曰：晉-宋-齊-梁-陳-隋。私後魏者，曰統必有所受，則推其統曰：唐受之隋，隋受之後周，後周受之後魏」。「至其甚相戾也，則為南史者，詆北曰『虜』；為北史者，詆南曰『夷』。此自私之偏說也。」二是依五行運轉說，強作編排，「謂帝王之興，必乘五運者」，「故自秦推五勝，以水德自名，由漢以來有國者，未始不由於此說，此所謂溺於非聖之學也」。[37]

歐陽修認為中國歷史上，正統是「三絕而復續」。他說：

故正統之序，上自堯舜，歷夏商周秦漢而絕；晉得之而又絕；隋唐得之而又絕。自堯舜以來，三絕而復續。惟有絕而有

37 上引見《居士集》卷十六《正統論上》。

續，然後是非公，予奪當，而正統明。[38]

歐陽修的正統「三絕三續」的見解，較好地對統一王朝的歷史和分裂割據時期的歷史以說明，這樣的說明，可以避免對歷史作過分的曲解。當然，歐陽修的正統論中的尊王大一統觀念，還是尊宋：「大宋之興，統一天下，與堯舜三代無異」[39]。

歐陽修寫《新五代史》，從史書編纂立例、書法，到對史事評論，突出了他尊王大一統的觀念。

作為理學家朱熹，他有自己的看法。他批評《資治通鑒》，主要一點是對著司馬光的正統觀而發的，說：

臣舊讀《資治通鑒》，竊見其間週末諸侯僭稱王號而不正其名，漢丞相亮出師討賊，而反書「入寇」。此類非一，殊不可曉。又凡事之首尾詳略，一用平文書寫，雖有目錄，亦難檢尋。[40]

《資治通鑒》在朱熹看來有兩大缺陷：一是許多材料的編寫不合正名分、守綱常的要求，不能把「理」貫穿於史書全過程中；二是在編排形式上，眉目不清，難以檢尋。前者又是主要的缺陷。李方子把朱熹批評《資治通鑒》的意見，作了概括，說：

至於帝曹魏而寇蜀漢，帝朱梁而寇河東，系武后之年，黜中宗之號，與夫屈原、四皓之見削，揚雄、荀彧之見取，若此類，

38 《居士集》卷十六《正統論下》。
39 《居士集》卷十六《正統論・序論》。
40 《朱熹集》卷二十二《辭免江東提刑奏狀三・貼黃》。

其於《春秋》懲勸之法，又若有未盡同者，此朱子《綱目》之所為作也。[41]

李方子把《資治通鑒》中不盡合義理處，依朱熹的看法，概括為兩個方面：一是涉及正統的看法，這就是司馬光寫史「帝曹魏而寇蜀漢，帝朱梁而寇河東」，不合正統觀念。二是《資治通鑒》的書法不合「《春秋》懲勸之法」。而第二點又是為貫徹正統的理念。

在討論《資治通鑒綱目》編纂時，不可避免地要研究《資治通鑒綱目・凡例》，而《凡例》是否出自朱熹的手筆，則是一個有爭論的問題。

我們不具體評論這些見解，但考察《綱目》《凡例》，結合《文集》《朱子語類》有關文字進行分析，」[42] 至少有兩點可以肯定，《通鑒綱目》《綱目凡例》反映了朱熹的觀點，但又不能完全代表朱熹一人的思想。徐昭文在《考證序》中有一段話，說：

初，朱子之修是書也，凡例既定，晚年付門人訥齋趙氏接續成之。今所存語錄多面命之辭，手書告戒，至甚諄切。其曰：綱欲謹嚴而無脫落，目欲詳備而不煩冗。豈訥齋屬筆之際，尚欠詳謹，故有脫誤，失朱子之本意。初學受讀者，不能無疑也。勉齋

41 《資治通鑒綱目・李方子後序》，並可參見《朱子語類》卷一〇五《通鑒綱目》及《語類》卷一三四《歷代一》，以見朱熹有關正統的觀點等。

42 參見《文集》卷三十三《答呂伯恭》、卷三十五《答劉子澄》、卷三十七《答尤延之》，《別集》卷六《與林擇之》，《續集》卷二《答蔡季通》及《語類》卷八十三《春秋・綱領》、卷一〇五《通鑒綱目》。

黄氏亦曰：《綱目》近能成編，每以未及修補為恨。

《通鑒綱目》《綱目凡例》中的主導思想是明正統。《語類》中有這樣一段記載：

問：《綱目》主意？

曰：主在正統。

問：何以主在正統。

曰：三國當以蜀漢為正，而溫公乃雲：某年某月「諸葛亮入寇」，是冠履倒置，何以示訓。緣此遂欲起意成書，推此意，修正處極多。若成書，當亦不下《通鑒》許多文字。但恐精力不逮，未必能成耳。若度不能成，則須焚之。[43]

朱熹對正統問題作了系統的說明，他認為中國歷史的進程有兩種情形。第一，天下為一，諸侯朝覲，獄訟皆歸，便是正統。正統另有兩種類型，一是「始不得正統，而後方得者，是正之始」。如秦開初不是正統，秦始皇並天下方得正統。西晉自太康後才得正統，隋滅陳後才得正統，宋朝自宋太宗並北漢才得統。二是「始得正統，而後不得者，是正統之餘」。如蜀漢、如東晉都是「正統之餘」，因此，司馬光把蜀漢用兵，稱之「入寇」自然不合書法。二是無統，「如三國南北朝五代，皆天下分裂、不能相君臣，皆不得正統」。司馬光寫史以一方為主，書「帝」，「帝」死書「崩」，其餘各方，書為「主」，主死書「殂」。朱熹認為不能這樣寫史，「此等處，合只書甲子，而附注年號於其

43 《朱子語類》卷一〇五《通鑒綱目》。

下」。

朱熹在《資治通鑑綱目序例》中說他寫《綱目》的旨意：「歲周於上而天道明矣，統正於下而人道定矣，大綱概舉而鑒戒昭矣，眾目畢張而幾微著矣，是則凡為致知格物之學者，亦將慨然有感於斯……」這裡說的「統正於下」可以說是全書的基本觀點。

朱熹的正統觀比起歐陽修來，不同的是理學色彩更濃重，其立意在重申「內中國，外夷狄」的編史書用心，所謂「內」與「外」，有偏見的一面，也有內向性要求的一面。歐陽修的正統觀也有同樣的問題，其立意是當時思潮的反映，強調大統一的意義。

宋元二代的思想家如金履祥等都有自己的看法。

元代的理學，從學脈上說，趙復（江漢）完成了理學北傳，他編織的道統圖又開啟了元代的道統。通過科舉，朱學的影響力，進一步擴大。由江漢先生而許衡（魯齋）、劉因（靜修）再至蘇天爵（滋溪），朱學在元代成為學術的正宗，朱氏之學，定為國是。元代蒙古族統治了中國，但在思想理念上，朱學卻是正宗地位，是文化內向性、凝聚性的特點。

元代理學對宋代理學作了一定程度的修正。郝經、劉因的經史關係論，不同於宋儒的理念。在論歷史興亡變化時，思想家、史學家力圖突破宋代理學觀念支配下的正統觀。楊奐作《正統八例總序》，開篇的第一句話便是：「嗚呼，正統之說，禍天下後世甚矣。」他另立新的史例，重新解釋歷史，認為這才是「道義之本」。元人開初編修宋、遼、金三史進行不下去，爭論不休，就是因為以誰作正統的問題解決不了，最後擺脫了舊模式的束縛，各與正統，各系其年號。這是史學思想的一次大的變化。

三史之修，是有元一代人君關心的大事。早在元世祖中統二年（1261 年，南宋理宗景定二年），王鶚請修《遼史》《金史》，世祖命左丞相耶律鑄、平章政事王文統監修，後又詔史天澤監修。南宋滅亡後，元世祖曾詔修《宋史》，袁桷奏請購遼、金、宋遺書，虞集奉命修三史。據進三史之《表》，可知元世祖時，三史都已修訂；世祖後，仁宗延祐年間亦有修輯之事[44]。

影響三史完成的重要原因之一，仍是所謂正統之爭。

一種意見是，主張仿晉書之例，宋為正統，入帝紀，而以遼、金入《載記》，附於《宋史》之後。另一種主張仿李延壽的《南史》《北史》之例，以北宋為《宋史》；南宋為《南史》，遼與金為《北史》。

元順帝時，元統治處在風雨飄搖之中，順帝希望了解「治亂興亡之由」，加速編修三史工作。[45] 至正三年（1343 年）三月開局，三部史書同時開修，脫脫任纂修三史的總裁，決定遼、金、宋「各與正統，各系其年號」。

至正四年三月，《遼史》修成，十一月《金史》完成；五年十月《宋史》修成。其時，脫脫去相，由丞相阿魯圖上表進書。

44 參見《宋史》《遼史》《金史》（中華書局本）後之「附錄」《進宋史表》《進遼史表》《進金史表》及趙翼《廿二史劄記》卷二十三《宋遼金三史》。
45 參見《元史》卷四十一《順帝本紀》。

三史在觀察歷史盛衰上，頗有見地。《金史》直比金世宗為「小堯舜」、比肩唐太宗；強調金源重史的傳統，「《金本紀》所載世宗嘉謨懿訓最詳，較《貞觀政要》更多數倍」「金代九君，世宗最賢」。金代文物遠勝遼、元。[46] 元臣在《進金史表》中說：「非武元之英略，不足以開九帝之業；非大定之仁政，不足以固百年之基。天會有吞四海之勢，而未有壹四海之規；明昌能成一代之制，而亦能壞一代之法。海陵無道，自取覆敗；宣宗輕動，曷濟中興。迨夫浚郊多壘之秋，汝水飛煙之日，天人屬望，久有在矣；君臣守久，蓋足取焉。」元臣對金源一代歷史大勢的理解是這樣的開闊。三史之修在中國民族正史中，有重要的地位。

另外，元修三史，在編纂中，體現自己的天下觀。元世祖即位後，在建元中統的詔書中說：「建元表歲，示人君萬世之傳；紀時書王，見天下一家之義。法《春秋》之正始，體大《易》之乾元」[47]。元代的「天下一家之義」，又是直接與中華文化連在一起的。在建國號為「大元」的詔書中，又說：「可建國號『大元』，蓋取《易經》『乾元』之義。」三史之修體現出這樣的「天下一家之義」，三史的史臣論述，表達了民族認同的觀點。

46 參見《廿二史箚記》卷二十八《金記注官最得職》《大定中亂民獨多》《金用兵先後強弱不同》等。

47 參見《元史》卷四《世祖本紀一》。

# 第九章
# 變古時代與民族精神的昇華

## 第一節 ▶ 理學產生與思維的更新

宋代理學即所謂的新儒學（New Confusianism）的勃起，是中華民族思維繼魏晉玄學之後又一次昇華。貫通天人的理性（Reason）思維對史學發展產生了重要的影響。宋代思想沿著兩條路徑完成認識上的轉型，體現出「變古」的特點。大多數學人具有多重身份，他們既是史學家、文學家、教育家和政治家，很多人在政治舞臺上成了異常活躍的風雲人物，同時又是一代大思想家、理學家。從史學方面說，歐陽修、司馬光、范祖禹、呂祖謙、李燾、李心傳、朱熹、馬端臨、王應麟等，不只是以史學名世，寫出傳世的史著，而且在理學史上都是有影響的大師，在《宋元學案》裡，他們都有重要的地位。宋代史家群體這樣一身多任特點，造就出獨有的史學風貌。他們的史著一般都沒有局限在記時敘事的要求上，而是展開了對宇宙、對社會人事、對歷史盛衰變化、對社會出路的更深的思考，去探求天人之理。

思想家在架構理學體系時，把歷史放在他們的視野中，把古代的天人思維提升到一個新的境界。他們口頭上是說「經精史粗」「經先史後」「經本史末」，但理學作為完整體系，不能不要歷史的說明。理學體系形成，對舊經學的破壞與發明經旨，離不開史學這個陣地。天理體現在萬事萬物中、體現在社會人事中，萬物一理，理一分殊，社會人事歷史是宇宙變動的一部分，又都是受天理的支配。「天」與「人」聯在一起；在有的思想家那裡，「人」融化在「天」之中。宇宙萬事萬物與人類歷史聯繫成一個整體，並進而從理的角度闡明包括歷史在內的整個世界的變動，可以說，宋代理學家史學觀體現出古代的大歷史觀，宋儒把人們的思維提升到哲理的高度上。民族精神也有了更深層次的解讀。

兩宋三百多年的學術文化，一變於仁宗慶曆之際，再變於南宋孝宗乾（道）、淳（熙）時期。高孝光寧所謂的「中興四朝」結束，南宋學術進入到後期。宋遼金的史學作為一個整體來看，形成兩個大的時段，北宋九朝是第一個時期，以宋仁宋「慶曆年間」作個分界線，此前是宋代學術思想史的第一個時段，這以後的史學思想是第二個階段。學術思想發生變化，根源於社會政治經濟的變動，也是理學勃起所造成的局面。遼代史學思想留下它的蹤跡。

「靖康之難」，宋室南渡，整個政治格局發生了變動。宋代歷史進入第二個時期，高孝光寧四朝為第三個階段。宋孝宗與金世宗時期，中國南北創造出相互輝照的史學文化。「隆興和議」後，宋金相互並立，相對平靜的四十年的環境下，由於「乾淳諸老」的創造，出現了學術繁榮的局面。朱學、陸學、呂學，鼎足而三；湖湘之學以及經制之學、事功之學交相輝映。學術也是大發展的時期。可以理宗為界劃分前後兩個時期。金代文化思想相當活躍，借鑒史學觀在政治生活中發揮相當大的作用。

從理宗到南宋滅亡，是第四個階段。理宗時期，朱學地位上升，南宋統治走下坡路，一蹶不振。理學逐漸成為教條，失卻了原先的創造活力。朱陸門人相互出入，無論朱學還是陸學都沒有相互吸收，沒有形成新的學理，更沒使學術再一次昇華。

理學的進一步發展，形成了幾個重要的流派。北宋理學流派的代表人物有五位：一是周敦頤，他創立的學派稱之為「濂學」。二是張載為代表的「關學」，他認為「氣」化流行，形成萬事萬物。三是邵雍，他的學派是象數學派，其歷史觀認為人類的歷史按照固定的程式作循環的運動。

其他的兩位代表人物是程顥、程頤兄弟，他們的學派稱為「洛學」。二程認為萬物一理，一物之理也就是萬物之理；理一分殊，表現出不同的形態。理在天為命，在人為性。二程認為維護封建的綱常等級，也就是維護天理。程頤認為「氣」有清、濁之分，說明人有賢、愚的不同。程顥的觀點和程頤有一些差別，認為人心具有良知良能。

濂、洛、關學的學術體系形成，標誌理學走向成熟。南宋朱熹的國學成為理學的集大成者。他們論說天人關係進而討論民族盛衰，討論社稷振興，不滿足於具體經驗教訓的總結，而是上升到理的高度。

程朱理學的發展經歷了一個曲折的過程。朱熹和陸九淵的觀點不一致，但都是「同植綱常，同宗孔孟」（黃宗羲語）。朱熹同陳亮的觀點相對立。陳亮認為歷史是在不斷發展，不是如朱熹說的那樣：後代的社會都不如夏、商、周三代的社會。朱熹說三代天理流行、漢唐人欲橫流。陳亮反對這種看法。他們之間展開過鬥爭、辯論。程朱理學學者曾受到宋朝統治階層中一些人的迫害，學術受到查禁。一直到十三世紀二十年代以後，理學的地位才逐漸上升。

南宋後期，理學的發展出現了朱、陸合流的趨向。南宋滅亡，理學北傳，元代出現一大批理學大儒。理學又成為元人的統治思想。

宋代理學是民族思維的一次提升。程頤的《伊川易傳》（即《周易程氏傳》）集中闡發了對歷史的看法。程朱理學是民族文化哲理化的體現，對世界文化產生重要的影響。

程頤以易理討論民族興亡之故，討論盛衰變動的原因，認為自然界的事物和社會歷史都是有盛衰變動的過程，說：

有天地之盛衰，有一時之盛衰，有一月之盛衰，有一辰之盛衰。一國有幾家，一家有幾人，其榮枯休戚未有同者，陰陽消長，氣之不齊，理之常也[1]。

從自然天地到國家、社會、家庭，都不是凝固不變的，變動是「理」之常。「陰陽消長，氣之不齊」是造成自然、社會盛衰變動的根據。二程以理氣的觀點說明盛衰變動，就把前人關於「盛衰論」的認識提到哲理的高度。他們的歷史觀的特徵是理氣的歷史觀。盛衰有大的歷史階段的盛衰之變，也有小階段的盛衰轉折。程頤說：

且以歷代言之，二帝三王為盛，後世為衰。一代言之，文、

1 《程氏粹言》卷二《聖賢篇》。

武、成、康為盛，幽、厲、平、桓為衰。以一君言之，開元為盛，天寶為衰。[2]

有大時代的盛衰轉折，也有一個朝代的盛衰變化，還有一個帝王統治時期內的盛衰的變動，這就大大豐富了人們對歷史盛衰的認識。

振興社稷，要從造成盛衰變化的「氣之不齊」上看問題。具體到社會上來說，「氣之不齊」體現為「君子」與「小人」的差別。在二程看來，「君子」是社會「盛」的因素，「小人」是「衰」的因素，說「自古治亂相承，亦常事。君子多而小人少，則治；小人多而君子少，則亂」[3]。

二程歷史盛衰變動論，從現實的人即「君子」與「小人」組成情況出發，說明社會的治與亂的標誌和產生治與亂的原因。這是我們要重視的第一點。第二點，「君子」「小人」雜進，堯舜時代也不能都是君子。有君子便有小人，有陰則有陽，有善則有惡，從「天地皆有對」的矛盾統一，說明治與亂、盛與衰是相對的，又是相互包含的。沒有純粹的治世、盛世，也沒有純粹的亂世、衰世。盛中有衰，治中有亂。「見盛觀衰」的思想在中國史學思想史上是一個古老的命題，這個命題本身包含著對立統一的思想因素，但前人沒有作出系統的闡發。二程從理氣運行的觀點，對盛衰治亂的聯結作出分析。第三點，二程的解釋，從氣的

**2** 《程氏遺書》卷十八。
**3** 《程氏遺書》卷二下。

運行變化的觀點說明盛衰變動的永恆性，為民族盛衰相互轉化作了理性的解釋。

應該說明，二程的歷史觀吸收了張載的氣化流行思想，但二者有區別。張載以氣為本體，二程是在理本體的前提下談氣化流行，此其一。其二，張載以氣不滅的觀點，說明氣的聚散形成萬事萬物。

邵雍的《皇極經世書》提出的皇帝王霸區分與元會運世說，他的學術理路有自己的特點，但與程頤的學術觀點有內在的聯繫。司馬光、朱熹和陸九淵等，在學術見解上差異很大，但終極的目標是相通的：「同扶綱常，同植名教」，為追求社稷的興盛作了說明。

## 第二節 ▶ 創新與兼容的追求

理學的產生，是中華民族文化的一次發展，又是儒釋道的一次融合。理學家在建立體系時，大多經歷了「氾濫釋老，返諸《六經》而後得」的過程。在這一過程中，是揚棄，是在吸收基礎上的創造，顯示了中華文化的包容與創新的民族特色。

儒學在宋初是一個大發展，「學校之設遍天下，而海內文治彬彬矣」[4]。宋太宗提出「浮屠氏之教有裨政治，達者自悟淵微，愚者妄生誣謗，朕於此道，微究宗旨。凡為君治人，即是修行之

4 《宋史・選舉志一》。

地，行一好事，天下獲利，即釋氏所謂利他者也」[5]；同時又提出要吸收道教學說，「清靜致治，黃老之深旨也。夫萬務自有為以至於無為，無為之道，朕當力行之」[6]。

宋初的疑古疑為匯通各家學術以求新打下基礎。

——創新精神

宋初的儒士們在思想領域掀起疑古思潮，至北宋中葉發展到高潮。疑古惑經之風，表現為不迷信古人，敢於疑傳、疑經，甚至以自己的觀點來改經、刪經。疑古惑經的目的是破除人們對古人的迷信，建立自己的學術體系。歐陽修著《易童子問》及《毛詩本義》，前者力辯《繫辭》以下，非孔子所作，後者則專攻毛、鄭之失，而斷以己意。劉敞、王安石、蘇軾、朱熹、陸九淵等，對經各有自己的認識，他們不墨守，有不同的創新的意識。

宋初的疑古惑經之風，為宋儒突破藩籬、解放思想起到了很好的作用。北宋仁宗慶曆年間，學術進入繁榮階段，學派林立，觀點各異，開展學術爭鳴，二程洛學、張載關學、三蘇蜀學和王安石的新學在北宋學術史上呈並立之勢。到了南宋，朱熹理學、陸九淵心學；浙學又有永嘉學派、永康學派。王安石荊公新學體系，受到時人非議，但同樣是自得的結晶。孫復等人不墨守先儒傳注以解經；李覯反對以古人之是非為是非；歐陽修解《春秋》一出己意，不阿同前人；蘇軾雖為歐陽修之門生，但在學術觀點

5 《續資治通鑑長編》卷二十四。
6 《續資治通鑑長編》卷三十四。

上卻不一致。這一點朱熹評價得頗為中肯：「唐初諸儒為作疏義，因訛踵陋，百千萬言，而不能有以出乎二氏（毛、鄭）之區域。至於本朝，劉侍讀、歐陽公、王丞相、蘇黃門、河南程氏、橫渠張氏，始用己意，有所發明。」[7]

宋儒在學術上堅持求新。「荊公新學」突出了學術上的求新，反對守舊，而關學和洛學也同樣主張求新。張載認為「學貴心悟，守舊無功」（《張載集・經學理窟・義理》），「義理有疑，則濯去舊見以來新意」（《張載集・經學理窟・學大原下》）。程頤也認為：「君子之學必日新，日新者日進也。不日新者必日退，未有不進而不退者」。[8]

宋儒在排佛的同時，又反思儒學。復興儒學必須汲取新的養分，來充實儒學。王安石、張載、二程、邵雍等開始把目光投向佛老典籍，他們閱讀大量佛老書籍，吸收佛道中的有用成分，以「惟理是求」的原則，或援佛老入儒，或以儒釋佛老，儒釋道三教合流的局面基本上形成。宋儒出於儒入於佛老，而又出於佛老返歸儒學，返求諸六經，完成了儒學融合佛老的歷史過程。當然也有溺佛而不知返者，這些人的學術表現出「雜」的特點。儒學在吸收了佛老的精髓後，形成了不同於傳統儒學的新儒學，這就是理學。理學的產生，是宋儒反思儒學、變革儒學的結果，是以儒家思想為主的儒釋道三教合流的產物，也是宋代文化創新精神

**7** 《呂氏家塾讀詩記・原序》。

**8** 《河南程氏遺書》卷二十五。

和兼容精神的體現。

理學把自然界和人類社會結合在一起，從本體論的高度論證了封建倫理綱常、封建統治是永恆不變的「天理」。理學的產生，不僅改變了儒學長期萎靡不振的局面，為儒學在新的歷史條件下的復興開闢了新的天地，而且改變了以往儒學那種繁瑣經學形態，使之呈現出一種前所未有的精緻、深邃、圓融的哲理思辨風貌。這種學術被後世奉為官方哲學，並成為中國文化思潮的主流，它把自然、人生、社會融為一體，在熔鑄中華民族的民族精神、道德情操等方面起到了重大的作用。

陳亮、葉適浙東永嘉學派提出的功利主義思想，更是哲學領域的新內容。從學術上講，宋代學派林立，爭鳴不斷，反映了文化學術的繁榮，從思想上講，許多哲學觀點的提出，思想體系的建立，也反映了宋代知識階層的思想創新。

在史學領域內，宋代文化的創新突出表現在歷史觀點的發展、新史體的創立和新史料的發現。宋代史學創新為後人稱道的主要有：一是司馬光的《資治通鑒》，從體例上講，是書為編年體通史巨制，可貴的是司馬光自覺地把資鑒觀點貫穿於一三六二年的歷史中。二是袁樞的《通鑒紀事本末》，此書采自《資治通鑒》，創立了紀事本末這一新的史體，在中國史學發展史上是首創。三是鄭樵的《通志》。《通志》是紀傳體通史性巨著，紀傳部分新意不明顯，真正富有創新精神的是《二十略》。

宋代文學氣勢恢宏，文學各個領域內出現新局面、新氣象，創新特點很突出。自歐陽修等人發動詩文革新運動後，宋代散文出現了新的景象，散文注重文與道相統一，強調文章的內容和形式相一致。散文觸及現實生活內容，言之有物，語言流暢、結構新穎，成為宋代散文的特點。詩歌在宋代也發生了重大的變化，當宋初「西昆體」詩流行的時候，一些關心現實的詩人就舉起了革新的大旗，主張詩以言物，既關注現實生活，又有強烈的思想感情。到北宋後期，「江西詩派」的創立，開啟了宋詩發展的一個方向。在南宋以陸游為代表的愛國詩，光耀詩壇，把現實主義和浪漫主義完美地結合在一起，使思想性和藝術性臻於完美的統一。詩話的出現，標誌著宋人詩歌理論達到新的高度，這對以後詩歌的發展和創新起到了一定的推動作用。詞是宋代文學最傑出的成就，前後變化相當明顯，北宋前期，花間派詩風籠罩詞壇，男歡女愛、輕歌曼舞成為詞人筆下追逐的內容。柳永婉約詞一出，詞風為之一變，描寫都市生活，關注都市婦女內心情感成為柳詞的特徵。真正對宋詞有巨大創新的是蘇軾的豪放派詞風，其一掃綺豔柔靡的詞風，展現出雄奇奔放之勢。到了南宋，以辛棄疾為代表的愛國詞人，將豪放派詞風進一步發揚光大，憂國憂民，抒發愛國情懷成為宋詞的主要內容。宋代是詞的鼎盛時期，婉約、豪放兩派詞風交相輝映，顯示了宋詞的豐富和創新。在宋代文學中，都市文學的崛起可說是時代的新事物，話本小說這一嶄新文體的確立，對通俗文學的發展起到了相當大的推動作用。

在書畫領域內，宋代書畫家的作品更是絢麗多彩，許多畫家將視線移向現實生活，創作出了許多現實感較強的作品。他們善於總結前人成就，自立新意，成為一家。在書法史上，以蘇、黃、米、蔡四大家為主的書法家，注重意趣的風格，展現了宋代書法的變革創新精神。

在科學技術領域內，火藥、指南針、活字印刷術的發明對世界文明做出了重大貢獻。其他方面的發明創造，亦是彪炳史冊，影響深遠。

——兼容精神體現

宋代文化之所以繁榮，開拓創新與融合是文化繁榮不可分的兩個方面。宋代文化表現出恢宏氣度，不斷融合外來文化汲取其他文化的精髓，從而創造出燦爛的宋文化。

宋代文化的兼容精神突出表現在儒釋道三教融合上。這在前面已有論說。儒學是中國的傳統學術，歷來被封建統治者奉為官方哲學。東漢佛教傳入中國、道教產生以後，儒釋道三教開始了互為排斥、互為滲透的進程。五代以後儒學式微，佛道乘虛而入，嚴重動搖了儒學的地位。這就迫使宋儒開始反思儒學，汲取其他文化來充實儒學、復興儒學。在進入北宋中葉以後，宋儒對佛道的態度發生了變化，一是士人嗜佛習道成風，二是從籠統的排佛道轉向從學術上批判佛道，三是吸收佛道來充實儒學。王安石表明自己的文化態度是：「善學者讀其書，惟理之求。有合吾心者，則樵牧之言猶不廢，言而無理，周、孔所不敢從。」[9]「惟理之求」成為儒家融合其他學術的原則。宋儒把佛教的心性義理之學拿來充實到儒學中，把道教的「太極」思想糅入儒學中，就成為理學的重要命題。

對於佛道而言，同樣面臨融合儒學的任務。佛道儒學化可以

9 惠洪：《冷齋夜話》卷六。

說是三教合流的歷史趨勢。在宋以前，佛道儒學化步履艱難，到了宋代，文化的開放態勢為佛道入儒創造了條件。首先是佛道政治化出現，其次是將佛道教義比附儒家的倫理綱常。佛道的儒學化改變了其原有的地位，因此佛道與儒學在宋代呈現出互為滲透、互為融合的態勢。

宋代學術非常發達，學派林立，觀點各異，但文化兼容精神同樣貫穿其中。這些學術流派矛盾導致政治黨爭或學術爭鳴。

王應麟「兼取諸家」，諸家為朱學、呂學、陸學。他對於諸家學說是「和齊斟酌，不名一師」，這尤其能體現呂學特徵。而「綜羅文獻」則為呂氏家學的傳統。王應麟的「綜羅文獻」不能只看作是文獻學範圍內事，而且要看到其中凝含著厚齋的學術精神。

宋代文化的兼容精神還體現在其他方面。尊重外來民族的宗教習俗、文化習慣，並使之自覺地融入中國文化之中。由海上「絲綢之路」來華從事貿易的大食人，在宋時很多，宋尊重其文化習俗，允許其保留自己的文化習俗。這種平等的態度，轉而促使其文化融入了中華文化之中。

## 第三節 ▶ 強烈的憂患意識與經世觀念

宋代學人的學術研究沒有脫離社會實際，為的是振興社稷。理學的宋初三先生之一胡瑗，提倡明體達用之學，設「經義」與「治事」兩齋，把求理、致用兩者結合起來。他為學生解經，反復說明自己的信條，「懇懇為諸生言其所以治己而後治乎人」。

他的學徒千餘人，「信其師說，敦尚行實，後為大學，四方歸之」。[10]

歐陽修以天下為己任，早年就立下了發展儒家學說的志願。他談到自己校補理韓愈文集時的想法，說：

道固有行於遠而止於近，有忽於往而貴於今者，非惟世俗好惡之使然，亦其理有當然者，而孔、孟惶惶於一時，而師法於千萬世。韓氏之文，沒而不見者二百年，而後大施於今，此又非特好惡之所上下。蓋其久而愈明，不可磨滅……予固知其不足以追時好而取勢利，於是就而學之，則予之所為者，豈所以急名譽而幹勢利之用哉。亦志乎久而已矣！故予之仕，於進不為喜、退不為懼者，蓋其志先定而所學者宜然也。[11]

他立志求道，至於政治上的沉浮，並不介意，「故予之仕，於進不為喜，退不為懼者，蓋其志先定而所學者宜然也」。這是怎樣一種境界！張載把他在學理探求的志趣，作了明白的說明，這就是「為天地立志，為生民立道，為去聖繼絕學，為萬世開太平」[12]。

宋代學術有理學、氣學、心學。理學有濂洛關閩之別，但他們在求理中體現出關注社會、關注歷史前途的精神。他們遭遇坎坷，包括程頤、朱熹在內，在仕宦生涯中都不是幸運者，但磨難

10 蔡襄：《蔡忠惠公文集》卷三十三《太常博士致仕胡君墓之志》。
11 《居士外集》卷二十三《記舊本韓文後》。
12 《張載集・語錄中》。

不曾磨滅他們求理的決心。

宋代史學家治史，都有自己的追求。司馬光說：他用去十九年功夫，修成《資治通鑒》一書，其大旨在「專取關國家盛衰，系生民休戚，善可為法，惡可為戒者，為編年一書」，使宋代人主「鑒前世之興衰，考當今之得失」，從而使宋朝能「躋無前之至治，俾四海群生，咸蒙其福」。[13] 鄭樵修《通志》，要使史書成為治國大典。李燾、李心傳修當朝史，也是要從中找出興衰得失的教訓，尋找「中興」之路。至於陳亮的事功之學，陳傅良、葉適的經制之學，都帶有強烈的現實感，使學術經世。在國家多事之秋，宋代思想家、文學家、史學家，都努力使學術經世，作有用之文。就宋儒來說，經世思想有這樣幾個類型：一是理學家主張通經致用，由修心誠意，進而修身齊家治國平天下。從學習儒家經籍得孔孟之正傳，求得治理天下國家的道理。另一種是，在強調讀經籍得天理之同時，以歷史驗證天理，又從歷史的盛衰變化中，找出可以資治的結論與認識。第三種是，著重從歷代制度中，找出可以經世的辦法和措施。

在各種思想中，又有許多差別，朱熹與陸九淵的「尊德性」與「道問學」的爭論，一個是主張為學當先發明本心，立乎其大，一個認為格物窮理，才是得聖學之階梯。但二者除同「尊孔孟，同植綱常」外，其共同點都是達到治國平天下的目的。司馬光的「資鑒」與陳龍川的事功之學立足點不一樣，但同樣是為宋



13 《進〈資治通鑒〉表》。

朝能再度興盛。呂祖謙得中原文獻之傳，有「多識前言往行以畜其德」的家學傳統，既注意察言求心，又努力從歷史盛衰中總結出對治國有用的經驗教訓。

可以說，憂患意識與經世思想相互聯繫，憂患意識是經世思想內在的意念，而經世主張則是憂患意識的體現。宋代文化精神導源於這種憂患意識，在理學、史學、文學各個領域內都能看得到，政治經濟文化各個方面的革新、更化的主張，都與這種觀念相關。

憂患意識又體現為特定的民族氣節觀。

兩宋憂患意識與堅持民族氣節的觀念有緊密聯繫。在與周邊少數民族統治者的交爭中，宋朝的懦弱迫使人們思考，憂患意識得到發展。田錫、王禹偁、范仲淹、李覯、歐陽修、司馬光等人，都多次從「憂國」的角度發出革除時弊的呼聲，他們的一些詩文中流露出對宋在與遼、西夏的戰爭中失利表示不滿，批評宋朝在軍事方面的弊端，力圖有所改革。梅堯臣在詩中多次抨擊宋在對西夏戰爭遭到的慘敗，指出其原因在於軍隊的腐敗、主帥的無能，他渴望著有朝一日能殺敵報國。范仲淹行「慶曆新政」，王安石主「熙寧變法」，目的是富國強兵。

這種情形到了北宋末年發生了新的變化，金人的崛起，滅遼吞夏，覬覦中原，使許多人感到了民族危機的深重。「靖康之禍」給人們更大的震動，社稷覆亡，徽、欽二帝被金人擄去。國破家亡，人民流離失所，民族憂患意識空前高漲。捍衛本民族的先進文化和反抗民族壓迫，成為時人共同的道德規範。當金人第一次南下時，人們便自發地組織起來，掀起了無比壯烈的抗金鬥爭，汴京保衛戰，太原保衛戰，河間、中山各地保衛戰，陝州保衛戰，徐州保衛戰，楚州保衛戰等等，充分體現了不畏強暴的英勇氣概。在社稷危亡的關鍵時刻，階級矛盾已降到次要地位。為了民族生存，人們摒棄了怨恨，如鐘相領導的農民起義就曾響應宋欽宗的號召，發兵北上，勤王抗金。在北宋滅亡後，北方人民又組織起來，成為聲勢浩大的抗金義軍。其中的「八字軍」「紅巾軍」等人民抗金組織作戰頑強，沉重打擊了金兵。在民族生死存亡的關頭，湧現出了一批可歌可泣的抗金英雄，如宗澤、岳飛、王彥、陳東、李綱、韓世忠、虞允文等，他們的鬥爭和事蹟受到了人民的擁護和歌頌。

人們懷念故土家園，反對議和偏安，強烈要求抗金。陸游臨終前，作《示兒》詩，說：「死去元知萬事空，但悲不見九州同。王師北定中原日，家祭無忘告乃翁。」詩句表達陸游念念不忘收拾舊山河的壯志豪情。在抗金鬥爭中，湧現出了許多寧可玉碎、不為瓦全的壯烈志士。如王稟率太原軍民在糧盡援絕的情況下，浴血奮戰八個月，寧死不降。李彥仙英勇守陝州，王復在徐州殉職，趙立在楚州犧牲等等，這些志士仁人為抗金而慷慨赴難，不願苟且偷生。至於文天祥的高風亮節、一身正氣，更為後世人們所傳誦。中國各個民族是友好的，他們對上層統治者的殘暴行徑，都是要反抗的。

總之，兩宋時期的憂患意識、堅持民族氣節的觀念，在中華民族歷史上產生了深遠的影響。

## 第四節 ▶ 太極的和諧思維

太極學說（包括太極說、太極圖及其意蘊）是中國民族文化融合、更新的產物，是易學的總體的發展。太極文化最重要的是體現出和諧的思維，並形成自己的特點。太極文化的和諧思維體現為和合的整體的思維，是陰陽抱負動態的平衡思維；太極文化的和諧思維，在究天人之際上，重視「人」的作用，以「人」為仲介；太極學說是以「誠」為本的和諧思維。

傳統和諧思維在新的歷史條件下，得到繼承發揚，得到更新，這對於「進一步形成全社會共同的理想信念和道德規範」，有著重要的意義。

太極理念是《周易》的組成部分，諸子如《老子》《莊子》等，都有相關的說明，卻沒有形成一個思想體系。南北朝至隋唐，太極的觀念通過道教發展，逐漸為人們普遍接受，特別是《周易參同契》的形成，直接影響到以後太極學說的發展。

太極學說是在宋代儒道釋文化融合時期形成系統的，是理學的重要組成部分。太極圖學說與道家文化有關，又是對道家思維的改造。

周敦頤在太極學說體系形成上有特殊的地位，這在中國學術史、理學史和易學史是有定論的。此不待說。太極學說形成與發展上，張載、二程都有貢獻。但太極學說內在價值、獨特形式和對社會的發展的作用，是必須闡明清楚的。朱熹是理學集大成者，他的太極學說為他的理學奠下基礎。可以說，沒有他的太極學說，很難想像他可構築起理學體系。研究朱熹在太極學說上做的工作，就會理解朱熹為什麼傾畢生心血來建構太極學說。直到他去世前，他還是把太極學說與《西銘》《伊川易傳》作為學術工作的中心，在講學中致力宣傳他們的理念。

朱熹《朱子語類》中，開篇的理學「綱領」，便是由「太極」說「理」的，從而成了理學體系最重要的要件。

從周、張、程以後，太極學說成為思想家討論最熱門的話題之一，也是朱陸之爭的焦點之一，各家在爭論中，對「太極」都有自己的理解，也作出各種闡釋，這些一直吸引著後來研究者的目光。

大凡一個新思想體現構建，一是有前人的思想資料，二是作出合乎社會發展的新解讀。離開這兩點，討論問題則會失去思想家學術工作的旨趣。中國不同時代對三代的闡釋，就是一個明顯的例證。在《朱子語類》《晦庵先生文集》中，他的反復論說，都體現這一層。概而言之，意在：

——闡明太極學說為理學之綱領。

——論說太極學說是儒學的發展新階段；重視吸收道釋思維的前提下，又切割與道家的聯繫；並演繹出新的傳授系統，《近思錄》便完成這樣的任務。

——闡明太極學術內容到形式的獨特性。[14]

太極學說是在宋代儒道釋文化融合時期形成系統的，是理學

14 參見王懋竑：《朱子年譜》「乾道九年（1173 年），夏四月」條及「《太極圖説解》《通書解》」條。

的重要組成部分。太極圖學說與道家文化有關，又是對道家思維的改造。這一點可以從有關的易圖看得出來。周敦頤作《通書》，程頤著《易傳》，張載造太和、參兩篇。而周氏的進一步解釋，意在說明：

無極而太極，太極動而生陽，動極而靜，靜而生陰，靜極複動。一動一靜，互為其根；分陰分陽，兩儀立焉，陽變陰合，而生水火木金土，五氣順布，四時行焉。五行一陰陽也，陰陽一太極也，太極本無極也。五行之生也，各一其性。無極之真，二五之精，妙合而凝。乾道成男，坤道成女。二氣交感，化生萬物，萬物化生而變化無窮焉。

顯然，這是從重在關心個人長生之術的煉丹圖式，改造為天人宇宙的結構圖式。清人黃宗羲、黃宗炎以及胡渭等強調周敦頤的思想與道學的關係，是不理會周氏思想的根本點。

朱熹把太極學說從道家中切割出來，又結合儒學觀念，從而成了理學體系的最重要的要件。從周、張、程以後，太極學說成為思想家討論最熱門的話題之一，也是朱陸之爭的焦點之一，各家在太極說上提出自己的理解，吸引了後來者的關注。

太極學說體現出了整體、辯證、聯繫等思維方式，但其中最突出的是和諧的思維方式。在中國傳統文化中，和諧的思維在很多學說中都有體現，如《老子》《莊子》《論語》《孟子》《中庸》以及《呂氏春秋》等，都有關於和諧思想的論述。《周易》充滿了和諧的觀念，在易學發展過程中，形成的太極學說，發展了這一觀念，其和諧的思維方式，又具有自己的特點。

一是「和合」的整體思維。

二是太極學說是陰陽抱負動態的平衡思維。太極圖的陰陽相互包含，在陰陽消息變化中進行運動，表達的是整體的平衡，其中有陰陽互動，有五行的相互作用，在四時運動中，有二氣交感、化生萬物的流動。總之，歷史追求和諧，但這種和諧又是處於運動中的，是在動態的消息盈虛中，達到的平衡與和諧。

三是太極學說展示出以「人」為仲介的和諧思維。

宋代的太極學說把「天地人」作為整體把握，是以「人」為仲介的，而且是普遍意義上的「人」。和諧還是不和諧，與「人」的作為有關，「惟人也，得其秀而最靈，形既生矣，神發知矣，五性感動而善惡分，萬事出矣」。對於這一點，研《易》、說「太極」者，要予以充分注意。可以說，這是太極學說和諧思維的支撐點。

四是太極學說是以「誠」為本的和諧思維。周敦頤在《通書》開篇說：誠者，聖人之本也。大哉乾元，萬物資始，誠之源也。乾道變化，各正性命，誠斯立焉。周氏把「誠」作為太極的規定性，通過對「誠」的闡發，把易學推向新的高度，也表明《通書》是與他的太極圖相表裡的，「誠」即所謂太極也。這是太極和諧思維的根本所在，把太極學說納入儒學中去，從而提升了儒學的理性價值。

朱伯崑說：「研究本民族思想史或哲學史，不是開博物館，將祖先的家珍，一一陳列出來，供人觀賞。也非僅僅是借歷史的研究，提高民族的自信心，增強民族凝聚力。此是必要的，但非唯一的目的。更為重要的是，『溫故而知新』，使民族傳統文化獲得新的生命力，向新時代進軍。處於當今科學技術突飛猛進和人類歷史轉折的時期，中國傳統文化的闡發，還應面向世界的未來。此書所討論的歷史上的易學哲學問題，如能為現代人的思維和生活方式的走向提供某種借鑒或啟發，以補西方傳統思維方式之不足，有助於人類文明的進步，則是莫大的欣慰。」[15] 太極學說研究的意義，也在這裡。

**15** 朱伯崑：《易學哲學史・序》，《易學哲學史》第 1 卷，華夏出版社 1995 年版。

# 第十章
# 振興社稷的追求與民本思想的突顯

## 第一節 ▶ 振興社稷的追求與王霸義利之爭

宋代社會危機不斷加深，宋代人君與臣僚思考歷史的前途，通過改革變法，擺脫困境，以達到富國強兵的目的。

宋仁宗慶曆年間進行的一次變革，被稱為「慶曆新政」。范仲淹抨擊官制上的濫蔭等弊病，提出改革的主張。但范仲淹和支持他的朝中人士，如余靖、歐陽修、尹洙、蔡襄等，卻受到排擠，被視為「朋黨」。范仲淹這些革新人士不怕打擊，堅持變革。慶曆三年（1043 年），范仲淹系統地提出變革的主張，這就是范仲淹的「陳十事」書：（一）明黜涉，按官員的政績進行升遷。（二）抑僥倖，限制恩蔭。（三）精貢舉，改變科舉的內容和辦法，選擇「經濟之才」。（四）擇長官，選好地方官。（五）均公田，這主要是均地方官員的收入。（六）厚農桑，採取措施發展農業生產。（七）修武備。（八）減徭役。（九）推恩信，主要是免去積欠的賦稅和大赦方面的內容。（十）重命令，重視法令的制定和執行。後來，富弼也上當世之務十多條，上安邊十三策。韓琦等也提出一些主張。改革的官員最終還是被排斥、打擊。「新政」經過一年多時間，再也進行不下去。

社會危機繼續加深，要求改革的呼聲高漲。王安石在宋仁宗嘉祐三年（1058 年），向仁宗上萬言書。在《上仁宗皇帝言事書》中，王安石比較系統地提出他的主張，卻沒有引起重視。仁宗去世後，英宗繼位。英宗在位僅四年，繼英宗之後的是較有作為的神宗。王安石向神宗提出他的主張，受到神宗的重視。熙寧二年（1069 年）王安石為參知政事，進行變法。王安石設「制置三司條例司」作為主持變法的機構。這次變法是在熙寧年間（1068-1077 年）進行的，所以又稱之為「熙寧新政」。

王安石變法的目的是富國強兵。王安石變法是一次全面的改革。他推行的變法，在一定的程度上取得一些成效，新法有利於發展農田水利事業，增加政府的收入，對限制兼併起了一些作用。但是從總體上看，王安石變法是失敗了。他兩度被罷職，最後老死於江寧。這是歷史的悲劇。

宋代思想家對歷史前途有不同的認識，反映出他們思考現實與未來。

朱熹在和陳亮關於王霸義利的爭論，是他們對歷史與歷史走向的看法。陳亮字同甫，提倡功利之學，力主抗金，在當時的理學界中獨樹一幟，《宋元學案》說：「當乾道、淳熙間，朱（熹）、張（栻）、呂（祖謙）、陸（九淵）四君子皆談性命而辟功利。學者各守其師說，截然不可犯。陳同甫崛起其旁，獨以為不然」[1]。四君子皆談性命，這是「同」的一面，都是追求社稷的盛衰前途，而不同的是思維路徑不一，是「異」的方面。

1 《宋元學案》卷五十六《龍川門人：簽判喻蘆隱先生》。

淳熙九年（1182 年）陳亮至衢州、婺州訪問朱熹，相處旬日，朱熹也至永康訪陳亮。朱熹、陳亮的私交甚密。早在淳熙五年（1178 年），陳亮在上孝宗書中說：「始悟今世之儒士，自以為得正心誠意之學者，皆風痺不知痛癢之人也。舉一世安於君父之仇，而方低頭拱手以談性命，不知何者謂之性命乎！」[2] 朱熹對陳亮要實行大改革大更化，很反感，說：「後生輩未知三綱五常之正道，遽聞此說，其害將有不可勝救者。」[3] 陳、朱的爭論是不可避免的。

陳亮第二次入獄，尚未脫獄，朱熹即致書陳亮，希望陳亮「絀去義利雙行、王霸並用之說，而從事於懲忿窒欲、遷善改過之事，粹然以醇儒之道自律」。此事時在淳熙十一年（1184 年）四月，即甲辰四月。這封信拉開爭論的序幕，提出了朱陳分歧的重要點。在往復書信中，朱熹於同年又寫了兩封信，次年即乙巳年，朱熹又再致書陳亮，全面闡述對王霸義利等問題的見解。這以後，雖然陳、朱的書函往返未曾中斷，辯論餘意尚存，但只可說是尾聲了。朱熹在甲辰、乙巳兩年的書函中集中說明了自己的看法。這幾封書信收在《文集》卷三十六中。朱熹在書信中的說明歸納起來，是這幾個方面：第一，用「暗合」說解釋王道與霸道的區別與聯繫。朱熹說：

夫人，只是這個人，道，只是這個道，豈有三代、漢、唐之

2 《陳亮集》卷一《上孝宗皇帝第一書》。
3 《朱熹集》卷三十六《答陳同甫》。

別。但以儒者之學不傳，而堯、舜、禹、湯、文、武以來轉相授受之心不明於天下，故漢、唐之君雖或不能無暗合之時，而其全體卻只在利欲上。此其所以堯、舜、三代自堯、舜、三代，漢祖、唐宗自漢祖、唐宗，終不能合而為一也。……其合於義理者常少，而不合者常多；合於義理者常小，而其不合者常大。

這就是說，「道」貫穿古今，沒有三代、漢、唐的分別，只是因為「儒者之學不傳」，三代以後的人君，即使如漢唐之君，行事也很少合於義理，這裡的合，也是一種偶然的「暗合」，是在利欲上面著眼。朱熹在陳亮的反詰下，對王道與霸道、義與利的具體解釋很牽強，但畢竟對二程的王道、霸道的觀點進行了具體論述，把王道與霸道既聯繫又區別開來。很顯然，朱熹的說明反映了他的歷史退化觀點，又留下了破綻，為什麼三代以後「儒者之學不傳」。三代以後的人君行事只有「暗合」道的地方，「千五百年之間，正坐如此，所以只是架漏牽補過了時日，其間雖或不無小康，而堯、舜、三王、周公、孔子所傳之道，未嘗一日得行於天地之間也」。那麼，「道之常存」，存於何處。這涉及道與事、道與人之間的關係：道不離事，還是道可離事。道不離人，還是道可離人。朱熹的看法是：蓋義理之心，頃刻不存則人道息，人道息則天地之用雖未嘗而其在我者則固即此而不行矣。

朱熹說得很牽強，他以為道是依義理而定，無義理之心，則道雖在，卻是離開了事與人。三代以後，總體上說無義理之心，因此，三代以後道離事、離人而存在。由此引發出另一個問題是天理、人欲的關係。如朱熹所說，陳亮的觀點是「義利雙行、王霸並用」，陳亮以「心無常泯，法無常廢」說明義利雙行。朱熹對此是另一番看法，說：

來書「心無常泯，法無常廢」一段，乃一書之關鍵。鄙意所同，未有多於此段者也；而其所異，亦未有甚於此段者也。蓋有是人則有是心，有是心則有是法，固無常泯常廢之理。但謂之無常泯，即有時而泯矣；謂之無常廢，即有時而廢矣。蓋天理人欲之並行，其或斷或續，固宜如此。[4]

朱熹曲解了陳亮的話，陳亮的「心無常泯，法無常廢」的論點，意在論定「心有時而泯可也，而謂千五百年常泯可乎。法有時而廢可也，而謂千五百年常廢可乎。」旨在說明「天地之間，何物非道」[5]，「才有人心，便有許多不淨潔」[6]，「王霸可以雜用，則天理人欲可以並行矣」。

陳亮在與朱熹辯論中，系統闡發自己的歷史觀點，較為重要的文字是下面幾段。陳亮在《又甲辰秋書》中說：

自孟、荀論義利王霸，漢唐諸儒未能深明其說。本朝伊洛諸公，辯析天理人欲，而王霸義利之說於是大明。然謂三代以道治天下，漢唐以智力把持天下，其說固已不能使人心服；而近世諸儒，遂謂三代專以天理行，漢唐專以人欲行，其間有與天理暗合者，是以亦能久長。信斯言也，千五百年之間，天地亦是架漏過時，而人心亦是牽補度日，萬物何以阜蕃，而道何以常存乎。故

4 《朱熹集》卷三十六《答陳同甫》。
5 《陳亮集》卷二十八《又乙巳秋書》。
6 《陳亮集》卷二十八《丙午複朱元晦秘書書》。

亮以為：漢唐之君本領非不洪大開廓，故能以其國與天地並立，而人物賴以生息。惟其時有轉移，故其間不無滲漏。曹孟德本領一有蹺欹，便把捉天地不定，成敗相尋，更無著手處。此卻是專以人欲行，而其間或能有成者，有分毫天理行乎其間也。諸儒之論，為曹孟德以下諸人設可也，以斷漢唐，豈不冤哉！

在《又乙巳春書之一》中，陳亮深入一步，闡發了道不離事、道不離人的思想，說：

夫心之用有不盡而無常泯，法之文有不備而無常廢。人之所以與天地並立而為三者，非天地常獨運而人為有息也，人不立則天地不能以獨運，舍天地則無以為道矣。

夫「不為堯存，不為桀亡」者，非謂其舍人而為道也，若謂道之存亡非人所能與，則舍人可以為道，而釋氏之言不誣矣。使人人可以為堯，萬世皆堯，則道豈不光明盛大於天下。使人人無異於桀，則人紀不可修，天地不可立，而道之廢亦已久矣。天地而可架漏過時，則塊然一物也；人心而可牽補度日，則半死半活之蟲也。道於何處而常不息哉？

陳亮堅持道不離事的觀點，對朱熹說的三代天理流行、漢唐人欲橫流的論點是有力的反駁，也是陳亮歷史觀中的唯物因素的集中體現。但是陳亮沒有明確指出漢唐度越三代，充其量只是否定漢唐不如三代的說法，「亮大意以為本領閎闊，工夫至到，便做得三代，有本領無工夫，只做得漢唐」[7]，這是陳亮在同年秋

7 《陳亮集》卷二十八《又乙巳秋書》。

天一封信中說的。陳亮在批評朱熹歷史退化觀點，反映出他的思想中具有歷史進化的傾向，就陳亮對整個歷史的認識來看，還不能說陳亮的歷史觀點是進化論的思想。

次年，也就是丙午年，陳亮致書朱熹，說：「亮所以為縷縷者，不欲更添一條路，所以開拓大中，張惶幽眇，而助秘書之正學也，豈好為異說而求出於秘書之外乎！不深察其心，則今可止矣。」[8] 朱熹在答書中說：「方念久不聞動靜，使至，忽辱手書，獲聞近況，深以為喜。」稱自己：只今日用功養病之餘，卻且收拾身心，從事於古人所謂小學者，以補前日粗疏脫略之咎，蓋亦心庶幾焉而力或有所未能也。同甫聞之，當復見笑。然韓子所謂「斂退就新懦，趨營悼前猛」者，區區故人之意，尚不能不以此有望於高明也。如何，如何。[9]

一場王霸義利之爭到此基本告一段落，朱陳都保留自己的看法，又都相互諒解。而這場爭論，在中國史學思想史上是一件有重要意義的事件。

朱熹關於歷史變化的議論有值得注意的地方，這和他的王霸義利的觀點不盡一致。他認為對古代制度要有「通變」的做法，「使孔子繼周，必須通變使簡易」，也是追求歷史的盛衰。他說：「居今之世，若欲盡除今法，行古之政，則未見其利，而徒

8 《陳亮集》卷二十八《丙午複朱元晦秘書書》。
9 《朱熹集》卷三十六《答陳同甫》。

有煩擾之弊。又事體重大，阻格處多，決然難行。[10]」

他告誡學生：「此等事，未須深論。他日讀書多、歷事久，當自見之也。」這就是說三代良法不能行之於後世。其次，法制總有兩個方面，有利也有弊，朱熹說到封建制時說：「柳子厚《封建論》則全以封建為非，胡明仲輩破其說，則專以封建為是。要之，天下制度，未有全利而無害底道理。」實行古代的良制有其條件，良制行之久則有弊。朱熹在另一處說，論治亂畢竟不在此。以道理觀之，封建之意，是聖人不以天下為己私，分與親賢共理，但其制則不過大，此所以為得。朱熹認為行古代典章制度要根據變化了的條件，要「通變使簡」。朱熹論井田封建思想，後來在馬端臨那裡得到進一步的發揮。行古制當得其精神，朱熹認為減輕百姓負擔是古制精神所在。他說：

今欲行古制，欲法三代，煞隔天壤。今說為民減放，幾時放得到他元肌膚處！且如轉運使每年發十萬貫，若大段輕減，減至五萬貫，可謂大恩。然未減放那五萬貫，尚是無名額外錢。須一切從民正賦，凡所增名色，一齊除盡，民方始得脫淨，這裡方可以議行古制。[11]

朱熹一生中仕宦生涯不過九載，他主張輕民賦，在知漳州任上，試行「正經界」，對百姓有利，為此，他受到豪宗大姓的嫉恨，朝中一些官僚以此為口實攻擊朱熹。所以，朱熹歷史觀是退

10 《朱子語類》卷一〇八《論治道》。
11 《朱子語類》卷一一一《論民》。

化的歷史觀，但他並不一味主張復古。他的思想中有變通的精神，這是我們應當肯定的。他對古代歷史的總結的變通思想，我們要作進一步的研究。

## 第二節 ▶ 民本思想的突顯

宋太祖提出不可厚斂於民，在他君臨天下之時，貢賦悉入左藏庫，取荊、湖，下西蜀，儲積充羨，但知道用兵費要早為之備，「不可臨事厚斂於民」[12]。宋太宗雍熙二年秋七月，謂宰相曰：「國家以百姓為本，百姓以食為命，故知儲蓄最為急務。」《續資治通鑑長編》卷二十六《太宗雍熙二年秋七月》。作為地方官，愛民是治政的任務，也是關鍵人物，宋太宗說：「刺史之任，最為親民，苟非其人，則民受其禍。」[13]

歐陽修進而提出「損君益民」「順民」的思想，說：「損民而益君，損矣；損君而益民，益矣。」「使民忘其勞與死者，非順天應人則不可。」為人君要「節以制度，不傷財、不害民者是也」。[14] 德政中的愛民、重民的思想集中表現為減輕百姓的負擔，所謂「損君益民」的「損」就是指這一點，具體做法是「節以制度」。歐陽修用解說《周易》的觀念，把他的政治主張、史

12 《續資治通鑑長編》卷六《太祖乾德三年三月乙未》。
13 《續資治通鑑長編》卷二十五《太宗雍熙元年三月丙午》。
14 《易童子問》卷二。

學觀點作了理論的概括，以「損」「益」觀闡釋他主張的合理性。

他寫《新五代史》揭露五代人君對百姓的盤剝，稱讚循吏，說：「嗚呼！五代之民其何以堪之哉！上輸兵賦之急，下困剝斂之苛。……蓋自天子皆以賄賂為事矣，則為其民者其何以堪之哉！」[15] 因此，在這樣形勢下，循廉之吏，更值得讚揚，「誠難得而可貴也哉！」

二程重賢君的觀點有一個特點，是把君與民兩方面聯繫起來考慮，程頤說：

民不能自保，故戴君以求寧；君不能獨立，故保民以為安。[16]

君的作用和民的重要性聯繫起來作為一個問題的兩個方面來考慮，顯示出程頤的歷史眼光。

司馬光總結歷史盛衰，強調重民、愛民的觀念。他稱道周世宗時說：「若周世宗，可謂仁矣！不愛其身而愛民；若周世宗，可謂明矣！不以無益廢有益。」[17] 溫公以為要修政事以利百姓，以天下之財養天下之民，是他的思想突出的一面，他說：

人主之於其國，譬猶一身，視遠如視邇，在境如在庭。舉賢才以任百官，修政事以利百姓，則封域之內，無不得其所矣。是以先王黈纊塞耳，前旒蔽明，欲其廢耳目之近用，推聰明於四遠

15 《新五代史》卷四十六《雜傳・郭延魯傳》。

16 《周易程氏傳》卷一《比・象》。

17 《資治通鑒》卷二九二《後周紀三・太祖顯德二年》。

也。彼廢疾者宜養，當命有司均之於境內；今獨施於道路之所遇，則所遺者多矣。其為仁也，不亦微乎！況赦罪人以橈有司之法，尤非人君之體也。惜也，孝文，魏之賢君而猶有是乎。[18]

又說：

王者以天下為家，天下之財皆其有也。阜天下之財以養天下之民，己必豫焉。或乃更為私藏，此匹夫之鄙志也。古人有言曰：貧不學儉。夫多財者，奢欲之所自來也。李泌欲弭德宗之欲而豐其私財，財豐則欲滋矣。財不稱欲，能無求乎！是猶啟其門而禁其出也！雖德宗之多僻，亦泌所以相之者非其道故也。[19]

南宋一些思想家持同樣的觀念以反思歷史，王應麟強調「民心」決定歷史興亡，是他思想中一個突出的地方，他說：

民心之得失，此興亡之大幾也。林少穎云：「民之思漢，則王莽不能脅之使忘。民之忘漢，則先主不能強之使思。」唐與政云：「民心思漢，王郎假之而有餘；民心去漢，孔明扶之而不足。」[20]

西漢滅亡，光武中興，蜀漢鼎祚喪失，都歸之於「民心」，王應麟比較前人的有關論述，歸納為：「民心之得失，此興亡之大幾也。」這是帶有規則的結論。

18 《資治通鑒》卷一三八《齊紀四・武帝永明十一年》。
19 《資治通鑒》卷二三三《唐紀四十九・德宗貞元三年》。
20 《困學紀聞》卷八《孟子》。

# 第十一章
# 實學思潮下民族精神的新特點

明清時期，中國傳統社會呈現衰老的景象。一方面，舊的生產關係力量依然非常強大，且占據著主要的地位；另一方面，新的社會因素開始滋生和微弱地發展，雖然還遠遠不能突破封建生產關係的桎梏，但也為新的思想因素的產生創造了條件。在這樣的社會背景下，興起於北宋的實學思潮在深度和廣度上都進入到高潮，發展到鼎盛，並且展現出新的特點。在經世、道德實踐、實測、考據、啟蒙以及改革等方面提出了新的看法，具有了更加豐富的社會內容和更加完善的理論體系，從而集中反映了明清時代的民族精神，成為社會進步思潮的主流。

## 第一節 ▶ 「實事求是」的理性精神

「實事求是」一語出自《漢書・河間獻王傳》，傳載河間獻王劉德「修學好古，實事求是」，顏師古注云：「務得事實，每求真是也。」「實事求是」，就是根據實際情況，正確對待和處理國計民生問題和學術問題。這一思想在崇尚實學的明清時期，備受推崇，滲透到社會生活的諸多領域，從而成為具有普遍意義的民族精神的表徵。

「實事求是」理性精神的核心是崇實，反對空言，處處突出一個「實」字。在本體論上，講「實體」；在人性論上講「實心」「實性」；在道德修養上，講「實修」「實行」和「實踐」；在人生價值上，提倡「實用」，號召積極入世；在國家治理上，推崇「實政」；在學風上，堅持「實言」「自得」，反對游談無根和封己守殘。總之，「實事求是」是與空疏無當相對立的，是對虛言空疏學風的反撥。明代王陽明出自心學，其學說體系中有玄虛的一面，但同時又含有重實理、實踐、實功的崇實的一面，是虛無與實用、學術與事功的統一。他提倡「致良知」，但反對把「致良知」當作一種懸空無實的內心修養，他說：「然欲致其良知，亦其影響恍惚而懸空無實之謂乎？是必實有其事矣。故致知必在於格物，物者，事也，凡意之所發，必有其事，意所在之事謂之物。」[1]「致良知」是在實事上格物致知，心是離不開事物的。王陽明還批評了佛老養心術的空虛之病，主張學術不應該脫離政治實踐，提倡「人須在事上磨練，方立得住，方能靜亦定、動亦定」[2]，要求人們為學要聯繫實際，在實踐中磨練。王陽明的學術與事功統一思想對東林學派有很大影響，高攀龍云：「學問不貴空談，而貴實行也。」「學問必須躬行實踐方有益。」[3]同樣反對脫離實際、故弄玄虛的空疏學風和世風。到明末清初，人們對

1 《王文成公全書》第二冊，商務印書館 1934 年版，第 39 頁。
2 《明儒學案》卷十《姚江學案》。
3 《高子遺書》卷五《會語》。

空疏學風更加反感，進行了猛烈抨擊。顏元指出：「救弊之道，在實學，不在空言。」[4] 李顒也指出：「道不虛談，學貴實效。」[5] 並由此號召讀書治學要有益於天下，學者要以經國濟民為己任。與此相呼應，明清之際的一大批學者，黃宗羲、顧炎武、王夫之、朱舜水、唐甄、傅山、方以智、萬斯同、顧祖禹等都大力提倡經世致用，宣導學術關心社會，「凡文不關於六經之旨、當世之務者，一切不為」[6]，成為當時知識界的共識。可以說，從崇實黜虛，糾正宋明理學末流空疏學風到經世致用，正是明清時期「實事求是」理性精神在學術領域的具體體現。

「實事求是」理性精神的另一個表現就是強調實證，重事實，重證據，反對臆測。顧炎武是博求實證思想的最有力倡導者。他在研究問題的過程中，重視材料的可靠性，倡導「采銅於山」，提倡進行實事求是的原創性勞動，主張博古通今的考訂辨偽，「有一疑義，反復參考，必歸至當；有一獨見，援古證今，必暢其說而後止」[7]，其作《日知錄》，凡與前人暗合者，一律削去。他還重視實地調查和見聞資料，彰顯多聞闕疑的精神，要求治學要歸於真實。黃宗羲在治學上同樣勇於辨析各種資料的價值，並注意運用自然科學知識和實地調查進行考證。清初，王夫之是以哲學思辨著稱的，但他同樣強調「言必征實，義必切

4 《顏元集・存學編》卷三《性理評》。
5 《二曲集》卷十四《盩厔答問》。
6 《亭林文集》卷四《與人書三》。
7 潘耒：《日知錄・序》。

理」，並做了大量疏證考異的工作，把自己的哲學見解和史學思想建立在堅實的考證基礎之上。清初學者所提倡的重視證據、嚴密考證的學風，一直影響到乾嘉時期學者的治學風尚。明清時期學者治學強調博求征實，把經世意識建立在客觀實證性研究基礎之上，重視考辨證據，重視由證據而得結論，反對先有結論而後尋找證據，這是與宋明以來重論輕史的治學路子截然相反的，具有扭轉學術風尚和社會風尚的意義。

到乾嘉時期，「實事求是」理性精神得到進一步發揚，不但成為人們品量學術、評價學人的重要標準與原則，而且被賦予了新內涵。如汪中自述治學宗旨為「實事求是，不尚墨守」[8]。阮元亦自稱其治學「推明古訓，實事求是而已」[9]。錢大昕指出「通儒之學，必自實事求是始」[10]，並稱讚戴震為學「實事求是，不偏主一家」[11]。洪亮吉評價邵晉涵「於學無所不窺，而尤能推求本原，實事求是」[12]。凡此等等，都反映出「實事求是」思想在當時的影響。乾嘉時期「實事求是」的思想，內涵豐富，其中有些集中反映了一代學術的基本特徵，如反對空談，崇尚務實，幾乎是明清學者提倡實學的一致口徑。重事實，重考據，強調「我注六經」，普遍重視文字、音韻、訓詁的研究，並由此入手來究

8 《述學》，四部叢刊本，第 49 頁。
9 《研經室集・自序》，四部叢刊本。
10 《潛研堂文集》，見《嘉定錢大昕全集》，江蘇古籍出版社 1997 年版，第 403 頁。
11 《潛研堂文集》，見《嘉定錢大昕全集》，第 672 頁。
12 《洪北江詩文集》，四部叢刊本，第 116 頁。

明經書義理，是明清一大批學者治學的特色。更可貴的是，乾嘉時期「實事求是」思想中的不少方面，具有批判其時代學風的意識傾向：其一，反對門戶，不執一見，唯信是從。汪中的「不尚墨守」，戴震的「不偏主一家」，錢大昕的「以古為師，師其事而已」[13] 的觀點，就是針對當時學者治學墨守漢人家法，鄙棄後儒見解的風氣而發。其二，拒絕凡庸，尊重前人。批判人們喜好苛責古人，抬高自己，強調嘉惠後學。其三，知人論世、考究時勢。批評宋、明學者空言心性，馳騁議論，脫離歷史實際的偏頗學風。在乾嘉學者面前，「實事求是」集中體現了人們的實學精神和務實態度。

要之，明清時期實學思潮支配下的「實事求是」思想，是對宋明以來空疏學風的反撥，它所強調的是「實」和「是」，「實」的內涵極為豐富，摒棄虛理，提倡做於世有補的學問，修己治人，經世致用，重「佐證」，棄臆測，既不墨守一家，又不穿鑿附會。而「是」則是在「實」之下所求得的真理，正如錢大昕所說：「後儒之說勝於古，不必強從古可也；一儒之說而先後異，從其是者可也。」[14] 就是說，對於優劣是非問題，不論古人今人，不論一人之過去和現在，應當「從其是」。錢大昕在這裡所強調的求「是」，恰恰是明清時期「實事求是」思想的精髓所在。

---

**13** 《潛研堂文集》，見《嘉定錢大昕全集》，第 375 頁。
**14** 《潛研堂文集》，見《嘉定錢大昕全集》，第 116 頁。

## 第二節 ▶ 「質測之學」中的科學精神

中國人重視道德修養和向內用力的人生，成為中國文化的致思重點，從而對自然科學的探索採取了鄙視乃至否定的態度，有著重德輕智的蒙昧主義傾向。可是，明清時期，隨著商品經濟的發展，資本主義的萌芽，理學腐朽的一面充分暴露；隨著西學東漸的展開，儒家「重道義，輕技藝」的思想傳統也被逐漸打破，人們開始自覺地從事科學技術的研究。一大批學者都和自然科學結下了不解之緣，像王廷相、李時珍、徐霞客、宋應星、朱載堉、徐光啟、李之藻、方以智、陸世儀、黃宗羲、王夫之、顧炎武、梅文鼎、江永、戴震、錢大昕、阮元、李銳乃至康熙、乾隆等人，都在重視道德內省的同時重視自然科學。他們前後相繼，聲氣相求，提倡「質測之學」，在傳統的格物論中注入了近代科學的內容，不僅進行科學研究，而且還提出了一些頗有價值的科學思想，為民族精神增添了新內容。

其一，重視實驗和實地考察。西方近代自然科學是實驗科學，強調科學觀察和實驗。明清時期興起的「質測之學」，則是自然科學研究方面出現的新動向，標誌著中國古代科學開始向近代科學邁進。「質測」，又稱「實測」，即通過實驗及實際考察發現事物變化的規律。當時，科學研究上的「質測」包括實驗、實地考察等。徐光啟、方以智、宋應星、康熙皇帝等人對於科學觀察和實驗手段極為重視，徐光啟特別強調天文曆法工作應該是「必准於天行，用表、用儀、用晷，晝測日，夜測星」，只有這樣才能「求端於日星」[15]，避免主觀誤差而獲得準確的資料。徐光啟不僅主張「制器測天」，其所著《農政全書》也是在「質測」的基礎上寫成的，比如在農田水利上總是「手植樹藝，試有成效，乃廣播之」。方以智是「質測之學」的主要代表。他曾說：「物有故，實考究之，大而元合，小而草木蠢蠕，類其性情，征其好惡，推其常變，是曰質測」[16] 也就是通過對事物的實驗、實證來考察事物變化之「故」。他所撰寫的《通雅》《物理小識》等著作，正是運用實驗、實證的典範。宋應星同樣強調通過實驗的方法求得對物理的正確認識，他認為對某一科技方面的知識是肯定還是否定，都應該經過實驗、試驗以後方可確定。當時士大夫對於兵器彈藥的製造有種種說法，宋應星認為都不可信，原因就是這些說法沒有「實驗」支持，「火藥火器，今日妄想進身博官者，人人張目而道，著書以獻，未必盡由實驗」[17]。他也以同樣的態度對待自己所從事的科學研究，例如，他對一些榨油原料做了些實際研究但還不充分時說：「此其大端，其他未窮究試驗，與夫一方已試而他方未知者，尚有待雲。」[18] 這是相當嚴肅的科學態度和實事求是的科學方法。與這些學者類似，康熙皇帝對「質測之學」也極感興趣，他不僅是一位雄才大略的皇帝，同時還是一位「留心格物」的科學家。他研究過各種各樣的自然現

**15** 《徐光啟集》卷七《測候月食奉旨回奏疏》。
**16** 《物理小識・自序》。
**17** 《天工開物・佳兵》。
**18** 《天工開物・膏液》。

象，十分重視廣泛調查和社會實踐，他還在皇城內親自試驗與選育優良稻種。

除了實驗之外，實地調查也是這一時期科學理性精神得以高揚的手段之一。徐霞客、李時珍等人都重視實地調查。徐霞客不輕信歷代地理書上所記載的或傳聞中的地理事物，而是走出書齋，實地調查。每到一處，他就收集地方圖志，認真研究，找出疑竇，然後再有目的地去實地考察。他所撰寫的《徐霞客遊記》詳盡記錄了自己畢生大部分行履所至，觀察所得，內容極其豐富，極大地豐富了地理科學的寶庫。李時珍在自己一生的藥學研究中，使用最多的就是實地觀察和嘗試的方法。對於很多藥物，未經親自觀察的，絕不輕信；未經實地調查的，老老實實地存疑待考；對於被人們神化了的藥物，他必做歷史與實物的考察。

到乾嘉時期，「實測而知」更加得到人們的普遍認可。戴震從事科學研究，非常重視實測。他推崇西方天文學，即因它「分曹測驗，具有實證」[19]。焦循在水利研究上，堅持「實測而知」的原則：「不以一人之策為去取，不以數百人之策之不同為惑。不欣動新奇，不徒襲乎陳言，胸有成竹而後用，效有必驗而後行」[20]。在醫學方面，他主張在細心觀察、認真驗證的基礎上修正前人錯誤、提出自己的新理論。阮元在《疇人傳》中也大力提倡實測精神，指出：「欲使學者知算造根本，當憑實測；實測所

19 《四庫全書總目》卷一〇六《天文演算法類一》。
20 《雕菰集》卷十三《奉檄上制府書》。

資，首重儀表。」[21] 在數學研究中，他既重視實地測量，又重視精密計算。他極力推崇西方推步之學，就在於西法有精密儀器，可以精確測量。《四庫全書總目》的編纂者也非常重視測驗，並高度評價利瑪竇《乾坤體義》「其言皆驗諸實測，其法皆具得變通」[22]。

科學實驗的興起，是近代科學發展的一個重要特點。明清時期「質測之學」就包含了科學實驗的成分，這與中國古典科學的某些神秘性、直觀性和主觀性形成了鮮明的對比，逐步衝破了中國古典科學狹隘經驗論的樊籬，所蘊含的是實事求是、嚴謹實證、窮理極物等科學理性精神。

其二，「由數達理」科學思維方式的出現。中國傳統學者長期受經學思維方式束縛，注重儒經注疏、名物訓詁，思想刻板，思維僵化，往往忽視抽象演繹之法，只知道對經驗數值的運算方法，而不知道對科學原理的邏輯論證，所謂只知其「義」，不知其「法」。總之，缺乏西方「由數達理」的思維方式，也就是由把握事物的數量關係來發現自然客觀規律。明清時期，這一局面被打破，李之藻提出「緣數尋理」「步步推明」的科學演繹方法，朱載堉提出「理由數顯，數自理出」的邏輯思維方式，康熙皇帝宣導的「數以理神，理以數顯」的「數理合一」觀點，王錫闡主張的「因數可以悟理」的方法等等，都已經明顯的注入了近代科

**21** 《疇人傳・凡例》。

**22** 《四庫全書總目》卷一〇六「乾坤體義」條。

學的思維模式。特別是徐光啟，尤為重視對資料進行理論概括和總結。徐光啟在修曆法的過程中，要求人們做到「一義一法，必深言所以然之故，從源溯流，因枝達幹，不止集星曆之大成，兼能為萬物之根本」[23]，這就是說，科學要從精確地記錄具體的現象出發，最後歸結到自然世界的普遍規律和原理。這一理論的意義就在於努力把簡單的經驗事實資料提升到系統理論的高度。以上這些「由數達理」的科學思維方式，為後世科學家所繼承。李善蘭就在此基礎上發展成他的科學「求故」論，即認為科學不僅要「言其當然」，而且要研究其「所以然之理」[24]，從而成為中國近代科學認識論與思想方法論的代表。

其三，把自然科學納入儒學正統的框架之中，提倡研究自然科學，把自然科學當作「儒者之一藝」。明清時期，人們重視對自然科學的研究，大批士人在進行內在的道德修養的同時，轉向外在的科學探索，這就勢必影響到人們對自然科學地位的認識。乾嘉時期學者錢大昕在比較了中西科學技術的差異以後，說：「歐羅巴之巧，非能勝乎中土，特以父子師弟世世相授，故久而轉精。而中土之善於數者，儒家輒訾為小技，舍《九章》而演《先天》，支離傅會，無益實用。疇人子弟，世其官不世其巧，問以立法之原，漫不能置對，烏得不為所勝乎！」「歐羅巴之

**23** 《徐光啟集》卷八《曆書總目表》。
**24** 《談天・序》。

俗，能尊其古學，而中土之儒，往往輕議古人也。」[25] 在錢大昕看來，歐羅巴有研究自然科學的傳統，而中國沒有這樣的傳統，這是導致西方科技進步而中國科技落後的根本。「中法之絀於歐羅巴也，由於儒者之不知數也」。為了改變這種局面，錢大昕號召士大夫普遍學習數學、天文學等自然科學知識——「宣尼有言：『推十合一為士。』自古未有不知數而為儒者」[26]。在錢大昕看來，天文學、數學等自然科學知識應該成為儒者研究的重要內容，直接把研究天文演算法當作經學研究的應有之義。他的這一思想得到阮元的響應。阮元指出，數術是孔子六藝之一，為「帝王之要道」，「先古聖人咸重其事」。[27] 他認為這一傳統的破壞，是由於明代心學的盛行，「自明季空談性命，不務實學而此業遂廢」[28]。他希望恢復自然科學知識作為經學重要組成部分，認為天算之學「足以綱紀群倫，經綸天地，乃儒流實事求是之學，非方技苟且幹祿之具」[29]，「治經之士，固不可不知數學」[30]。錢大昕、阮元等人在自然科學研究興盛的情況下，開始反思儒學學術傳統，賦予自然科學以經學研究的方法論意義，試圖把自然科學重新納入儒學正統的框架之中，這在崇尚經學的明清時代，意義非同小可，所反映的恰恰是自然科學地位的上升。

25 《潛研堂文集》卷二十三《贈談階平序》。
26 《潛研堂文集》卷二十三《贈談階平序》。
27 《疇人傳・序》。
28 《疇人傳》卷四十四《利瑪竇傳》。
29 《疇人傳・序》。
30 《疇人傳》卷四《鄭玄傳》。

而學者們對自然科學的研究，訓練了自己的科學思維，又反過來影響到對經史之學的探討，使得嚴密推理、實地驗證和注重證據的思維方法無處不在。

## 第三節 ▶ 興利除弊的改革精神

明清時期，興利除弊的改革行動及主張一波接一波，其間所體現的民本思想、改革精神，成為後人一筆重要的精神財富。

這一時期，不管是地主階級改革派，還是新興市民階層，抑或普通士人，在社會積弊出現之時，紛紛提出興利除弊的主張，以挽救社會危機。他們一方面揭露社會積弊，一方面提出改革方案，觸角探及田制、水利、賦稅、漕運、荒政、鹽政、人口、邊務、兵制、吏治、科舉等諸多方面，憂國憂民之情表露無遺。

明代大政治家張居正有著「本固邦寧」的民本思想，認為民是國家的根本，要想治國安邦，必須首先安定百姓，關心民眾疾苦，重惜民生。為了解決「民窮財盡」這一社會問題，張居正提出懲豪強、誅貪吏，試圖從整治吏制入手，解決社會問題，緩和社會矛盾。明末清初，諸多政治家、思想家在經世致用的大旗下批判專制積弊，提出改革的主張，雖關注點不盡相同，但興利除弊、關注民生的立足點是一樣的。黃宗羲指出，所有變革都要從民眾之需要出發，都要有利於民生，「志仁者從民生起見」[31]，

31 《孟子師說》卷六，見《黃宗羲全集》第一冊。

「天下之治亂，不在一姓之興亡，而在萬民之憂樂」[32]。變革制度，關鍵是看其害民還是利民，利民之變為善，害民之變為不善。圍繞限制君主權力，黃宗羲提出了一系列變法救世的主張。在政治體制上，他要求君臣平等，共同理事；提高宰相地位，限制君權；把學校作為監督君主的議論機關；設立方鎮以去集權之弊。在法律上，他要求「立天下大法」，「廢一家之法」，主張法治重於人治。在經濟上，他提出恢復井田制以抑制土地兼併。在文化上，他主張興辦學校，提倡絕學。和黃宗羲一樣，顧炎武也提出分權眾治的政治主張，分權的基本構思是從中央到地方層層分權，由郡縣分割中央的權力，由宗族分割郡縣的權力。這也就是著名的「寓封建於郡縣之中」[33]。針對明末清初世風澆薄，顧炎武還提出正人心、厚風俗的主張，培養人們的廉恥之心，提倡用教化來轉移社會風氣。王夫之也有「不以天下私一人」的民本思想，他認為「一姓之興亡，私也；而生民之生死，公也」[34]，並針對土地問題提出自己的主張，認為土地不應是君主一人一姓的私產，而應是廣大民眾生活所必需的條件。他還提出「寬以養民，嚴以治吏」的問題，主張以此來緩和當時的社會矛盾。與三大思想家一樣，唐甄所提出的興利除弊的改革思想也應引起我們的注意，他提出「養民」的主張，要求平均財富，減輕民眾負

32 《明夷待訪錄・原臣》，見《黃宗羲全集》第一冊。
33 《亭林文集》卷一《郡縣論》。
34 《讀通鑒論》卷十七。

擔。

乾嘉時期，隨著清朝統治的由盛轉衰，新的社會矛盾和社會問題由隱而顯，尤其是當時號稱朝廷大政的河工、漕運、鹽政、人口等方面，出現了許多新問題。面對這些問題，憂國憂民的士人相繼提出了自己的解決方案和經世主張。

黃河的治理，歷來是清廷首要大政之一。面對日益嚴重的河患，人們抨擊治河的弊端，紛紛提出自己的治河主張，要求疏浚河身、培築堤壩、蓄清敵黃、疏通海口。終清一世，河工弊端始終是困擾統治者的痼疾，並沒有得到很好地解決，但是，清代中葉的有識之士能直面這一矛盾，表現了他們對國計民生的關注以及革除弊端的決心。和河工相比，清代漕運也是弊端叢生：手續繁瑣、關卡重疊、地方征漕加派各項雜稅、州縣任意浮收勒折等等。王芑孫說：「國家承平百六十年，法久弊生，老奸宿蠹，窟穴其中。」[35] 由漕運敗壞，導致社會風氣的敗壞，「吏治、民風、士習，由此而壞，此漕弊之相因而成積重無已之實在情形也」[36]。漕務積弊若此，促使當時有識之士提出「大力整飭，力挽頹風」的呼聲，各種改革建議紛紛提出，試圖從根本上解決漕運弊端。嘉慶時期，阮元等人甚至提出了改河運為海運的主張。雖然這些改革設想並沒有完全實施，但其中所蘊含的經世觀念和變革思想卻是難能可貴的。與河工、漕運一樣，對於關係國計民

35 《清經世文編》卷四十七，王芑孫：《轉般私議》。
36 《清經世文編》卷四十七，王芑孫：《轉般私議》。

生而又弊竇叢生的鹽政，時人也紛紛提出改革主張，一是緝私除弊，指出清代鹽法，「莫急於緝私，但有場私、有商私、有梟私，而鄰私、官私為害尤巨」[37]，如不打擊，必擾亂鹽業市場。但是，一味打擊又會產生其他弊端，於是他們又提出官府收稅，聽商民自販的鹽政改革主張，如此則「民無私鹽之禁，場無商引之鹽」，且「商課改為稅課，私鹽盡屬官鹽，無簽商定地之煩，少緝私拒捕之案」，是「於國課、官制、民生，均有裨益」[38]的良法。這樣的改革主張，反映了十八世紀清代社會商品經濟的發展及其試圖擺脫封建桎梏的要求，不僅體現了當時人們對國計民生的強烈關注，而且為十九世紀的鹽政改革起了前驅先路的作用。清代，人口增長速度加快，日趨嚴重的人口壓力帶來了諸多社會問題和不安定因素，統治階級中的有識之士，開始認識到人口問題的嚴重性，試圖尋找解決問題的辦法。最早意識到人口問題給社會經濟造成壓力的是康熙、雍正、乾隆等帝王，為緩解人口增長給國計民生造成的壓力，清代統治者採取積極措施，加以應對。康熙帝根據「人丁雖增，地畝並未加廣」的實際情況，下令實行「滋生人丁，永不加賦」的政策，雍正帝進而推行「攤丁入畝」，以減輕民眾負擔。康、雍、乾三帝都十分重視勸耕農桑，興修水利，乾隆帝還開放礦禁，力圖用發展生產的方法來解決人口問題。當時，洪亮吉還提出了自己的人口論，在中國人口

**37** 《清史稿》卷一二三《食貨四》。
**38** 《清經世文編》卷四十九，裘行簡：《閩鹽請改收稅疏》。

學史上占有重要地位。

明清時期，社會各界所提出的興利除弊的改革見解，雖然關注的方面有很大差異，有原則和理論性的問題，也有具體的問題，但所體現的變革舊制、不斷進步的改革精神卻是一致的。在提出改革主張時，人們總是把民眾利益放在重要位置，把「民為邦本」當作思考變革問題的基準，積極入世，勇於革除舊弊、展現新姿。這些不僅為我們今天的社會變革提供了豐富的歷史經驗教訓，其民本思想、改革精神，也激勵著我們在困難中前進。中華民族是一個勇於改革的民族，也只有在不斷興利除弊的改革過程中，中國才有前途。

## 第十二章
# 明清之際民族精神的新闡釋

明清易代，天崩地解，社會處於劇烈變動之中。「神州蕩覆，宗社丘墟」的易代改姓之民族危機使得社會各個階層都受到了極大刺激，人們開始反思政治得失，推原學術精神，由歷史的批判總結而進行學術的批判總結，在政治與學術兩個層面上進行深刻省察。一大批政治家和思想家正視社會現實，重新闡釋儒學意蘊，批判專制集權，提出了一系列精闢的政治和思想見解，為民族精神這座寶庫貢獻了新內容。

## 第一節 ▶ 「明道救世」思想的新內容

明清更迭，經世實學的思潮空前高漲，「天崩地解，落然無與吾事」[1] 的惡劣學風遭到猛烈抨擊，「嚴夷夏之防」，以「匡扶社稷」[2] 的呼聲異常強烈，「天下興亡，匹夫有責」[3] 成為時代最強音。與晚明相比，清初經世實學增加了一層國破家亡之恨，更

1 黃宗羲：《留別海昌同學序》，《黃宗羲全集》第十冊。
2 王夫之：《讀通鑒論》卷五《成帝》四。
3 顧炎武：《日知錄》卷十三《正始》。

加注重對歷史興亡得失的探討，更加重視從史學探討中尋求治弊之方。誠然，清初實學思潮內涵豐富，一大批進步的思想家，如黃宗羲、顧炎武、王夫之、陳確、費密、唐甄、方以智、李顒、傅山、顏元、李塨等，批判理學空談性命、脫離實際的空疏學風，重新闡釋儒學經世致用的學術宗旨和學風，辨析、修正道學諸命題，批判專制制度，其範圍涉及現實社會的方方面面，形成了與前代迥異的新思想。在內涵豐富的經世實學思潮中，「明道救世」的思想尤其引人注目，其深刻的見解影響後世甚巨，從而成為民族精神寶庫中最重要的精神遺產之一。

其一，在學理上，把學術研究和解決社會問題聯繫起來，注重學術的實際效用。

「明道救世」是顧炎武一再堅持的治學宗旨，他認為治學就是求治道，他從青年時期起就提倡讀書務實，「自一身以至於天下國家，皆學之事也」[4]。他對理學末流「不習六藝之文，不考百王之典，不綜當代之務」的學風進行無情批判，指出這些人一不讀經，二不治史，三不關心國計民生，故而空談誤國。在顧炎武看來，做學問的目的就是「探討國家治亂之源，生民根本之計」，他力圖把學術研究和解決社會問題聯繫起來，扭轉明末「置四海之困窮不言，而終日講危微精一之說」[5] 的腐朽學風，在自述著述宗旨時說：「有王者起，將以見諸行事，以躋斯世於

4　顧炎武：《亭林文集》卷三《與友人論學書》。
5　顧炎武：《亭林文集》卷三《與友人論學書》。

治古之隆」[6]，「意在撥亂滌汙，法古用夏，啟多聞於來學，待一治於後王」。[7]他撰寫《日知錄》《天下郡國利病書》，關注「民生之利害」，「旁推互證，務質之今日所可行而不為泥古之空言」[8]。除顧炎武外，朱之瑜、傅山、李顒、顏元等都非常注重學術研究的實際效用，讚賞宋代陳亮、葉適的功利主義。朱之瑜鑒於空談「性命之學」的理學所造成的流弊，主張治學應把重心放在「經邦弘化，康濟艱難」，從「日用之能事」做起，以求達到「明德篤行」[9]。李顒則提倡「匡時要務」，說：「學貴實效，學而不足以開物成務，康濟時艱，真擁衾之婦女耳，亦可羞已。」[10]

在中國古代學術發展史上，純粹為學術而學術的現象幾乎是不存在的，只是有內省和外修的差異而已。可是，明清之際學者把學術研究與解決現實問題如此緊密聯繫在一起，從而改變學風走向，在中國歷史上還是第一次。

其二，在政治上，突破傳統的政治哲學，賦予「明道救世」以全新的觀念。

明末清初「明道救世」觀念有著全新的思想內涵，其最突出的表現就是突破傳統政治哲學的樊籬，提出了許多具有近代意義

6 顧炎武：《亭林文集》卷四《與人書》二十五。
7 顧炎武：《亭林文集》卷六《與楊雪臣》。
8 《天下郡國利病書・考序》。
9 朱之瑜：《舜水遺書・文集》卷十五。
10 《二曲集》卷七。

的政治觀念。王夫之、顧炎武、黃宗羲等人對民族利益和「生民之生死」極為關注，強調民族大義高於君臣之義，民眾利益高於一姓之興亡。王夫之指出，「生民之生死，公也；一姓之興亡，私也」。政治的最高原則不是維護皇權，而是維護民眾之「生死」。黃宗羲在論述歷史變革時指出，所有的變革都必須圍繞萬民的利益進行，都必須有利於民生，一切均要從民眾之需要出發。從黃宗羲的著作中，我們屢屢看到這樣的言論，諸如「志仁者從民生起見」[11]，「天下之治亂，不在一姓之興亡，而在萬民之憂樂」[12]等等。從萬民利益出發，黃宗羲在《明夷待訪錄》中對「屠毒天下之肝腦，離散天下之子女，以博我一人之產業」的君主進行了嚴厲批判。明末清初，人們對個人權利意識有了較為進步的認識，個人權利甚至被有些人認為是與生俱來的不可剝奪的權利。在一些思想家那裡，私有財產權利得到承認，「有生之初，人各自私，人各自利」，基於這種人類天性，私有財產權利應該得到尊重，是不能夠被任意剝奪的。與此相關，經濟自由權利和言論自由權利也應該得到尊重。同時，他們還對傳統的「修身、齊家、治國、平天下」，依靠道德修養來維持社會統治的現象進行反思，開始從體制上探討制度建設的路徑。黃宗羲就曾描繪了這樣的未來社會藍圖：在政治體制上，君、臣平等，共同理事；提高宰相地位，限制君權；以學校作為監督君主的議論機

**11** 《孟子師說》卷六。
**12** 《明夷待訪錄・原臣》。

關。在法律上，要求「立天下大法」，「廢一家之法」，主張法治重於人治。在經濟上，提出恢復井田制以抑制土地兼併。在文化上，主張興辦學校，提倡絕學等等。

其三，在社會風俗上，提倡轉移風俗。

關注社會風俗是這一時期「明道救世」思想的一大特色，其代表人物就是顧炎武。在顧氏看來，改變社會風俗是明清之際「明道救世」的重要內容。他認為「目擊世趨，方知治亂之關在人心風俗」[13]，即社會風氣的好壞，關係著國家、社會的興衰。因此，他指出評價君主的功績著重要看社會風氣，「論世而不考其風俗，無以明人主之功」[14]。

由於社會風俗的好壞關乎國家的興亡，顧炎武認為朝廷要帶頭行教化，所謂：「朝廷有教化，則士人有廉恥；士人有廉恥，則天下有風俗。」[15]「教化者，朝廷之先務；廉恥者，士人之美節；風俗者，天下之大事」。[16] 顧炎武把「有廉恥」看作是存風俗的重要標準。他引《管子》書說，「禮、義、廉、恥」是「國之四維，四維不張，國乃滅亡」；同意歐陽修的評論：「禮、義，治人之大法；廉、恥，立人之大節。蓋不廉則無所不取，不恥則無所不為。人而如此，則禍敗亂亡，亦無所不至；況為大臣，而無所不取，無所不為，則天下其有不亂、國家其有不亡者

13 《亭林文集》卷四《與人書》九。
14 《日知錄》卷十三《周末風俗》。
15 《日知錄》卷十三《廉恥》。
16 《日知錄》卷十三《廉恥》。

乎？」[17] 顧炎武在這裡情緒激憤，顯然有所特指。明代的士大夫，搖身一變而為清廷的臣僚，在他看來就是沒有廉恥。所以，他一再引用孔子的話「行己有恥」，作為他匡世救俗的一面旗幟。

顧炎武不僅從政治上提出了整頓「人心風俗」的具體措施，還從經濟上分析了「人心風俗」衰敗的原因。他認為要使風俗變好，必須讓百姓有安居樂業的物質條件，他說：「今將靜百姓之心而改其行，必在制民之產，使之甘其食，美其服，而後教化可行，風俗可善乎！」[18]「非任土以成賦，重穡以帥民，而欲望教化之行，風俗之美，無是理矣。」[19]

顧炎武把「正人心厚風俗」的道德觀與「撥亂世以興太平」的政治觀聯繫在一起，把轉移風俗看作是「明道救世」的重要內容，具有時代特點和重要意義。

## 第二節 ▶ 「氣節」「忠孝」與擔當道義

中華民族自古以來就是一個崇尚氣節和信念的民族，越是滄海橫流、世道變遷、王朝更替、異族入侵，人們越是砥礪名節，養天地之正氣，成人生之高節。同時，在注重春秋大義、君臣名

17 《日知錄》卷十三《廉恥》。
18 《日知錄》卷十二《人聚》。
19 《日知錄》卷十一《以錢為賦》。

分的古代社會，氣節又與忠孝聯繫在一起，氣節往往表現為對國家、民族甚至是君主的忠誠。

明清之際，天崩地解，世事巨變，使得傳統士大夫中的氣節觀與忠義觀再度彰顯，並且出現了一些新的思想因素。

首先，把氣節與忠義看作是「天地之元氣」，民族之精神。

黃宗羲曾極力在自己的著述中表彰明末清初的氣節與忠烈，指出氣節與忠烈是國家民族處於生死存亡之際的一種不屈不撓的民族精神，而不是臣子對君主的「忠」。他對「臣道」有自己的看法，認為「殺其身以事其君」，並非「臣道」，「我之出而仕也，為天下，非為君也；為萬民，非為一姓也」。在他看來，「臣道」乃是為天下、為萬民之道，而非為一家一姓之君主之道，「為臣者輕視斯民之水火，即能輔君而興，從君而亡，其於臣道固未嘗不背也」。[20] 這可說是中國兩千年封建政治觀念的一大奇變。由此，黃宗羲所講的「忠烈」「忠義」，也就超越了封建倫理道德的範圍。明清易代，萬民塗炭，忠義之士奮力抗清，這種抗爭實際上已超脫於一家一姓易姓改號之上，而變成為民族利益、萬眾利益而鬥爭的一種愛國主義正氣了。黃宗羲說：「蓋忠義者，天地之元氣，當無事之日，則韜為道術，發為事功，漠然不可見。及事變之來，則鬱勃迫隘，流動而四出。賢士大夫歘起收之，甚之為碧血窮燐，次之為土室牛車，皆此氣之所憑依

20 《明夷待訪錄・原臣》。

也。」[21]「忠義」乃「天地之元氣」，和平年代，「韜為道術，發為事功」，歷史巨變時期，或表現為忠烈，或表現為氣節。這種「元氣」實際上就是一種民族精神。他在《蒼水張公墓誌銘》中還說：「語曰：『慷慨赴死易，從容就義難』，所謂慷慨、從容者，非以一身較遲速也。扶危定傾之心，吾身一日可以未死，吾力一絲有所未盡，不容但已。古今成敗利鈍有盡，而此不容已者，長留於天地之間。」事業有成敗，抗爭有勝負，這些都會成為過去，但延綿不斷、長留天地之間的卻是通過這種抗爭所體現的「元氣」——民族精神。正是這種民族精神，才使得中華民族敢於同任何邪惡勢力作鬥爭，從而鑄就了中華民族的脊樑和靈魂。

其次，對傳統的氣節觀進行了重新反思和辨析，在明清巨變的歷史背景下提出了新的認識。

明清易代之際，士大夫面臨生與死的抉擇，其抉擇的結果無非是生與死兩種。生死是考驗人們氣節的重要手段。在異族入侵面前，是以身殉道，還是苟延殘活，就成了當時人們的一項艱難選擇。傳統的氣節觀，提倡殺身成仁，「見危臨難，大節所在，惟有一死」[22]。但是，明清之際，除了捨生取義而死的「忠烈」外，還有很多苟活的「遺民」，這些存活下來的遺民，對氣節問題進行了討論，出現了較為理性的看法。他們不再執著以死殉道

21 《紀九峰墓誌銘》，《黃宗羲全集》第十冊。
22 《明儒學案》卷六十一。

的理念，而是把遺民精神當作傳承文化的手段，他們雖沒有「死道」，但決不和清廷合作，而能保持氣節，以便使自己有充足的時間從事學術研究，保持華夏文化不因異族的入侵而湮沒。張煌言云：「義所當死，死賢於生；義所當生，生賢於死。」死與不死，關鍵要看是不是符合「大義」。明代學者吳廷翰在論及方孝孺之死時，就提出一種中庸的看法，認為士人在面臨死節之時，儘管應該成仁，但也不必過分激烈，最好要符合「聖賢中道」。清初學者陳確曾指出，對士大夫的結局，不能只以生死作出判斷，因為事情相當複雜，「惟有其不死而不愧者，是以有雖死而猶愧者」，複雜的形勢使得人們的選擇也變得複雜起來，單純以傳統的死節與否來判斷一個人，就會有評價不當之處，由此他提出要注意他們的「心之所欲」[23]。陳確還撰寫《死節論》，對「死節」進行了理性反思。在他看來，真正的死節，理應是「不可過，亦不可不及」，是一種「中和之謂和」[24]的精神境界。

明清之際，由於思想家們對氣節、忠孝問題進行了辨析和反思，其所包含的內容也悄然發生了變化。無論是死或不死，只要踐行聖賢之道，他們所擔當的都是民族大義，都是人間的浩然正氣。

**23**　《陳確集・文集》卷十五《眾議建吳磊庵先生祠疏》。

**24**　《陳確集・文集》卷五《死節論》。

## 第三節 ▶ 批判專制獨裁的啟蒙意識

明清之際，社會歷史出現明顯的轉換徵兆，思想領域出現一股批判封建專制集權的思潮，人們對封建專制的弊端及危害進行了研究，透露出早期啟蒙思想的光輝。李贄、黃宗羲、顧炎武、王夫之、傅山、唐甄、劉獻廷、呂留良等人都在自己的著述中對專制集權進行了批判，從而成為後世中華民族反對獨裁政治的精神資源。

明清之際對專制獨裁的批判，主要表現在三個方面：一是破除尊君觀念，指斥君主為「賊」；二是宣揚社會平等觀念；三是主張變革君主專制制度。

破除尊君觀念，把君主還原為普通人，甚至將君主指斥為「獨夫」和「賊」，是明清之際批判君主專制制度的最強音。黃宗羲從歷史發展入手，指出上古沒有君主，「人各得自私，人各得自利」，專制制度出現以後，君主以天下為一己之私，胡作非為，剝奪民眾利益，使百姓陷入災難困苦之中，「屠毒天下之肝腦，離散天下之子女，以博我一人之產業」，「敲剝天下之骨髓，離散天下之子女，以奉我一人之淫樂」，「為天下之大害者，君而已矣」。[25] 專制君主跋扈奢侈，與民眾對立，民眾自然要把君主看作是禍害，是獨夫，所謂「今世天下之人，怨惡其君，視之如寇讎，名之為獨夫，固其所也」[26]。和黃宗羲一樣，唐甄也有

**25** 《明夷待訪錄・原君》。
**26** 《明夷待訪錄・原君》。

強烈的抑尊辟聖思想，認為君主就是一般人，「天子之尊，非天帝大神也，皆人也」，[27]。在破除了尊君觀念以後，唐甄對君主的本質進行了揭露，指出「自秦以來，凡為帝王者，皆賊也」[28]。在唐甄看來，帝王是「賊」，是社會動亂的終極根源，正是他們的昏庸導致政治的昏暗，「治亂非他人所能為也，君也」[29]，亂天下的不是別人，正是君主。顧炎武在批判君主專制時，主要針對的是個人專權對政治的危害。在他看來，專制君主集一切權力於一身，根本無法完成使天下大治的任務，「後世有不善治者出焉，盡天下一切之權，而收之在上。而萬幾之廣，固非一人之所能操也」[30]。中國幅員遼闊，人口眾多，政務繁複，靠君主一人是不能解決問題的，其危害甚大。王夫之對傳統的「家天下」的尊君觀也進行了批判，他認為天下是民眾之天下，不是君主一人之天下，「天下非一姓之私也」[31]，提出「不以一人疑天下，不以天下私一人」[32]。王夫之否定君主的無上權力，啟蒙意義不言而喻。

明清之際富有遠見卓識的思想家尖銳地抨擊了專制制度，深刻揭露了君主專制的弊端，對啟發後世仁人志士沖決神權與君權的羅網具有一定的積極意義。

27 「天子雖尊亦人也」《潛書・抑尊》。
28 《潛書・室語》。
29 《潛書・鮮君》。
30 《日知錄》卷九《守令》。
31 《讀通鑑論》卷末《敘論一》。
32 《黃書・宰製》。

在批判專制集權的同時，人們還宣揚社會平等的觀念。何心隱說：「人必君，則人也；君必位，則君也；臣民亦君也；君者，均也；君者，群也。」[33] 這裡就有把統治者和被統治者視為平等的思想傾向。黃宗羲說得就更加明白，他認為君臣關係應當是平等的同事關係——「夫治天下猶曳大木然，前者唱邪，後者唱許。君與臣，共曳木之人也」[34]，具體到為臣之道，黃宗羲認為「殺其身以事其君」，並非「臣道」，「我之出而仕也，為天下，非為君也；為萬民，非為一姓也」，在他看來，「臣道」乃是為天下、為萬民之道，而非為一家一姓之君主之道，「為臣者輕視斯民之水火，即能輔君而興，從君而亡，其於臣道固未嘗不背也」[35]。臣子要為萬民盡忠，而不是要為君主盡忠，君臣都應共同為天下之民負責。這可以說是對中國兩千年封建政治觀念的一大奇變。除了強調君主與臣民平等外，人們還提出侯王與庶人的平等。李贄云：「侯王不知致一之道與庶人同等，故不免以貴自高。高者必蹶下其基也，貴者必蹶賤其本也。何也？致一之理，庶人非下，侯王非高。在庶人可言貴，在侯王可言賤，特未知之耳。」[36] 王侯之所以為王侯，是建立在庶人這一社會基層基礎之上的，沒有庶人這個基墊，王侯就談不上高貴，庶人才是社會秩序的核心，從這個角度來講，庶人也是高貴的。這樣的言論

**33** 《何心隱集》卷二《論中》。
**34** 《明夷待訪錄・原臣》。
**35** 《明夷待訪錄・原臣》。
**36** 《老子解》卷下。

對等級森嚴的專制秩序是一個有力地衝擊。顧炎武對君民平等有著自己的看法：「為民而立之君，故班爵之意，天子與公、侯、伯、子、男一也，而非絕世之貴。代耕而賦之祿，故班祿之意，君、卿、大夫、士與庶人在官一也，而非無事之食。是故知天子一位之義，則不敢於肆民上以自尊；知祿以代耕之義，則不敢厚取於民以自奉。」[37] 在他看來，皇帝與其他官僚在爵位上雖然有差別，但實際上是平等的，根本沒有「絕世之貴」，皇帝無暇從事農業生產，以料理政務作「代耕」，和其他官僚一樣靠拿取俸祿以維持生計，無論從爵位還是從俸祿的角度看，君主、侯王和庶人的地位都是持平的，不能「肆民上以自尊」和「厚取民以自奉」。

在批判專制制度、宣揚平等觀念的同時，還提出改革君主制的設想，希望以此來限制君主的權力。像顧炎武，他不主張廢除君主政體，但他明確反對君主獨裁，提倡「眾治」而反對「獨治」，「人君之於天下，不能以獨治也。獨治之而刑繁矣，眾治之而刑措矣」[38]，要求實行分權，削弱君主的絕對權力。黃宗羲也認為變革君主制的關鍵是「分治」和「置相」，提高宰相地位，限制君權，[39] 並把學校當作監督君主的議論機關。此外，呂留良也強烈抨擊君主專制之私，歌頌三代以上之公。劉獻廷則提

37 《日知錄》卷七《周室班爵祿》。
38 《日知錄》卷六《愛百姓故刑罰中》。
39 見《明夷待訪錄・置相》。

出政治運作要「開誠佈公」，與專制政治對抗。

明清之際一批有識之士不僅對君主專制進行了抨擊，他們還把對君主政治的研究與王朝盛衰、歷史興亡的探討結合起來，從封建政體本身的弊端來認識王朝的興亡，深刻而有卓見。如王夫之在總結宋亡於元、明亡於清的歷史教訓時，認為封建帝王將天下之權收之一己是導致漢民族不能自固其族類的重要原因之一。封建帝王視天下為一己之私產，「以一人疑天下」，使得地方政府沒有任何實權，加以上上下下關節橫生，互相掣肘，造成「形隔勢礙，推委以積其壞」[40]，一旦外族入侵，根本就不能有效地抵抗。唐甄也認為，君主專制致使君主有無限權力，沒有任何東西可以限制君主的這種權力，「治天下者惟君，亂天下者惟君」[41]，王朝治亂完全取決於帝王本人的素質。人們無法通過行政手段將昏君暗主趕下皇位，只能聽其將國家引向滅亡。黃宗羲在總結明亡原因時，也是著重從明代專制制度的種種弊端上來看問題的。他剖析了明朝的官制、兵制、賦稅制和科舉制的弊病，指出其對明朝覆亡的影響等等。明清之際的有識之士注重從專制制度上分析歷史治亂，可謂擊中了要害。

以上對君主專制制度的抨擊以及對改革君主制的設想，在近代中國產生了很大影響。戊戌維新運動高漲時，梁啟超、譚嗣同等人就曾經把這些具有啟蒙意識的思想內容當作宣傳民主主義的

40 《黃書・宰製》。
41 《潛書・鮮君》。

工具，決心「沖決君主之網羅」，成為近代啟蒙的先導。

## 第四節 ▶ 義利觀的轉變

義利問題，是道德規範和物質欲望之間的關係問題，是中國傳統文化中爭論不休、延續兩千多年的重要議題。在長期的歷史發展中，重義輕利成為占主導地位的價值觀念，孔子曾言：「君子喻於義，小人喻於利。」[42] 把義與利當作劃分君子和小人的標準。董仲舒則把重義輕利價值觀推向極端，提出「正其誼不謀其利，明其道不計其功」[43] 的命題。在此基礎上，二程提出「聖人更不論利害，唯看義當為與不當為」[44]，完全以道德來確定人的行為方針和價值取向。可以說，在中國歷史上，重義輕利、存義去利、以義制利的價值觀，成為主宰世世代代士大夫的主導思想，人們對道德修養的完善超過了對物質利益的追求。

可是，隨著資本主義的萌芽，重義輕利的價值觀在明清時期發生了變化。市民階層的出現，士大夫商人化傾向的凸顯，功利論再度興盛，重利輕義、斷義逐利的新的價值觀出現，與傳統的重義輕利的價值觀有著極大的不同，明顯表現出功利主義特徵。

其一，從自然人性論角度出發，指出個人利益的合理性。

**42** 《論語・里仁》。
**43** 《漢書・董仲舒傳》。
**44** 《二程遺書》卷十九。

晚明，自然人性論流行，「人皆有私」「趨利避害」等等這些「吾人秉賦之自然」的言論出現，合乎邏輯地匯出了一種旨在肯定人的物質利益追求的新義利觀。李贄宣稱「私」是人類的天性，「夫私者，人之心也。人必有私而後其心乃見。若無私，則無心矣。如服田者，私有秋之獲，而後治田必力；居家者，私積倉之獲，而後治家必力；如學者，私進取之獲，而後舉業之治也必力」[45]，李贄以直面現實人性的實事求是的理論勇氣，揭示了人皆有私心這一為歷代聖賢所否認的事實，提出正如耕田者把收穫物作為私有才肯盡力勞作一樣，一己物質利益之私乃是一切生產活動和其他活動的基本動力。李贄說：「趨利避害，人之同心，是謂天成，是謂眾巧。」[46] 他認為追求物質利益是人生命活動的本能，是全部道德的基礎。李贄還揭示出聖賢之人同樣有「勢利之心」的事實，指出：「謂聖人不欲富貴，未之有也。」「聖人亦人耳，既不能高飛遠舉，棄人間去，則自不能不衣不食，絕粒衣草而自逃荒野也。故雖聖人不能無勢利之心。」[47] 聖人亦追求物質利益的事實證明了「人皆有私」這一客觀真理的普遍性。從此出發，李贄對董仲舒的「正其誼而不謀其利，明其道而不計其功」的非功利主義的義利觀進行了批判，認為董仲舒其實並非不講功利，董仲舒所提出的「災異譴告」本身就是「趨利避害」

45 《藏書》卷二十四《德業儒臣後論》。
46 《李贄文集》卷一《答鄧明府書》。
47 《李贄文集》卷十八《明燈道古錄》上。

最有力的證明。所謂「正誼」「明道」，其實都是為了「計功」「謀利」，亦只有現實的社會功利才是檢驗「誼」是否「正」，「道」是否「明」的客觀標準，「夫欲正誼，是利之也。若不謀利，不正可矣。吾道苟明，則吾之功畢矣。若不計功，又何時而可明也？今日聖學無所為，既無所為矣，又何以聖為乎。」[48] 李贄的義利觀，以現實的人性和天下人無不追逐私人利益的事實來對抗虛偽的道學說教，明確肯定私人利益，並且初步意識到追逐私人利益對於經濟發展的動力作用。

清初思想家繼承晚明思想傳統，繼續從自然人性論的角度論述追求私利的合理性。唐甄根據人的自然本性，指出天地間凡有生命的東西，畢生都在追求利益，「萬物之生，畢生皆利，沒而後已，莫能窮之者」[49]。在他看來，人類的一切活動無疑皆是為了追求實利，利是人們活動的動力，是生存的根本，上至帝王，下到百姓，都不能不言利。只有滿足人們基本的物質利益需求，社會才能「治化」，「衣食足而知廉恥，廉恥生而尚禮義，而治化大行矣」[50]。無視人們基本的物質需求，道德層面的禮義教化就不可能推行。陳確也以自然人性論為基礎提出「私」是人類活動的源泉。君子、聖賢都有其私，有私而後知愛其身，而後能齊家、治國、平天下，他說：「君子欲以齊、治、平之道私諸其

**48** 《藏書》卷二十四《德業儒臣後論》。
**49** 《潛書》上篇下《良功》。
**50** 《潛書》下篇下《厚本》。

身，而必不能以不德之身而齊之治之平之也。」聖賢之人的驚天之舉，「皆從自私一念，而能推而致之以造乎其極者也」。[51] 焦循的義利觀也是以人性論為基礎的，他指出人之所以區別於禽獸，就在於人能為自身利益而進取，即「是為利也。人之所以異於禽獸者，在此利與不利之間，利不利即義不義，義不義即宜不宜，宜則智也」。[52] 可以看出，明末清初的思想家在義利問題上超越了傳統的倫理道德至上主義，指出追逐個人利益是人類的本性，肯定了為利的合理性，為進一步深入探討義利關係打下了基礎。

其二，從義利統一的角度為傳統義利觀注入了新內容。明末清初思想家不僅肯定人們「為利」的合理性，而且進一步提出了義利統一的思想，否定了義利對立的傳統觀念。

與李贄同時期的晚明思想家在義利觀上也都提出了與李贄相似的言論，黃綰在《明道編》中提出「利不可輕」「義利並重」的理論；吳廷翰在《吉齋漫錄》中提出「義利原是一物，更無分別」的看法；焦竑提出「即功利而條理之乃義」的命題，批判了「猥以仁義功利歧為二途」的觀念[53]；陳第則提出了「義即在利之中，道理即在貨財之中」的思想。這些思想都強調義利的統一，它們與當時「工商皆本」的經濟思想相呼應，在中國古代思

**51** 《陳確集》卷十一《私說》。
**52** 《孟子正義》卷八《天下之言性也》。
**53** 《澹園集》卷二十二《書鹽錢論後》。

想發展史上占有重要地位。

義利統一的觀念被清初士人繼承下來，傅山認為「義者，宜也，宜利不宜害。興利之事，須實有功，不得徒以志為有利於人也」[54]。在傅山看來，「義」就是「利」，「利」就是「義」，二者並不矛盾，「義」不能空談，必須能給人民以實際的利益，「興利」「事功」乃是最大的「義」。顏元同樣把「義」和「利」看成是統一的，鮮明地提出了「正其誼以謀其利，明其道而計其功」的義利觀。在他看來，重義輕利和重利輕義都是不可取的，「蓋正誼便謀利，明道便計功，是欲速，是助長；全不謀利計功，是空寂，是腐儒」[55]。急功近利式的「正誼便謀利，明道便計功」與「全不謀利計功」都是不可取的，正確的做法就是取合義之利、棄不義之利，「義中之利，君子所貴」[56]。焦循在義利統一的基礎上主張君子不可能舍利而言義，相反，君子應該以利天下為義，而小人雖然重利，但如果不能「仰足事父母，俯足畜妻子」[57]，也談不上有義。由此，他改造了孔子所講「君子喻於義，小人喻於利」的含義，指出統治者必須懂得「知小人喻於利」，「因民之所利而利之」的道理。他說：「無恆產而有恒心者，唯士為能，君子喻於義也。若民，則無恆產，故無恒心，小人喻於利也。唯小人喻於利，則治小人者，必因民之所利而利

54 《霜紅龕集》卷三十五《讀子四》。
55 《顏習齋先生言行錄》卷下《教及門第十四》。
56 《四書正誤》卷一《大學》。
57 《雕菰樓集》卷九《君子喻於義小人喻於利解》。

之。」「儒者知義利之辨而舍利不言，可以守己，而不可以治天下。天下不能皆為君子，則舍利不可以治天下之小人。小人利而後可義，君子以利天下為義。是故利在己，雖義亦利也。利在天下，即利即義也」[58]。由此可見，焦循首先注意到民眾的物質利益需求，把「小人喻於利」看成是普遍存在於廣大民眾間的自發人性，滿足百姓對「利」的要求就是最大的「義」。

明末清初是中國社會一個重要的轉折時期，這一時期傳統思想的發展出現了新的趨向，重義輕利、重道德輕事功的傳統義利觀在思想家們的重新詮釋下悄然發生著變化。自此，重視人性，義利統一的義利觀得到越來越多人的認可。

其三，把「利」提高到富民、救民的高度來認識，對急功近利、見利忘義者進行了批判。

明清之際的義利觀有著明顯的功利主義色彩，這種功利主義的義利觀極為看重社會效果，不再把義利看作純粹的道德修養和內聖的功夫，而是把「義利」看成是外王事功，看成是富民、救民的手段。王夫之對追求「公利」極為讚揚，他認為大禹治水是為天下百姓求利，其「忘身求利」[59] 的行為令人尊敬。王安石變法也是為了追求「公利」，「期以利國而居功」，並未「懷私」[60]，因此雖問題較多，但目的是利天下。對於有功於天下，有利於民

**58** 《雕菰樓集》卷九《君子喻於義小人喻於利解》。
**59** 《詩廣傳》卷二。
**60** 《宋論》卷十九。

眾的「利」，王夫之肯定這是「仁者」的行為，是應該追求的，「功於天下，利於民物，亦仁者之所有事」[61]。因此，「仁義未嘗不利也」[62]。王夫之強調的是利於天下的「公利」，對於那些追求私利、見利忘義、因利害義的人，無論是庶民、帝王還是士人，王夫之都表示了極端的鄙夷。王夫之強調，君主和臣民都不能唯利是圖，如果人人都爭一己之私利，必然導致上下離心，君民相仇，「君惟縱欲，則忘其民，民惟趨利，則忘其君。欲不可遏，私利之情不自禁，於是乎君忘其民而草芥之，民忘其君而寇讎之」[63]，最終導致天下大亂。一味追求私利必然放棄國家之義和民族大義。可見，王夫之倡導符合民眾利益的「公利」，反對一己之私的「私利」。顏元更是把義利問題放在富國強兵、民安物阜的高度來認識。他指出，無論是堯舜的「正德、利用、厚生」三事還是周公的「六德、六行、六藝」三物，其中既有「義」又有「利」，但不管怎樣，這些「義」都必須「見之事」「征諸物」[64]，也就是要落到實處，能夠為天下國家所利用。那種只空談道德，對匡世救民之術一無所知的人，很難成為真正的聖賢。

由以上三個方面可以看出，明末清初的義利觀確實正在發生著很大的變化。人們肯定個人利益的合理性，堅持義利統一的思

61 《宋論》卷九。
62 《讀四書大全說》卷十。
63 《讀通鑒論》卷二十七。
64 李塨：《顏習齋先生年譜》卷下。

想，反對義利對立的觀念，並把義利問題放到經國濟民的高度來認識。他們提倡經世致用，充分肯定「正誼謀利，明道計功」的義利觀，既重義又重利，既重內聖又重外王，開創了一條客觀、具體、務實的實學思想新路數，是一種適應時代發展的富有創新意義的思想體系。

# 第十三章
# 中外交往觀念的變動

明清時期，民族融合進一步加強，中外交往也更為密切。反映在人們的思想觀念上，無論是影響深遠的正統論，還是爭論不休的夷夏觀，都出現了新的思想變動。正統論由原來的「嚴夷夏之別」向摒棄夷夏之別，重視「功業」和「道德」轉化。民族觀則由夷夏對立向「夷夏一體」「天下一家」轉化。這些變動昭示著明清社會向近代社會轉化的種種跡象，為中華民族適應新的社會變局準備了思想基礎。

## 第一節 ▶ 正統觀念的轉變與影響

正統問題是中國古代重要的理論問題。作為一種觀念，正統論長期支配過中國古代士人和統治者的頭腦，經常影響著他們的思想意識、政治行為和重大決策。自宋以來，關於正統論的論述就持續不斷，提出過各種各樣的觀念。至明、清兩代，正統理論存在著明顯的差異。

就明朝而論，其正統論有著和宋代正統論差不多的內容，即具有明顯的大漢族主義的因素，強調的是漢族政權的正統地位，對周邊少數民族一律稱之為「夷狄」，將其摒斥在正統王朝之外。這種情況在清廷統治中原以後發生了轉變，清朝統治者提出了不同於前代的正統理論。

清朝入關以後，不能得到漢族士人的認可，遭到人們的抵制，人們在正統問題上大倡夷夏之防。如顧炎武曾援引漢和帝時侍御史魯恭的疏言，認為夷狄乃四方之異氣，「若雜居中國，則錯亂天氣，污辱善人」。在他看來，「君臣之分，所關者在一身；華夷之防，所系者在天下」，「夫以君臣之分，猶不敵華夷之防」[1]。顧氏痛斥那種奉夷狄之命行夷狄之俗，甚至引導夷狄為虐於中原的行徑，表示對滿洲貴族強制推行剃髮易服的不滿。王夫之則指出中國與夷狄、君子與小人是天下必須劃分清楚的兩大界限，所謂「天下之大防二：中國、夷狄也，君子、小人也」[2]。他認為在長期的歷史發展中，不同的民族形成了不同的文化，各民族要「彼無我侵，我無彼虞，各安其紀而不相瀆耳」[3]。這顯然是在批評滿族的入侵。黃宗羲也說：「中國之與夷狄，內外之辨也。以中國治中國，以夷狄治夷狄，猶人不可雜之於獸，獸不可雜之於人也。」他批評《晉書》設立「載記」是混淆華夷，「《晉書》變例《載記》，同一四夷也，守其疆土者則傳之，入亂中國者則紀之，後之夷狄，其誰不願入亂中國乎？」他認為明修《元史》，是為虎作倀，應該「改撰《宋史》，置遼、金、元於

1　顧炎武：《日知錄》卷七《管仲不死子糾》。

2　王夫之：《讀通鑑論》卷十四，《東晉哀帝之三》，見《船山全書》第10冊，岳麓書社1988年版。

3　王夫之：《宋論》卷六，《神宗》之八，見《船山全書》第11冊。

《四夷列傳》，以正中國之統」[4]。這是深懷《春秋》大義的知識分子身遭國破家亡變故以後的悲憤發洩。此種強烈的、根深蒂固的華夷之防的正統論，對以少數民族入主中原的清廷統治顯然是不利的。為此，清朝統治者在正統論上首先要排除的就是夷夏之防的觀念。

饒宗頤曾說：「正統理論之精髓，在於闡釋如何始可以承統，又如何方可謂之『正』之真理。」[5] 清廷在論證自己的正統地位時，在「如何始可以承統」的問題上，強調順天應人，代明討賊，在「如何方可謂之正」的問題上，則強調大一統局面，批駁漢民族的正統觀。為此，清世宗雍正在《大義覺迷錄》中提出了「大一統」新論，主張有德者可為天下君，批駁了華夷之分、中外有別的思想，強調清朝建立的是中外一統、華夷一家的正統王朝。他在駁斥陸生楠所作《通鑒論》時還說：「中國之一統始於秦，塞外之一統始於元，而極盛於我朝。自古中外一家，幅員極廣，未有如我朝者也。」[6] 這些還只不過是涉及正統論的某些側面。乾隆時期，清廷依託《御批歷代通鑒輯覽》的編修，更加系統地闡述了自己的正統論。

從《御批歷代通鑒輯覽》和乾隆帝的其他言論來看，在正統問題上，清廷始終高舉「《春秋》大義、《綱目》大法」。在他們

4 黃宗羲：《留書・史》，見《黃宗羲全集》第 11 冊，浙江古籍出版社 1993 年版。
5 饒宗頤：《中國史學上之正統論》，第 76 頁。
6 《清世宗實錄》卷八十三，雍正七年七月丙午。

看來，大一統政權有絕對的正統地位，不論其統治民族如何，發祥地何在。比如，隋平陳，「混一區宇，始得為大一統」，元平宋。「有宋統當絕，我統當緒之語」[7]，元雖起漠北，亦非漢人，但和隋一樣，仍然是正統政權。大一統政權的重要標誌就是能夠「為中華之主」[8]，實現對以中原為中心的廣闊區域的實際統治。清朝實現了這樣的統治，當然就是天下共主，「大一統而斥偏安，內中華而外夷狄，此天地之常經，古今之通義。是故夷狄而中華，則中華之；中華而夷狄，則夷狄之。此亦《春秋》之法，司馬光、朱子所為亟亟也……貴中華，賤夷狄，猶可也，至於吹毛求疵，顛倒是非，則不可」[9]。這就堅決摒棄了「殊中外而有所抑揚其間」的做法，指出少數民族政權同樣可以是正統。由於中華文化的先進性是無法否定的，唯一能做的就是抬高自身的地位，在大一統總綱之下，將成為中華之主的少數民族政權置於同等的正統地位。所謂「我朝為明復仇討賊，定鼎中原，合一海宇，為自古得天下最正」[10]。「天下者，天下之天下，非一家之天下也」[11]，故順天應人得之者即為正統。對於漢族士大夫中普遍存在的文化優越感，清高宗列舉古史中關於漢族先人茹毛飲血的記載，評論說：「今之民，即古之民。古之民，茹毛飲血，初

**7** 《清高宗實錄》卷一一四二，乾隆四十六年十月甲申。
**8** 《清高宗實錄》卷一一四二，乾隆四十六年十月甲申。
**9** 《國朝宮史續編》卷八十九《聖制通鑑綱目續編內發明廣義題辭》。
**10** 《清高宗實錄》卷一一四二，乾隆四十六年十月甲申。
**11** 《御制書〈通鑒輯覽〉明崇禎甲申紀年事》，《御批歷代通鑒輯覽》卷首。

不知耕稼也。後世視茹草木而食禽獸者，幾如異類，不知彼之去古猶未遠，而己之反近於異類焉。」[12] 漢族先人在經濟文化尚未發達之時，與今天漢族士大夫所瞧不起的夷狄沒有什麼不同。漢族先進文化也是一步步由落後發展而來的，用不著貶低夷狄文化和功業。這是符合歷史實際的認識，也是對清初漢族學者力持夷夏之防的駁斥。

在正統之辨中沖決夷夏之防，並非始於清代，早在元朝，就有人在正統論中反對歧視少數民族政權，元朝後期修遼、金、宋三史，確立「三史各為正統」的纂修原則，說明進步的夷夏觀念已逐漸被人們所接受。[13] 乾隆帝的正統觀念，實際上是在融匯、吸收、改造《春秋公羊傳》大一統觀念、歐陽修「居正」「合一」理論、朱熹《通鑒綱目》尊王黜霸、元代正統論爭的積極成果後形成的。他堅決摒棄某些正統論中排抑少數民族政權的因素，以大一統觀念為核心，以「繼前統、受新命」為主要標準，有力地論證了清朝的正統地位，這對促使人們形成多民族統一王朝的「大一統」心理，具有積極的意義。

12 《御批歷代通鑒輯覽》卷一《神農氏》。

13 關於元朝史學中正統觀念的論爭，詳見周少川的《中國史學思想通史・元代卷》第二章《元代史學的民族觀》，黃山書社 2002 年版。

## 第二節 ▶ 中外一家民族觀的宣揚

明清兩代，在民族觀上既存在相互間的歧視，也存在相互間的認同。總體來看，「中外一家」的民族思想成為民族觀的主流。明朝代元而起，漢族得以重建自己的政權，恢復了昔日的正統地位。在民族觀念上，他們繼承了傳統儒學中華夷之防的觀念，嚴格區分漢族與少數民族，強調以漢族為中心，宣揚大漢族主義，有著明顯的「貴中華、賤夷狄」的思想。但同時，明廷君臣上下無論如何也不能無視元代民族融合的事實，他們在宣揚大漢族主義的同時，也一再申明「華夷一家」的思想。朱元璋就曾說：「朕既為天下主，華夷無間，姓氏雖異，撫字如一。」[14] 明成祖也指出「華夷本一家」。在《明太宗實錄》中，記載了明成祖很多這方面的言論：「天之所覆，地之所載者，皆朕赤子，豈有彼此？」「人性之善，蠻夷與中國無異」，「好善惡惡，人情所同，豈間於華夷」等等。從人性論角度論述了華夷的共性。成祖還主張不分族類，任人唯賢，並且駁斥了朝臣中嚴防「夷狄之患」的陋見：「天生之才，何地無之，為君用人但當明其賢否，何必分彼此？其人果賢則信任之，非賢雖至親亦不可用。漢武帝用金日磾，唐太宗用阿史那杜爾，蓋知其人之賢也。若玄宗崇任安祿山，致播遷之禍，正是不知明人；宋徽宗自是寵任小人，荒縱無度，以至夷狄之禍，豈固用夷狄之人致敗……近世胡元分別彼此，柄用蒙古、韃靼而外漢人、南人，以至滅亡，豈非明

14 《明太祖實錄》卷五十一。

鑒。」[15] 由此可見，明朝的民族觀雖有傳統夷夏觀的影子，但統治者似乎更強調「夷夏一家」，這就與傳統夷夏觀所強調的夷夏對立有很大出入了。

清朝建立，統一多民族國家空前發展。以前被華夏士大夫稱為「夷」的滿族創建了一個統一的大帝國，中華、華夏的內涵空前擴大。「中外一家」「一視同仁」的民族觀非常盛行，各民族相互認同，並最終認同於多民族統一的大清王朝。

清廷通過各種方式宣揚自己的民族觀。乾隆時期令國史館修纂《蒙古回部王公表傳》，乾隆皇帝在上諭中非常明白地道出了編纂此書的目的：「我國家開基定鼎，統一寰區，蒙古四十九旗及外紥薩克喀爾喀諸部，鹹備藩衛，世篤忠貞，中外一家，遠邁前古。在太祖、太宗時，其抒誠效順、建立豐功者固不乏人，而皇祖、皇考及朕臨御以來，蒙古王公等之宣猷奏績、著有崇勳者亦指不勝屈。因念伊等各有軍功事實，若不為追闡成勞，裒輯傳示，非獎勳猷而昭來許之道。」[16] 顯然，為蒙古、回族拱衛王室、功勞卓著者立傳，就是要宣揚「中外一家，遠邁前古」的多民族大一統的盛世局面，消弭各民族對清廷的不滿。四庫館臣在為該書撰寫的提要中歷數蒙古內附的情況，指出「我列聖提絜乾綱，驅策群力，長駕遠馭之略，能使柳城松漠，中外一家，鹹稽

15 《明太宗實錄》卷一三四。
16 《欽定外藩蒙古回部王公表傳》卷首，諭旨，乾隆四十四年七月二十九日上諭。

首而效心膂，其炳然可傳者，章章如是，誠為前史所未聞」[17]。其關注點依然在「柳城松漠，中外一家，咸稽首而效心膂」的多民族拱衛清廷這一點上。

清代纂寫過各種各樣的「方略」，其中不僅記載了這些戰爭的經過，也反映了統治者對有關民族問題的認識。它極力宣揚清廷威德無量，對待民族問題「無分內外，一視同仁」[18] 的態度。從方略記載中可以看到，清廷在民族觀上主要著力宣揚中外一家的思想。他們和漢、唐人主對待少數民族的態度相比，指出「自古遐方外域，互相吞噬，漢唐人主往往幸其削弱，易於制馭，輒視為國家利。我皇上如天好生撫視，中外無有畛域，咸同一體，諄諄然欲令罷兵息爭，共安無事」[19]。顯然，清代君臣所主張的「中外無有畛域，咸同一體」的民族觀念要比「幸其削弱，易於制馭」的民族觀念進步得多。

乾隆是一個雄才大略的皇帝，在對待邊疆民族問題上，有開明的看法。《平定準噶爾方略》中記載他給準噶爾台吉策妄多爾濟那木札爾敕書說：「朕總理天下，無分內外，一視同仁，惟期普天生靈各得其所。」[20] 在《石峰堡紀略》中，他還說：「內外均屬編氓赤子，順則恩有加，逆則法無可宥。」[21] 在給葉爾羌、

17 《四庫全書總目》卷五十八《欽定蒙古王公功績表傳》條。
18 《平定準噶爾方略》前編卷四十九，乾隆十一年三月甲申。
19 《平定朔漠方略》卷一。
20 《平定準噶爾方略》前編卷四十九，乾隆十一年三月甲申。
21 《石峰堡紀略》卷七。

喀什噶爾、庫車、阿克蘇、和田等「回部」的敕諭中，他又說：「朕為天下共主，罔有內外，一體撫綏，無使失所。」[22] 顯然，「天下共主」「無分內外」是乾隆對待少數民族一貫的態度。他的這些言論統統被寫進「方略」，其目的顯然是要把這些當作處理民族問題的準則。事實上也是如此。咸豐年間雲南回民起事，咸豐帝就指出在鎮壓過程中，只分良莠，不分民族，所謂「國家一視同仁，民回皆系赤子。地方官彈壓撫綏，本不應過分畛域」[23]。光緒時期征剿西北回民，光緒帝諭內閣雲：「總以但分良莠，不分漢、回為主，用能救民水火，迅奏膚功。」[24] 強調不搞民族歧視。在《平定陝甘新疆回匪方略》中，史臣也說：「回人種族繁多，陝甘、新疆聚居尤眾。國家一視同仁，從不稍分畛域。」[25]

清代統治者所表達的這種「中外一家」的民族觀，有著深厚的政治和文化背景。其一，與中國統一的多民族國家的政治局面密切相關。從歷史上看，是中國境內各個民族共同締造了中華民族輝煌的歷史，「各民族共同努力，不斷地把中國歷史推向前進」[26]，這是產生「民族一家」思想觀念的政治前提。沒有多民

22 《平定準噶爾方略》正編卷四十九，乾隆二十三年春正月癸丑。
23 《平定雲南回匪方略》卷一，《中國方略叢書》。
24 《清德宗實錄》卷二六二，光緒十四年十二月癸未。
25 《平定陝甘新疆回匪方略》卷一，《中國方略叢書》，臺北成文出版社 1968 年版。
26 白壽彝：《白壽彝民族宗教論集》，北京師範大學出版社 1992 年版，第 53 頁。

族統一國家這個前提，就不會有「中外一家」的觀念。其二，與歷史上進步的民族觀念密切相連。在中國歷史上，各民族之間的友好與爭鬥共存，尊重與歧視同在，但總的趨勢是互相理解和不斷融合。從皇帝到一般士人，關於民族友好和民族一統的觀念不絕於史。唐太宗宣稱：「自古皆貴中華、賤夷狄，朕獨愛之如一，故其種落皆依朕如父母。」[27] 到元代，「多民族國家的統一不僅使中華各民族之間密不可分的兄弟關係得到進一步發展，同時也加深了各少數民族對中國這一大家庭的主人翁感情，從而使『天下一家』、『一視同仁』的多民族統一思想得到不斷的增強」[28]。清朝統治者從「天下共主」的角度強調「一視同仁」對待國內各民族，無疑是歷史上開明民族觀的延續和發展。其三，與滿族自身歷史的發展密切相關。在明代，滿族置身於民族壓迫政策之下，飽受民族歧視。在成為新的統治民族以後，清廷吸取了民族問題上的經驗教訓，自覺維護多民族國家的團結和友好，促進多民族國家的鞏固和發展。

從明清民族觀來看，「一統無外」的思想是其主流。通過這樣的宣揚，加之現實的邊疆民族經營，「漢、滿、蒙、回、藏以及其他少數部族都成為中華民族的成員，終於奠定了版圖遼闊多民族統一國家的基礎」[29]。

27 《資治通鑑》卷一九八，貞觀二十一年五月庚辰。
28 周少川：《元代史學思想研究》，社會科學文獻出版社 2001 年版，第 52 頁。
29 莊吉發：《清高宗十全武功研究》，中華書局 1987 年版，第 1 頁。

# 第十四章 科技文化中的民族精神

明清時期是中國科技文化發展最重要的時期。這一時期，由於商品經濟的發展、市民階層的崛起和明清之際西方傳教士的東來，人們對自然科學表現出極大的興趣，科技文化中的自然理性精神得到高揚，並影響到中華民族的思想品格，使傳統的重道德內省、輕科學創造的思想發生了巨變。破邪求實，向迷信虛妄思想挑戰，閃現出理性精神的光輝。在西學東漸的壓力下，中國知識分子提出了「西學中源」說，其中固然有天朝大國的虛妄心理，但也有試圖通過科技「自立」，從而「超勝」西學的思想因素。

## 第一節 ▶ 破邪求實

破邪求實思想的形成，是明清時期科技文化發展中一個最突出的成就。破邪，即破除一切附加於客觀事物之上而又歪曲事物本來面目的東西，尤其是雜糅在自然科學知識之中的各種巫術、鬼神和神秘說教；求實，即實事求是，力戒虛浮，努力探求事物的本來面目及其規律。破邪求實是明清科技文化的重要特點之一，是中國古代理性精神的重要體現。

明代思想家呂坤否定「天」是有意志的人格神，指出「天」不過是「元氣」而已：「天，積氣所成，自吾身以上皆天也。」[1]這就是說，天是物質性的氣積聚而成，不是有神論者所宣揚的有意志的超自然的主宰。從元氣論出發，呂坤指出四時運行、雷電風雨等都是陰陽二氣運行變化的結果，而絕不是什麼「天」有目的的安排。就是一些不常見的怪異現象，也是特殊條件下產生的特殊自然現象，根本就不存在「國家將興，必有禎祥；國家將亡，必有妖孽」的所謂天人感應問題。他說：「陰陽征應，自漢儒穿鑿附會，認為某災祥應某政事，最迂。」[2]自然變化與社會治亂沒有任何聯繫，「災祥無定名，治亂有定象。庭生桑穀，未必為殃；殿生玉芝，未必為瑞」，人們應該「不懼災異，不喜祥瑞，盡吾自修之道而已」。[3]對於鬼神、風水等迷信現象，呂坤也進行了批判，揭露了鬼神、風水的虛妄。

黃宗羲在《明夷待訪錄》中也對宗教、迷信和陋習進行了無情批判，尤其是對佛、巫一類的迷信活動極為反感，提出「投巫驅佛」，「一概痛絕之」[4]。他還作《七怪篇》，斥責那些虛妄無稽的迷信現象為怪物。黃宗羲不僅揭露宗教神學以及世俗迷信的消極社會影響，還運用自然科學知識證明迷信的虛妄性與欺騙性。對於人們不能理解的磷火、佛燈、海市、神仙、神怪、舍利

1 《呻吟語・天地》。
2 《呻吟語・天地》。
3 《呻吟語・物理》。
4 《明夷待訪錄・財計三》。

等神跡，黃宗羲「推物理之自然」，一一用世俗的觀點進行解釋。雖然有些並不十分符合科學原理，但已不再是用陰陽迷信來看待一切，體現出求真求實的科學精神。黃宗羲對不符合歷史和自然知識的邪怪之論進行了無情揭露。他對有意志的、作為上帝的「天」進行了批判，指出所謂的天，實際上是由「氣」而形成，「天一而已，四時之寒暑溫涼，總一氣之升降為之。其主宰是氣者。即昊天上帝也」[5]。天即氣，實則還天、上帝為自然。對於當時社會上流行的「鬼蔭」說，即死者的鬼魂能蔭庇生者，黃宗羲利用范縝的《神滅論》，指出這純粹是無稽之談。對於佛教中的地獄之說以及輪回投胎之論，黃宗羲也都一一進行了駁斥。

和黃宗羲一樣，方以智對於民間世俗迷信，也力圖用自然科學的知識加以解釋。他否定超自然鬼神的存在，指出鬼神現像是人的心理活動造成的，意念致鬼神。[6] 對外部世界的一些奇異變化，方以智承認其存在，但否認它的發生是超自然因素所致，而是在外部條件的作用下「久而自變」所致。

在批判了巫妄邪說的迷信思想以後，明清時期的思想家們還極力提倡求實明理。求實明理不僅表現在自然科學的研究上，還貫徹於所有人文科學的研究中，成為人們研究一切問題的精神和方法。黃宗羲認為，自然界的運行變化是有規律的——「大化流

**5**　《破邪論・上帝》。
**6**　參見《物理小識》卷十二《鬼神方術類》。

行，有一定之運。如黃河之水，自昆侖而積石，而砥柱，而九河，而入海，盈科而進。脈絡井然。」自然的規律客觀地存在於天地萬物之間，求實明理就是揭示出這種規律，不搞玄虛的杜撰。

求實明理的手段有很多，就自然科學來講，考察、實驗是必不可少的。宋應星作《天工開物》、方以智作《物理小識》、徐光啟作《農政全書》等，都充滿了「窮究試驗」的科學精神和方法。陳子龍評價徐光啟說：「生平所學，博究天人，而皆主於實用。至於農事，尤所用心。蓋以為生民率育之源，國家富強之本。故嘗躬執耒耜之器，親嘗草之味。隨時採集，間之訪問，綴而成書。」陳子龍強調指出兩點：一是徐光啟的憂國憂民思想，促使他把農業生產當作國家富強之本；二是他對農業科學實驗的重視，腳踏實地地去做，以事實來驗證科學理論的正確與否。宋應星的《天工開物》從科學技術的角度對農業和手工業進行研究，強調實驗，在日本和西方有著巨大影響。宋應星認為一切自然科學知識「皆須試見而後詳之」[7]，沒有實驗就無法求實，當然也就無法明理。

實驗與考察往往密不可分。明清時期一大批知識分子都提倡「目驗」，進行實地考察。徐霞客、李時珍、黃宗羲、顧炎武等一大批學者均在實地考察的基礎上從事研究。儘管他們的研究領域不同，或自然科學，或人文科學，但都奉行求實明理的治學原

7 《天工開物・佳兵》。

則和科學精神，在各自的領域取得了優異的成績。徐霞客游遍大江南北，目的絕非遊山玩水，而是要窮盡自然界之奧秘，探求自然之真相。李時珍為了醫學事業，走遍各地，遍嘗百草，將實地考察與科學實驗結合起來，其所作所為，完全體現出科學實證的精神。黃宗羲認為，天文曆法的編纂必須「據天之象」，也就是要根據天象實際，凡與客觀天象變化不合的曆法，均無實際效用。在黃宗羲看來，「空言而無事實」是一切研究的大忌，要求實就必須實地考察。黃氏研究地理，「不襲前作」，「庶免空言」，堅持以實地考察為依據，通過探訪，糾正前人謬說。

總之，明清時期，具有近代科學色彩的科技文化不僅促進了科學精神的傳播，而且衝破了道統的束縛。人們的科學興趣和求知態度以及實驗、考察的科學手段，將傳統的以體悟封建倫理道德之「天理」為目的的所謂「格物致知」改造、轉化為新興的以「求實明理」為目的的充滿理性主義精神的科學。人們自覺破除迷信，扭轉學風，形成了具有時代特點的民族精神。

## 第二節 ▶ 實踐精神與明清科技文化

明清時期，科技發展以實踐為基礎，實踐精神影響了明清科技文化的特點，形成了寶貴的精神財富。

其一，超越功利的科學思想產生。強調經世致用，是中國學術的特點，而經世致用的主旨往往又在於為現實政治服務，故講求修齊治平之學始終是中國學術的主流。但是，如果站在科學發展的角度來看，就可以發現，科學的進展往往不是來自經世致用的目的，而是來自於那些熱愛真理、樂於探索，為科學而科學的人們。明清時期對科學研究充滿興趣的學者往往能夠超越世俗的功利目的，出於自身的喜好和興趣探索科學，探索之外別無他求，他們有「窮理極物之僻」[8]。有一種超越功利的追求真理、獻身科學的高度熱情。朱載堉不襲爵位，終身從事樂律和天文曆算的研究；徐霞客蔑視功名利祿，為科學的地理學貢獻了整個生命；李時珍使中醫學擺脫道教束縛，注重科學實證；宋應星專門從事科學技術的研究和自然哲學的探討等等，都是本著純粹求知的態度來從事研究的。劉獻廷對自然科學純粹求知的態度非常讚賞。在地理學方面，他對傳統的方輿之書「大抵詳於人事，而天地之故，概未有聞」[9] 的缺陷深表不滿，強調要以純粹求知的態度去考察、記錄和研究各種自然現象。

與這種超越功利的科學思想相聯繫，方以智則把學術分為「質測」「宰理」「通幾」三大類。「質測」以具體事物為研究物件，是探討各種實際事物的性質和規律的自然科學；「宰理」主要研究「治教」，即研究社會政治倫理的學問；「通幾」探究事物根本之理，相當於哲學。這種分類方法突破了中國傳統的經史子集四部分類法，有可能受到西方學科分類的影響。它的一個重要的特點就是把自然科學的研究與政治倫理分開，而把「質測」

**8** 《物理小識》卷五。

**9** 全祖望：《鮚埼亭集內編》卷二十八《劉繼莊傳》。

與「通幾」聯繫起來，即將自然科學與哲學聯繫起來，在追求真知的道路上邁出了重要的一步。

其二，兼收並蓄、博採眾長的寬容精神出現。

明清科技文化的一個重要內容就是兼收並蓄、博採眾長，富有寬容精神。在科學精神的影響下，人們的視野變得開闊，首先，自居正統、排斥異端的偏見越來越少，越來越多的人能夠平等看待各家各派學說。李時珍認為：「天地之造化無窮，人物之變化亦無窮……膚學之士豈可恃一隅之見而概指古今六合無窮變化之事物為迂怪耶？」「古今之理，萬變不同，未可一概論也」[10]。人們不能持一家之論、一己之見來武斷地判斷事物，而要認識到自身知識的不足，正確對待其他學說。方以智將儒家奉為群經之首的《周易》與當時被視為異端的佛禪和天文方技都看作是某種「藝」，並不存在此重彼輕。對於儒釋道三教，他也全盤接受，並且取各家之所長而補理學之不足。其次，主張各學派之間可以相互駁難，也可以相互吸收。方以智通過一個十分生動的比喻，說明瞭各家各派相互爭論的必要性。他說：「石火不擊，終古石也……然無灰鬥以擴充之，石雖百擊，能舉火耶？是糟粕而神奇寓焉。」[11]火石需要經過打擊才能產生火花，但如果沒有助燃物助燃，仍然不能形成熊熊大火。各派思想如果不經過撞擊，就不會產生新的思想火花，出現新的學術潮流。因此，不

10 《本草綱目》卷五十二。
11 《東西均・道藝》。

論是一技一能還是至玄之道，都不能固守，「凡自一技一能以至至玄之道，皆不可執」[12]，「學有專門，未可執此以廢彼也」[13]。明清之際的自然科學家王錫闡、梅文鼎等人對傳入中國的西學採取了「會通」的態度，主張「去中西之見」，「務集眾長以觀其會通，毋拘名目而取其精粹」[14]。在對待西學問題上主張兼采中西之學，所反映的依然是兼收並蓄、博採眾長的寬容精神。

明清科技文化中的兼采思想對當時學者的治學態度影響很大。顧炎武以一種開放的姿態來研究學問，指出「執一而不化」為學者之大患，「學者之患，莫甚乎執一而不化」[15]。這種對研究外部事物偏執狹隘態度的批判，昭示著新的學風轉向。

其三，懷疑、探索和實證的精神得到張揚。

批判與懷疑精神是科學發展的重要推動力，是科學精神的精髓之所在。方以智一生治學，始終貫穿著批判、懷疑精神：「是當吾前之必有者，皆可疑也」，「天地間一疑海也」[16]。主張勇於思考，敢於懷疑。在《物理小識》中，他常常就一些人們習以為常的問題發問：「星辰何以明？雷風何以作？動何以飛走？植何以榮枯？」「天何不可下？地何不可上？」「目何以視？耳何以聽？手何以持？足何以行？」[17] 方以智不僅「敢疑」，而且「善

12 《東西均・道藝》。
13 《物理小識・總論》。
14 《梅氏叢書輯要》卷四十《塹堵測量二》。
15 《日知錄》卷一《艮其限》。
16 《東西均・疑何疑》。
17 《物理小識・總論》。

疑」。怎樣才叫「善疑」？方以智云：「不疑人之所疑，而疑人之所不疑。善疑天下者，其所疑，決之以不疑；疑疑之語，無不足以生其至疑。新可疑，舊亦可疑，險可疑，平更可疑……舊而新者，新遂至於無可新；平而險者，險遂至於無可險。此最上善疑者。入此，謂之正疑。」[18] 以自己的眼光去觀察，用自己的頭腦去思考，將一切放在理性面前進行審視，方能不斷地從「疑」到「不疑」，解決疑難，發展和深化自己的認識。

這種懷疑的思想在當時影響很大。李光地云：「讀書最怕是無疑。道理本平常，看去不過如此，其實進一步又一層。」[19] 在人人對聖人經典極端迷信的時代，李光地容忍懷疑，肯定懷疑，這與科學領域自懷疑出發研究問題的思維是一致的，具有明顯的進步意義。

懷疑、探索的科學精神還需要有實事求是的實證精神作為保障。就方以智而言，他並不是毫無根據地懷疑一切，他所有的「疑」都是建立在實事求是的實證精神之上的。他在科學探索中注重實證方法，力糾好空談、輕實證的弊病：「吾以實事證實理，以後理證前理，有不爽然信者乎。」[20] 他強調「核物窮理，毫不可鑿空者也」，力圖通過實驗、實證的方法來驗證以往學說的正確與否。阮元也指出，自然科學是實學，為學必須實事求

18 《東西均・疑何疑》。
19 《榕村語錄》卷一《經書總論》。
20 《東西均・擴信》。

是，力戒虛浮之風。對於學者中華而不實、欺世盜名之輩，阮元都進行了批判。明儒周述學對曆法之學甚少研究，卻著有《中經通議》一書，阮元批評他「抄撮舊文，以矜淹博而已，實未見其所長」[21]。同樣，邢雲路的《律術考》泛引經史、炫耀學識，阮元批評云：「蓋文章繁富，本無當於實學，以之為欺世之具，而世人不必欺，一二知者又終不受欺。」[22] 除了虛妄膚淺的學者外，還有一類學者對明末清初傳入中國的西學極力抵抗，雖有民族自尊心，但缺乏學術實力，像楊光先等人「於步天之學本不甚深」[23]，又缺乏實證精神，最終只能敗在西洋人面前。在阮元看來，沒有實事求是的實證精神，不扎扎實實地提高自己的學術水準，是不可能在自然科學方面戰勝西學的。

明清時期科技文化中所包含的窮理極物、實事求是、兼收並蓄、懷疑實證等精神內涵，映照出中國科學精神的理性之光。

## 第三節 ▶ 「西學中源」思想的利弊

隨著明清之際西方傳教士的東來，西方自然科學知識傳入中國，中國學者不得不直接面對「西學」這樣一個新鮮的東西。異域文化所具有的不同於中土文化的特性以及它對中國傳統知識體

21 《疇人傳》卷三十《周述學傳論》。
22 《疇人傳》卷三十一《邢雲路傳論》。
23 《疇人傳》卷三十六《楊光先傳論》。

系的衝擊，在傳統學者中間引起了不同的反響，其間的爭論和衝突折射出中國傳統文化中所固有的特性。人們開始自覺不自覺地去了解西學，認識西方文化，並嘗試解決中學與西學的關係問題，在保持民族特性和接受西方科技之間進行兩難選擇，於是「西學中源」的思想就產生了，而且影響深遠。

明末，當西學隨著傳教士的東來而傳入中國之時，統治者以及學術界對其採取拒斥態度的不乏其人，但是，一些有識之士看到西方自然科學比中國先進這一事實，很快就接受了西方的科技文化。為了減少西學傳播的阻力，這些學者開始致力於發掘和論證西學與中學之間的相近、相通及相合關係，認為西學與中國的學術傳統並不相悖。在他們看來，「東海西海，心同理同」[24]，「東海西海，此心此理，同一無二，原同一脈」[25]。西學與中學並不矛盾，相反，倒是有很多共通的地方，可以相互學習和融通。正是在這樣的認識基礎上，明末學者提出「會通」西學，並「超勝」西學的主張。在探究西學與中學之所以相通的原因時，天朝上國思想和經學思維方法直接促成了「西學中源」說的形成。天朝上國的思想使人們考慮一切問題都要以自我為中心，經學思維方法則認為所有學問，包括儒學和自然科學，都來源於中國古代經典。「西學中源」說就是在這樣的歷史條件下產生的。

**24** 李之藻：《天主實義重刻序》，見徐宗澤的《明清間耶穌會士譯著提要》，中華書局 1989 年版，第 147 頁。

**25** 無名氏：《道學家傳小引》，見徐宗澤的《明清間耶穌會士譯著提要》，中華書局 1989 年版，第 225 頁。

所謂「西學中源」，即認為中國文化是西方文化之源，西學源出於中國。明清時期，不僅持「西學中源」說的學者比比皆是，就連統治者也持這樣的觀點。明末清初的方以智、黃宗羲、李光地、王夫之、王錫闡、梅文鼎、康熙皇帝，乾嘉時期的戴震、錢大昕、阮元等人以及官修的《四庫全書總目》等都持「西學中源」的觀點。到了晚清，無論是洋務派，還是維新派，無論是開明者，還是守舊者，凡言「西學」，皆有「西學中源」之說。「西學中源」成為人們理解和論述中西文化關係的理論依據。

「西學中源」說認為西學來源於中國古代，特別是傳教士傳入中國的天文、數學等自然科學知識，並沒有多少自己的創造，很多都是從中國傳過去的，西方人吸收了這些知識，才成就了自己的事業。王夫之在談到西方的測天之術時曾說：「西夷之可取者，唯遠近測法一術，其他則皆剽襲中國之緒餘，而無通理之可守也。」[26]王錫闡在研究日月五星運行軌跡時說：「《天問》云：圜列九重，孰營度之？則七政異天之說，古必有之。近代既亡其書，西說遂為創論。餘審日月之視差，察五星之順逆，見其實然，益知西說原本中學矣。」[27] 黃宗羲則認為西方的幾何學來源於《周髀》的勾股之學，「勾股之術，乃周公、商高之遺，而後

26 《思問錄》外篇。

27 錢林：《文獻征存錄》卷三《王錫闡》。

人失之，使西人得以竊其傳」[28]。凡此種種，都旨在說明「西學原本中學」。

真正推闡、論證「西學中源」說，使之系統化、定型化，並對當時及後世產生深遠影響的是梅文鼎。梅文鼎精通天文、曆法、數學等知識，他不否認西學的長處，但是他卻詳盡地論證了「西學中源」說。在《歷學疑問》以及《歷學疑問補》中，他指出西方天文學中包括「地圓說」在內的許多論斷均可見於中國古代的典籍之中；在《幾何通解》《勾股舉隅》等數學著作中，他認為西方的幾何學就是中國古代的勾股學。梅文鼎論述西學出於中學，其根據是西學與古代中學有某些相通之處，而且，天文曆算之學歷來是古疏今密，當今西法勝於中法，恰恰說明西法源於中法。梅文鼎還依據「天子失官，學在四夷」的理論，論證了中學是如何傳入西方的，所謂「當是時，唐虞之聲教四訖，和仲既奉帝命測驗，可以西則更西。遠人慕德景從，或有得其一言之指授，一事之流傳，亦即有以開其知覺之路。而彼中穎出之人從而擬議之，以成其變化，固宜有之」[29]。他所論證的這一中學傳入西方的途徑和方式成了後世學者論述這一問題的範本。

其後，無論是官修的《四庫全書》，還是私家的著述，都進一步肯定和論述了西學源於中土的觀點，前後推演，直至清季。晚清時期，「西學中源」思想還和「國粹論」「中體西用」論結

**28** 全祖望：《鮚埼亭集》卷十一《梨洲先生神道碑文》。
**29** 梅文鼎：《曆算全書》卷四《曆學疑問補上》。

合在一起，益發深入到社會的各個層面，影響日趨廣泛。

中西文化各有淵源，這在今天已成為不爭的事實。揆諸歷史實際，「西學中源」說自有不足之處。無疑，這是當時統治者上層和許多士大夫對西方文化和中西文化關係的一種錯誤認識，包含了妄自尊大的思想因素，滲透著天朝上國的虛驕心理，不利於人們對中西文化進行認真的比較、審視，從而影響到中西文化的融會貫通。

但是，在當時的歷史背景下，只要我們全面了解「西學中源」說的具體內容，而不是僅僅停留在字面上的理解和邏輯推導，我們就會看到，事實上，「西學中源」說並不是盲目排斥西方科技，而是承認中國科學自明以後落後於西方，承認西方科學技術的先進，希望在學習西方科技的基礎上融會貫通。同時人們也認識到中西文化的交流應該是雙向的，中國本位文化的存在是進行交流的前提。喪失本位文化，實際是被對方文化所淹沒、同化，融會貫通外來文化，必須以尊重本土文化為基礎，本土文化應該是融會外來文化的主體。

第一，尊重西學，同時要「能用西學」，超越西學。西學東來，人們承認西方科技的先進，對學習西法充滿了熱情。方以智認為「泰西質測頗精」，王錫闡在《曉庵新法》中也認為西曆精善，徐光啟積極和利瑪竇一起翻譯西方數學，也是因為西方數學的先進。乾嘉時期，人們依然是這樣的看法，錢大昕認為：「西土之術，固有勝於中法者。」[30] 阮元除了極力讚揚徐光啟等人學習西法的熱情，推許徐氏為普及西學所作的努力外，對西學的優長和成就也給予了公允的評論。他認為《幾何原本》是天學初函中最好的一種，「不言數而頗能言數之理」，「非熟精度數之理，不能作此造微之論也」[31]。遇有中西天文、數學等問題的歧異之處，阮元也不以好惡偏袒，而是認真比較，常常指出「兩者相提，西說為長」[32]。但是，人們尊重西學，其目的還是要「能用西學」，超越西學。王錫闡精研中西之學，「考正古法之誤而存其是，擇取西說之長而去其短」[33]。他對體現當時西方天文學水準的《崇禎曆書》中的前後矛盾之處一一進行指摘，列舉西人不知法意者五、當辯正者十，又歷數西法預報的誤差。對湯若望等因不懂中術體系而橫生的指責，也作了有力地回擊。王氏在《曉庵新法》中認為「西曆善矣，然以為測候精祥可也，以為深知法意未可也。循其理而求通可也，安其誤而不辨不可也」，要求中國學者要有獨立的人格，不能在學術上完全喪失自我。乾嘉時期的錢大昕則主張「能用西學」，反對「為西人所用」[34]。他在考察了中西天文曆法的不同後指出西法確有勝過中法的地方，但決

30 錢大昕：《潛研堂文集》卷三十三《與戴東原書》。
31 《疇人傳》卷四十三《歐幾里得傳論》。
32 《疇人傳》卷四十三《地末恰傳論》。
33 《疇人傳》卷三十五《王錫闡傳論》。
34 錢大昕：《潛研堂文集》卷三十三《與戴東原書》。

不能盲目崇拜，「習其術可也，習其術而為所愚弄，不可也」[35]，他反對在這些方面附會西人、迎合西學而自輕自賤。他極力推揚會通中西且能超勝西學的理論，比如戴震會通中西，發展了中國傳統的勾股學說，就得到他的讚揚[36]。阮元對王錫闡等學者所取得的成就由衷高興，認為「可見西人之所能者，今人亦能之矣」[37]。他還讚賞錢大昕「能用西學」、超越西學的立場，其撰《疇人傳》，意在「融會中西，歸於一是」[38]，使精算之士知道自立。這種自立是在兼采中西之長的基礎上，建立符合中國國情的天算學體系，既在精神上自立，又在學術上自立，從而達到學術上的自尊自強，並進而達到國家的自尊自強。

第二，「西學中源」使人們開始反思傳統學術的內涵，從而為人們學習自然科學尋找到路徑。中國傳統學術，重道德內省而輕自然科學，在西方自然科學傳入中國的明末清初，人們對中國天文數學落後於西方感到痛心疾首。欲自強當先喚醒民族自尊，欲自尊當先自知，這就需要改變國人數典忘祖的局面，要對中國自然科學知識在傳承上存在的問題進行反思。錢大昕認識到在自然科學方面，西方是後來者居上，傳教士東來「因以其術誇中土而踞乎其上」[39]。為什麼西方科學技術能夠超越中國呢？錢大昕

**35** 錢大昕：《潛研堂文集》卷三十三《與戴東原書》。
**36** 錢大昕：《潛研堂文集》卷三十九《戴先生震傳》。
**37** 《疇人傳》卷四十九《錢大昕傳論》。
**38** 《疇人傳・凡例》。
**39** 錢大昕：《潛研堂文集》卷二十三《贈談階平序》。

認為這是由中西不同的學術文化背景造成的——「歐羅巴之巧，非能勝乎中土，特以父子師弟世世相授，故久而轉精。而中土之善於數者，儒家輒訾為小技，舍《九章》而演《先天》，支離傅會，無益實用。疇人子弟，世其官不世其巧，問以立法之原，漫不能置對，烏得不為所勝乎！」「歐羅巴之俗，能尊其古學，而中土之儒，往往輕議古人也。」[40] 在錢大昕看來，歐羅巴有研究自然科學的傳統，而中國沒有這樣的傳統，這是導致西方科技進步，而中國科技落後的根本——「中法之絀於歐羅巴也，由於儒者之不知數也」。為了改變這種局面，錢大昕號召士大夫普遍學習數學、天文學等自然科學知識，「宣尼有言：『推十合一為士。』自古未有不知數而為儒者」[41]，在錢大昕看來，天文學、數學等自然科學知識必須成為儒者研究的重要內容。阮元也認識到這一點，指出數術是孔子六藝之一，為「帝王之要道」，「先聖古人咸重其事」[42]，但是這一傳統被明代心學打斷，「自明季空談性命，不務實學而此業遂廢」[43]。他希望恢復曆算之學在經學中的地位，強調「治經之士，固不可不知數學」[44]。清代是崇尚經學的時代，阮元主張把曆算學作為經學的一部分來重視，而不是看作雕蟲小技，可謂真知灼見。在西學的衝擊之下，錢大

40 錢大昕：《潛研堂文集》卷二十三《贈談階平序》。
41 錢大昕：《潛研堂文集》卷二十三《贈談階平序》。
42 《疇人傳・序》。
43 《疇人傳》卷四十四《利瑪竇傳論》。
44 《疇人傳》卷四《鄭玄傳論》。

昕、阮元等人試圖通過自己的言行扭轉傳統士大夫重視道德內省而忽視自然科學的局面，開始重新思考儒家學術的傳統，並試圖把曆算之學重新納入儒學正統的框架之中。他們清醒地認識到，要想戰勝西學，維護民族自尊，必須扎扎實實地研究自然科學知識，提高自身的學術水準，捨此無路可走。

第三，「西學中源」還適應了當時的文化氛圍，有利於西學的傳入和人們借鑒西方文化。因為「西學中源」蘊含著西學就是中學的思想，所以它為對抗傳統的「夷夏之防」文化觀念提供了理論依據，從而在西方文化的引進中破除了民族界限，一定程度上促進了西方文化在中國的傳播，並且在相當程度上減輕了傳統文化對西方文化排斥的壓力。這種作用在晚清表現特別突出。洋務運動中，洋務派便借助「西學中源」來減輕來自守舊勢力的阻力。他們一方面不遺餘力地證明西學來自中學的途徑，另一方面擴大源出中學的西學的範圍，從天文曆算領域擴大到化學、物理、機器、電學等幾乎所有的自然科學領域。戊戌維新時期，維新派又把「西學中源」推到一個新高度，把其範圍延伸至政治制度領域，希望從西方引進先進的政治制度。辛亥革命時期，「西學中源」則更深入文化的深層結構，把西方的倫理學、名學、社會學、歷史學、法學等都說成是蘊含在中國的先秦諸子之中。可以說，在特定的歷史時期，「西學中源」成為銜接中西文化的橋樑。

# 第四編

# 晚清民國：近代中國社會的劇變與中華民族精神的「重鑄」

# 第十五章
# 民族危機與民族覺醒

## 第一節 ▶ 近代中國社會的劇變

按照馬克思主義觀點，所謂社會就是人們相互交往的產物，是各種社會關係的總和。馬克思說：「社會——不管其形式如何——是什麼呢？是人們交互活動的產物。」[1] 他又說：「生產關係總和起來就構成所謂社會關係，構成所謂社會，並且是構成一個處於一定歷史發展階段上的社會，具有獨特的特徵的社會。」[2] 近代中國社會同樣是「具有獨特的特徵的社會」。從社會形態上看，近代中國社會既不同於它以前的封建社會，又不同於歐美、日本等國家的資本主義社會，也不同於類似印度那樣的殖民地社會，而是屬於危機四伏、日趨沉淪的半殖民地半封建社會，正如毛澤東所說：「自從一八四〇年的鴉片戰爭以後，中國一步一步地變成了一個半殖民地半封建的社會。」[3]

1 馬克思：《馬克思致帕·瓦·安年科夫》，《馬克思恩格斯選集》第 4 卷，人民出版社 1995 年版，第 532 頁。
2 馬克思：《僱傭勞動與資本》，《馬克思恩格斯選集》第 1 卷，人民出版社 1995 年版，第 345 頁。
3 毛澤東：《中國革命和中國共產黨》，《毛澤東選集》第 2 卷，人民出版社 1991 年版，第 626 頁。

半殖民地半封建社會是歐美資本主義興起後，伴隨其對外侵略擴張而迫使世界上一些前資本主義地區形成的一種社會形態。在歐美資本主義興起之時，世界上絕大多數國家和地區尚處於封建社會或更為落後的社會發展階段，各資本主義國家為了奪取商品市場和原料產地，向這些發展落後的國家和地區進行侵略。有些國家被它們用武力侵佔，亡國亡族，置於其直接統治之下，形成了殖民地社會；還有些國家儘管未被滅亡，形式上保持著獨立狀態，但其主權已被入侵者所攫取，實際上處於外國資本主義列強的控制之下。這些國家便成為半殖民地國家，其社會便從舊有的傳統形態轉變為半殖民地形態。鴉片戰爭後的中國社會就經歷了這種歷史性的變化。

近代中國半殖民地半封建社會的形成，並不是在道光二十年（1840 年）鴉片戰爭爆發後一蹴而就地完成其形態轉變，而是經過了一個漫長的、逐步變化的歷史過程。各國列強連續不斷的野蠻侵略和中國社會內部頻發的危機、動盪，始終貫穿著這個變化過程。大致說來，在第一次鴉片戰爭後的二十年間，中國關閉的大門雖然被列強打開，開放五口，但整個社會的變化並不明顯，依然基本保持著傳統的結構與風貌。第二次鴉片戰爭後，中國社會開始出現較為明顯的變化：一方面各國列強擴大了在華侵略的範圍，另一方面隨著洋務運動的開展，中國社會內部出現了一些新的經濟、政治和文化的因素，使社會出現了某些新變化，儘管這些新變化在後人看來並不顯著與充分。光緒二十年（1894 年）發生的中日甲午戰爭是導致晚清社會發生重大變化的一個標誌性的事件。甲午戰爭後，無論是帝國主義列強的侵略步伐，還是中國社會內部的變化進程，都大大加快。《辛丑合約》的簽訂進一步強化了各國列強對中國的控制，使中國真正陷入半殖民地的泥潭而不可自拔。在此以後十年間，中國社會變化的頻率大大加快，而且變化進程從社會的表層結構迅速向深層結構推進。就這段歷史來看，鴉片戰爭後中國半殖民地半封建社會的形成經歷了一個從緩慢到急劇、從表層到裡層的變化過程。如果把甲午戰前的社會變化比喻為「東方之啟明」「昆侖虛叢林灌莽中之涓流」，那麼，戰後的變化則猶如「經天之烈日」「江河入海處吞天之巨浸，殆時勢之一定，而不可改者矣」[4]。

宣統三年（1911 年），在孫中山民主革命思想的感召下，湖北革命黨人組織新軍士兵發動了武昌起義，上演了辛亥革命的高潮一幕。這次革命雖然推翻了清朝統治，結束了封建帝制，建立了中華民國，但革命未久，政權即被以袁世凱為首的北洋軍閥集團所奪取。帝國主義國家操縱各地軍閥濫施暴政，倒行逆施，中國的民族危機非但沒有緩和，反而愈加深化。這種危機到二十世紀三〇年代日本軍國主義發動旨在滅亡中國的侵華戰爭時達到前所未有的程度。

作為半殖民地半封建性質的近代中國社會，與它以前的封建社會相比，在許多方面都發生了深刻的變化。在這些變化中最重要的有兩點：一是國家主權的淪喪，二是社會結構的變遷。

先看國家主權的淪喪。

4 佚名：《論譯書四時期》，張靜廬輯注：《中國出版史料補編》，中華書局 1957 年版，第 62 頁。

在鴉片戰爭以前，中國是一個歷史悠久、疆域廣袤和統一的多民族的主權國家。而到近代，中國遭到列強的侵凌，國家主權被侵略者粗暴蹂躪。

各國列強通過發動侵華戰爭，逼簽不平等條約，割占中國大片領土，強佔中國租界和租借地，在中國劃分勢力範圍，勒索在華利益，試圖實現其瓜分中國、肢解中國的陰謀。中國的領土主權被粗暴踐踏。僅在第二次鴉片戰爭期間，沙俄通過《中俄瑷琿條約》《中俄北京條約》等幾個不平等條約割占了中國一百六十餘萬平方公里的國土。日本軍國主義在二十世紀三〇年代發動的侵華戰爭，把我東北、華北、華中、華南大片國土變成其殖民地，使中國領土主權蒙受了有史以來最嚴重的恥辱。

各國列強以武力為後盾，通過強迫中國政府簽訂不平等條約，攫取了中國大量政治、經濟特權，成為舊中國統治者的太上皇，實現了對中國的間接統治。這是各國列強控制中國的一個重要方式。英國駐華公使卜魯斯在一八六一年十一月北京政變後致英國外交大臣羅素的信中露骨地表示：「這個令人感覺滿意的結果（指北京政變），全是幾個月來私人交際所造成的，這充分證明我們堅持下列政策之正確，就是我們應以溫和協調的態度獲致恭親王及其同僚的信任，消除他們的驚恐，希望遲早總會發生變動，使最高權力落到他們手裡去。」[5] 無意中流露出英國干涉中

5 《卜魯斯致羅素》，《1861 年北京政變前後中英反革命的勾結》，《歷史教學》1952 年 5 月。

國內政，扶植其代理人的意圖。各國列強對清政府如此，對北洋政府、國民黨政府的政要也同樣竭盡威脅利誘之能事，千方百計地迫使其屈服，扶持他們為自己效勞。

各國列強都把中國視為它們的原料產地和推銷商品的市場，通過各種管道剝奪中國的經濟利益，力圖把中國變成它們的殖民地。它們通過強迫中國支付巨額的戰爭賠款，向中國輸出資本、傾銷商品、舉借外債、壟斷金融等掠奪途徑，使中國喪失了經濟上的獨立性，把中國納入資本主義的世界經濟體系，成為西方大國的經濟附庸。毛澤東在談到帝國主義列強對華經濟侵略問題時所說：

> 帝國主義列強根據不平等條約，控制了中國一切重要的通商口岸，並把許多通商口岸劃出一部分土地作為它們直接管理的租界。它們控制了中國的海關和對外貿易，控制了中國的交通事業（海上的、陸上的、內河的和空中的）。因此它們便能夠大量地推銷它們的商品，把中國變成它們的工業品的市場，同時又使中國的農業生產服從於帝國主義的需要。[6]

各國列強在對中國實行政治、經濟侵略的同時，還對中國進行文化侵略、精神滲透，宣揚殖民主義奴化思想，麻醉中國人民的意識，摧毀中國人的民族自尊心和民族自信心。毛澤東在揭露帝國主義對中國文化侵略時指出：帝國主義列強「對於麻醉中國

6 毛澤東：《中國革命和中國共產黨》，《毛澤東選集》第 2 卷，第 628-629 頁。

人民的精神的一個方面，也不放鬆，這就是它們的文化侵略政策。」[7] 在晚清，英國傳教士李提摩太公然宣稱：「泰西各國素以愛民為治國之本，不得不籍兵力以定商情。……然閉關開釁之端則在中國，故每有邊警，償銀割地，天實為之，謂之何哉？……猶幸尚有明敏之才，深知中國近年不體天心、不和異國、不敬善人，實有取敗之理。」[8] 這是公然向中國人宣揚「白人至上」「侵略有理」「抵抗侵略有過」的謬論，以麻痺中國人的民族意識。之後，日本軍國主義為鞏固其對淪陷區的統治，瘋狂推行奴化中國人的文化教育政策，如篡改史地教科書，歪曲中國歷史和中國疆域，以磨滅中國人對祖國歷史文化的民族認同；大肆宣揚「中日親善」「共存共榮」「建立大東亞共榮圈」等謬論，以毒化中國人的思想，摧毀中國人的民族意識。

各國列強發動的無數次侵華戰爭，給中國造成了極其嚴重的損失和災難。在一八四〇年至一九四九年一百餘年時間裡，各帝國主義列強發動了無數次侵略戰爭，如一八四〇年英國發動的第一次鴉片戰爭、一八五七年英法等國發動的第二次鴉片戰爭、一八八四年法國發動的中法戰爭、一八九四年日本發動的甲午戰爭、一九〇〇年的八國聯軍侵華戰爭、日本在二十世紀三〇、四

7 毛澤東：《中國革命和中國共產黨》，《毛澤東選集》第 2 卷，第 629-630 頁。

8 李提摩太：《〈泰西新史攬要〉序言》，麥墾西，李提摩太、蔡爾康合譯：《泰西新史攬要》，引自顧長聲：《從馬禮遜到司徒雷登：來華新教傳教士評傳》，上海書店出版社 2005 年版，第 286 頁。

〇年代發動的全面侵華戰爭等。列強在各次戰爭中都動用最先進的武器，對中國人民燒殺搶掠，無惡不作，勒索大量侵略利益。僅勒索賠款一項，各國列強就通過兩次鴉片戰爭、中日甲午戰爭、八國聯軍侵華戰爭等四次侵華戰爭，共獲得戰爭賠款十二點六七億兩白銀[9]，相當於清政府當時十餘年的國家財政收入的總和。而侵略規模最大、對中國危害最深的是日本在二十世紀三〇、四〇年代發動的全面侵華戰爭。一九三一年九月十八日，日本軍國主義發動「九一八」事變，占領我東北三省，開始實施變中國為其獨佔殖民地的狂妄侵略計畫。一九三七年七月七日，日軍製造了盧溝橋事變，悍然發動全面的侵華戰爭，又先後占領我華北、華東、中原、華南等地，把中國大片國土變成其殖民地。在日軍侵華期間，日本法西斯出動了數以百萬計的軍隊，使用了飛機、大炮、坦克、機關槍、細菌武器、化學武器等當時世界上所有最先進的殺人武器，公然違反國際公法和各國交戰慣例，滅絕人性地對和平善良的中國人民大肆燒殺淫掠，把美麗富饒的神州大地變成鮮血淋淋、白骨森森的殺人墳場，給中國人民帶來長達八年之久的毀滅性的戰爭災難。這場侵略戰爭時間之長、規模之大、破壞之慘重，不僅遠遠超過帝國主義發動的歷次侵華戰

---

**9** 清政府在第一次鴉片戰爭中賠款英國二千一百萬元（銀元），第二次鴉片戰爭賠款英、法各八百萬兩白銀；甲午戰爭中日本勒索賠款另加贖遼費共二億三千萬兩白銀；八國聯軍侵華戰爭後簽訂的《辛丑合約》規定，中國支付賠款四點五億兩白銀，分三十九年還清，本息合計十億兩之巨。以上數字累計為十二點六七億兩白銀。

爭，而且在世界戰爭史上也極為罕見。

在民族生死存亡的危急時刻，中國共產黨首先發出「停止內戰，一致對外」的號召，力促國共兩黨實現第二次合作，建立起抗日民族統一戰線，形成了全民抗戰的局面。中華各族人民以愛國救亡為號召、民族精神為旗幟，不畏艱險，同仇敵愾，與頑敵展開浴血奮戰，最終在世界反法西斯國家和人民的支持下打敗了日本侵略者，取得了抗日戰爭的偉大勝利，揭開了中華民族歷史的新一頁。

再看社會結構的變遷。

鴉片戰爭前，中國在長達兩千多年的時間裡保持著自己固有的傳統社會結構。這種結構的特點是：在經濟上自給自足的自然經濟占主導地位；在政治上實行秦漢以後的君主專制；在文化上奉行推崇綱常名教的儒家思想；地主階級和農民階級則是這種社會中的兩大基本階級。鴉片戰爭以後，這種傳統的社會結構和社會模式受到猛烈的衝擊，逐漸瓦解，新的社會因素和新的社會結構成長起來，給衰落中的傳統社會帶來一線生機。在各種新生的社會因素中，最重要的新因素就是近代資本主義生產關係，以及由此而產生的新興的資產階級和無產階級。它們的出現，為中國社會從傳統向近代的轉變準備了最重要的內在條件。

近代時期，中國社會發生的重大變化主要表現在以下幾個方面：

在經濟上，由於外國資本主義的入侵，打破了中國傳統經濟的格局，社會經濟的主要成分，除封建地主經濟、農民和手工業者的個體經濟繼續存在外，又出現了新興的資本主義經濟。中國資本主義經濟由於受到外國資本和本國封建勢力的壓制，未能得到充分發展。中國農村的自然經濟遭到破壞，商品生產有所發展，農業生產日益受到世界資本主義市場的影響和支配。

在政治上，地主階級和農民階級雖然仍是社會中的基本階級，但在外來衝擊的影響下開始發生新的分化組合，形成了新興的資產階級和無產階級，改變了傳統的社會政治格局。資產階級登上政治舞臺後提出建立近代社會政治的主張，勇敢地向封建專制制度發起衝擊，最終在武昌起義的炮火中推翻了清王朝，結束了封建帝制。

在思想文化上，在民族危機的刺激和西學傳播的影響下，興起了救亡圖存的思潮及科學、民主思想，動搖了原來占統治地位的傳統儒學體系。社會上人們的許多思想觀念都發生了新的變化。隨著近代文化事業的出現，新型知識分子群體應運而生。尤其在中日甲午戰爭後，思想文化領域的變化非常突出。「詩界革命」「小說界革命」「史學革命」和以興學堂、廢科舉為中心的教育改革等文化變革的先後興起，使許多部門文化如文學、藝術、學術、教育等方面以及新聞、出版等文化事業都發生了新的變化，為近代社會變遷帶來新的生機。

在社會習俗上，在一部分地區、一部分人群中，傳統的風俗習慣、生活方式依然得到保持，但在社會風氣較為開化的地區，人們的衣、食、住、行、禮儀、習俗等卻出現了新的變化，新舊風俗雜陳的現象大量存在。魯迅曾對近代中國社會習尚的複雜狀況作過如下的形象描述：

中國社會上的狀態，簡直是將幾十世紀縮在一時：自油松片以至電燈，自獨輪車以至飛機，自鏢槍以至機關炮，自不許「妄談法理」以至護法，自「食肉寢皮」的吃人思想以至人道主義，自迎屍拜蛇以至美育代宗教，都摩肩挨背的存在。……四面八方幾乎都是二三重以至多重的事物，每重又各各自相矛盾。[10]

從歷史發展的角度看，近代社會雖然只經過數十年的歷史發展，但它處於中國歷史從古代向近代過渡的重要轉折階段，發生的變遷廣泛而深刻。古代社會發生的改朝換代與之不能同日而語。由於歷史條件的不同，近代社會變遷顯得格外複雜：有進步的社會變遷，也有倒退的社會淪落；有社會改良，也有社會革命；有整體的社會變遷，也有局部的社會變動。各種不同的變遷形式並存互動，匯成社會漸變與突變交錯發生的多重變奏，不斷改變著中國社會的面貌。

近代社會變遷的複雜性主要是由近代中國社會具有的過渡性特徵決定的。在近代哲人中，梁啟超較早注意到鴉片戰爭後中國社會的過渡性特徵。他在《過渡時代論》一文就專門討論過這個問題，明確說過：「今日之中國，過渡時代之中國也」；「中國自數千年以來，皆停頓時代也，而今則過渡時代也」。他在文中著重分析了處於過渡時代的中國社會的現狀和特徵，指出：

中國自數千年來，常立於一定不易之域，寸地不進，跬步不移，未嘗知過渡之為何狀也。雖然，為五大洋驚濤駭浪之所衝

10 魯迅：《熱風・五十四》，《魯迅全集》第 1 卷，人民文學出版社 1981 年版，第 344、345 頁。

激，為十九世紀狂飆飛沙之所驅突，於是穹古以來，祖宗遺傳，深頑厚錮之根據地，遂漸漸摧落失陷，而全國民族，亦遂不得不經營慘澹，跋涉辛苦，相率而就於過渡之道。故今日中國之現狀，實如駕一扁舟，初離海岸線，而放於中流，即俗語所謂兩頭不到岸之時也。語其大者，則人民既憤獨夫民賊愚民專制之政，而未能組織新政體以代之，是政治上之過渡時代也；士子既鄙考據詞章庸惡陋劣之學，而未能開闢新學界以代之，是學問上之過渡時代也；社會既厭三綱壓抑虛文縟節之俗，而未能研究新道德以代之，是理想風俗上之過渡時代也。語其小者，則例案已燒矣，而無新法典；科舉改變矣，而無新教育；元兇處刑矣，而無新人才；北京殘破矣，而無新都城。……而要之，中國自今以往，日益進入於過渡之界限，離故步日以遠，沖盤渦日以急，望彼岸日以親，是則事勢所必至，而絲毫不容疑義者也。[11]

梁啟超所說的「過渡時代」，是指中國從「寸地不進，跬步不移」的古代社會向近代社會轉變的歷史時代。他稱當時的中國「實如駕一扁舟，初離海岸線，而放於中流，即俗語所謂兩頭不到岸之時也」。這個比喻形象地描繪出晚清社會所特有的新舊共存、新舊交替的時代特徵。從梁氏所論可見，社會的過渡性有兩方面的含義：一是體現在社會存在現狀的變化性、複雜性，表現為舊的社會結構、社會制度已經無可挽回地衰敗下去，新的社會

11 梁啟超：《過渡時代論》，《飲冰室合集》文集之六，中華書局 1989 年版，第 29、30 頁。

因素和社會結構逐步形成；社會上新與舊、古與今、中與外的種種矛盾犬牙交錯地交織在一起，並引起一系列變化、動盪、分化組合。二是從社會發展歷程的整體上看，過渡性時代往往是進入穩定時代的準備階段。秦漢以降，中國社會經歷了三種不同的社會形態，即古代封建社會、近現代半殖民地半封建社會、當代社會主義社會。晚清社會則是中國社會從古代向近代轉變的一個重要的過渡時期，正處於承上啟下的中間環節之中。晚清社會上接古代，下啟民國，它的許多影響甚至一直延續到現在，對之研究的重要性可想而知。

## 第二節 ▶ 中華民族的覺醒

一般說來，一個民族的覺醒首先表現為這個民族的民族意識的覺醒。何謂民族意識？張君勱解釋說：「民族意識，乃人民能巍然雄立於宇宙之要素，亦曰民族自覺。簡言之，即民族自知其為民族之謂。」[12] 民族意識是維繫民族生存、發展最基本的思想觀念。可以這樣說，所有與民族有關的觀念形態，諸如民族精神、民族道德、民族文化等，都是建立在相應的民族意識的基礎之上。正如周恩來所說：「一般的人開始最容易有一個民族觀

12 張君勱：《中華民族復興之精神的基礎》，引自鄭師渠、史革新主編：《近代中國民族精神研究讀本》，北京師範大學出版社 2006 年版，第 166 頁。

念、民族立場。因為中國是一個百年來受帝國主義侵略的半殖民地國家，所以容易使我們產生愛國的民族觀念。……這是一個好的起點。」[13] 吳鼎第也認為要「復興民族，使民族精神健全，需要先有民族意識。有了民族意識，然後才有健全的民族精神」[14]。可見，考察民族覺醒的一個重要指標就是看民族意識的覺醒程度。

在近代中國的百餘年間，中華民族經歷了四次民族意識覺醒的歷程，即鴉片戰爭後先進中國人開始開眼看世界；中日甲午戰爭後民族意識的初步覺醒；五四運動期間民族覺醒意識的昇華；抗日戰爭期間民族覺醒的全面高漲。

### 鴉片戰爭後先進中國人開始開眼看世界

鴉片戰爭以前，由於清朝閉關政策的影響及歷史條件的限制，中國人固守傳統「夷夏之辨」和「天朝上國」的觀念，對世界大勢缺乏了解，甚至弄不清以往的「蠻夷之邦」與歐美資本主義國家的區別。鴉片戰爭一方面把中國推向半殖民地半封建社會的深淵，另一方面也打開了中國的大門，戰敗的慘痛教訓深深地刺激了中國人，迫使他們不得不重新思考中國與世界的問題。林則徐、魏源、姚瑩、徐繼畬、梁廷枏、張穆、何秋濤、馮桂芬等

13 周恩來：《關於知識分子的改造問題》，《周恩來選集》（下卷），人民出版社 1980 年版，第 62 頁。

14 吳鼎第：《綜論民族精神》，《復興月刊》第 5 卷第 8 期，1937 年 4 月。

即為此行列中人。

首先，他們開始破除「夷夏之辨」的傳統觀念，認識到西方國家擁有比中國更為先進的「長技」，是威脅中國安全的勁敵。林則徐奉旨禁煙初至廣州，即物色人員採訪「夷情」，編輯敘述世界大勢的著作《四洲志》，邁出了近代國人「開眼看世界」的第一步。康有為稱：「暨道光二十年，林文忠始譯洋報，為講求外國情形之始。」[15] 魏源在《海國圖志》中提出「師夷長技以制夷」的著名論斷，認為西方國傢俱有先進於中國的「長技」，值得中國學習。中國只有把這些長技學到手，才能有效地抵制西方國家的侵略，維護國家的獨立。他明確指出：「夷之長技三：一戰艦，二火器，三養兵練兵之法。」[16] 比林、魏稍後一些的馮桂芬提出中國「四不如夷」的看法，說：「人無棄材不如夷，地無遺利不如夷，君民不隔不如夷，名實必符不如夷」[17]，進一步看到西方國家在人才使用、發展經濟、社會制度等方面的長處，發展了魏源等人的「師夷」思想。同治年間，大學士倭仁以「夷夏之辨」說發難於力主辦洋務的恭親王奕訢，試圖阻撓剛剛開始的「師夷長技」舉措，遭到奕訢的據理批駁。奕訢肯定「洋人制勝

15 康有為述、麥孟華記：《三月廿七日保國會上演講會辭》，中國史學會主編：《戊戌變法》第 4 冊，上海人民出版社、上海書店出版社 2000 年版，第 408 頁。

16 魏源：《海國圖志》，中國史學會主編：《鴉片戰爭》第 5 冊，上海人民出版社、上海書店出版社 2000 年版，第 567 頁。

17 馮桂芬：《校邠廬抗議・制洋器議》，中國史學會主編：《戊戌變法》第 1 冊，上海人民出版社、上海書店出版社 2000 年版，第 30 頁。

之道，專以輪船、火器為先」，諷譏倭仁「僅以忠信為甲胄，禮義為干櫓等詞，未可折衝樽俎，足以制敵之命，臣等實未敢信。」[18] 至此，束縛中國人千百年之久的「夷夏之辨」觀念，在國人思想上開始動搖，一種新的民族觀念正處於醞釀之中。

其次，民族危機意識、雪恥自強意識的形成。列強發動兩次鴉片戰爭，割占領土，勒索賠款，攫取利益，給中國帶來空前的奇恥大辱，也深深地震撼了國人的心靈，刺激了民族危機意識的萌發。林則徐不僅憂慮對英國侵略的防範，而且看到沙俄威脅中國的嚴重性。他在晚年曾警告國人說：「終為中國患者，其俄羅斯乎！吾老矣，君等當見之。」[19] 林昌彝在詩中也一針見血地指出英國侵略的野心，提醒國人保持警惕，他說：「包藏禍心英吉利，七萬裡外輪船至。」[20] 姚瑩對鴉片戰爭的失敗痛心疾首，稱：「失人心，傷國體，竟至不可收拾。是不能無恨耳。」[21] 為了雪恥，他悉心研究國外情況，寫成《康紀行》，對中國邊疆及英、俄等國的情況作了探討。他說：「欲吾中國童叟皆習見習聞，知彼虛實，然後徐圖制夷之策，是誠喋血飲恨而為此書，冀

18 《同治六年三月初二日總理各國事務奕 等折》，中國史學會主編：《洋務運動》第 2 冊，上海人民出版社、上海書店出版社 2000 年版，第 32、33 頁。

19 李元度：《林文忠公事略》，《國朝先正事略》（下冊），岳麓書社 1991 年版，第 733 頁。

20 林昌彝：《廣州采風雜感》，林昌彝著、王鎮遠、林虞生標點：《林昌彝詩文集・前言》，上海古籍出版社 1989 年版，第 4 頁。

21 姚瑩：《東溟文後集》卷 8，《中複堂全集》，文海出版社有限公司 1974 年版，第 4 頁。

雪中國之恥，重邊海之防，免胥淪於鬼蜮。」[22] 馮桂芬對列強侵略中國深惡痛絕，稱：「有天地開闢以來未有之奇憤，凡有心知血氣，莫不衝冠發上指者，則今日之以廣運萬裡地球中第一大國，而受制於小夷也。」[23] 他敢於面對現實，承認中國落後於他人的嚴酷事實，但他又理智地認為，落後於人有「天賦人以不如」和「人自不如」之別，如果屬於前者則無話可說，如果屬於後者，才是真正的可恥。他說：「天賦人以不如，可恥也，可恥而無可為也。人自不如，尤可恥也，然可恥而有可為也。如恥之，莫如自強。」[24] 他沒有因落後而望洋興嘆、無所作為，而是以落後為恥，樹立起雪恥自強的信心。馮桂芬的「雪恥自強」思想是積極的。

## 中日甲午戰爭後發生的民族危機刺激了民族意識的覺醒

一八九四年爆發的中日甲午戰爭，標誌著帝國主義列強侵略中國達到了一個新階段。《馬關條約》簽訂後，英、俄、德、法、美、日等列強爭先恐後地掠奪在華利權，強租土地，劃分「勢力範圍」，使中華民族陷入空前嚴重的危機之中。對於當時普通的中國人而言，用「亡國滅種」「山河破碎」形容中國的時

22 姚瑩：《東溟文後集》卷 8，《中複堂全集》，第 11 頁。
23 馮桂芬：《校邠廬抗議・制洋器議》，中國史學會主編：《戊戌變法》第 1 冊，第 29 頁。
24 馮桂芬：《校邠廬抗議・制洋器議》，中國史學會主編：《戊戌變法》第 1 冊，第 29 頁。

局已經不是什麼危言聳聽，而是必須面對的嚴酷現實。經歷過那場慘痛的革命老人吳玉章回憶說：

這真是空前未有的亡國條約！它使全中國都為之震動。從前我國還只是被西方大國打敗過，現在竟被東方小國打敗了，而且失敗得那樣慘，條約又訂得那樣苛，這是多麼大的恥辱啊！我還記得甲午戰敗的消息傳到我家鄉的時候，我和我的二哥曾經痛哭不止。[25]……

人們可以從吳玉章的這段話中深切感受到中日甲午戰敗對於國民心理造成的巨大震動。梁啟超則把這一震動視為中國人民族意識普遍覺醒的開端，他說：「吾國四千餘年大夢之喚醒，實自甲午戰敗割臺灣，償二百兆以後始也。」[26] 這種民族意識的普遍覺醒表現在民族危機意識的強化和新的民族觀念、民族思想的形成等方面。

一八九四年十一月，孫中山在檀香山成立了興中會，提出「驅除韃虜，恢復中華，創立合眾政府」的口號，這可視為孫氏民族主義思想形成之發端。孫中山起草的《香港興中會章程》指出：「方今強鄰環列，虎視鷹瞵，久垂涎我中華五金之富、物產之繁。蠶食鯨吞，已效尤於踵接；瓜分豆剖，實堪慮於目前。」[27] 孫中山等革命者的思想已經大體具備了近代民族觀念應

25 吳玉章：《辛亥革命》，人民出版社 1961 年版，第 34 頁。
26 梁啟超：《戊戌政變記》，《飲冰室合集》專集之一，中華書局 1989 年影印本第 6 冊，第 1 頁。
27 孫中山：《香港興中會章程》，《孫中山全集》第 1 卷，中華書局 1981

有的基本要素。

次年初，中日《馬關條約》的簽訂引發了維新運動的興起。救亡圖存、挽救民族危機始終是這場運動的主旋律。嚴復在《馬關條約》簽訂未久即撰《救亡決論》一文《馬關條約》簽訂於一八九五年四月十七日，嚴復的《救亡決論》發表於一八九五年五月一日至八日的天津《直報》。呼出「救亡」的時代強音。康有為、梁啟超等維新派發動「公車上書」，痛陳中國所面臨的民族危機之嚴重性，以強烈的民族憂患意識對國人進行了愛國救亡的思想啟蒙。康有為在日後成立的保國會聲淚俱下地慷慨陳詞：

吾中國四萬萬人，無貴無賤，當今日在覆屋之下，漏舟之中，薪火之上，如籠中之鳥，釜底之魚，牢中之囚，為奴隸，為牛馬，為犬羊，聽人驅使，聽人割宰，此四千年中二十朝未有之奇變。……奇慘大痛，真有不能言者也。……救亡之法無他，只有發憤而已。[28]

號召國人「保國、保種、保教」，奮起救國。

戊戌維新運動失敗後，中國人民開展的救亡圖存鬥爭非但沒有終止，反而以更大的規模和聲勢磅礴發展，再一次走向新的高潮。標誌性的事件是發生於一九〇〇年的義和團運動和革命派的廣東起義。二十世紀初，國人頭腦中的近代民族觀念、民族意識

年版，第 21 頁。

28 康有為述、麥孟華記：《三月廿七日保國會上演講會辭》，《戊戌變法》第 4 冊，第 407、410 頁。

無論在實踐上，還是在理性認識上，都有了新的進展。就思潮和理念而言，隨著「民族」「民族主義」等新詞彙的出現，近代民族思想在國人中傳播日廣，逐步滲入人心。

以現有材料看，梁啟超是近代國人中最早使用「民族」一詞的學者。他在一八九九年寫的《東籍月旦》使用了「東方民族」「拉丁民族」「民族競爭變遷」等詞彙。一九〇一年，梁啟超在《國家思想變遷異同論》一文中用了「民族主義」「民族帝國主義」等概念，稱：

今日之歐美，則民族主義與民族帝國主義相嬗之時代也。……十八、十九兩世紀之交，民族主義飛躍之時代也。[29]

一九〇二年，民族意識鮮明的章太炎撰《討滿洲檄》一文，提出「中華種族」的概念，云：「惟奮起逐北，摧其巢穴，以為中華種族請命。」[30] 在此基礎上，他進而提出「中華民族」的概念。他在《中華民國解》一文中說：「故欲知中華民族為何等民族，則於其民族命名之頃而已含定義於其中。」[31]

孫中山在興中會成立後講民族問題時一度使用過「種

29 《本館論說》，《清議報全編》第 1 冊，1901 年。
30 章太炎：《討滿洲檄》，《章太炎全集》第 4 冊，上海人民出版社 1985 年版，第 193 頁。
31 章太炎：《中華民國解》，《章太炎全集》第 4 冊，第 253 頁。

族」[32]、「漢種」[33]、「滿族」[34]、「清虜」[35]、「黃種」[36]等詞彙。他最早使用「民族」一詞是在一九〇二年與劉成禺的一次談話，內有「為吾國民族大革命之輝煌史」[37] 一語提及。寫於一九〇三年九月的《支那保全分割合論》一文有「支那民族有統一之形」的表述。同年十二月在檀香山的演說中，他連續使用了「民族主義精神」「中華民族」等詞彙：

> 我們一定要在非滿族的中國人中間發揚民族主義精神；這是我畢生的職責。這種精神一經喚起，中華民族必將使其四億人民的力量奮起並永遠推翻滿清王朝。[38]

此後，民族、民族主義等詞彙頻繁地出現在他的文章和講演中。這從一個側面反映了孫中山民族主義思想的發展軌跡。

一九〇〇年八國聯軍侵華戰爭後，民族危機進一步加深，國人的民族意識更為鮮明，民族思想空前高漲。無論是改良派，還是革命派，都以鼓吹民族主義為職志，發表了大量論述關於「民族主義」的文章。論者所述，有的譴責各國列強侵略，痛陳民族危亡局勢；有的呼籲國民結群組團，奮起抵制外來侵略，以衛國

32 孫中山：《〈支那現勢地圖〉跋》，《孫中山全集》第 1 卷，第 187 頁。
33 孫中山：《與宮崎寅藏平山周的談話》，《孫中山全集》第 1 卷，第 172 頁。
34 孫中山：《中國的現在和未來》，《孫中山全集》第 1 卷，第 88 頁。
35 孫中山：《復翟理斯函》，《孫中山全集》第 1 卷，第 46-47 頁。
36 孫中山：《與宮崎寅藏平山周的談話》，《孫中山全集》第 1 卷，第 174 頁。
37 孫中山：《與劉成禺的談話》，《孫中山全集》第 1 卷，第 217 頁。
38 孫中山：《在檀香山正埠的演說》，《孫中山全集》第 1 卷，第 227 頁。

衛族；有的借表彰中外歷史上的民族英雄、愛國英烈以張揚民族精神，激勵國民；有的則闡述民族、民族主義、民族革命等問題的理論意義，從學理上深化近代民族主義的內涵。大致在二十世紀初，先進中國人初步擺脫了傳統民族觀念的狹隘性，吸收了西方近代民族理論、民族思想觀點，形成了近代民族觀念和民族主義思想。這在國人對「民族」「民族主義」等概念的種種解釋中可以看出。

在關於民族主義的闡述中，最有代表性的是孫中山提出的民族主義。民族主義是他三民主義思想的重要組成部分。具體內容可以參見他在一九〇五年前後起草的各種檔、發表的講演等文獻。其餘各家的表述摘要列舉如下：

梁啟超在談到民族主義時說：「自十六世紀以來，歐洲所以發達，世界所以進步，皆由民族主義所磅　衝激而成。民族主義者何？各地同種族、同言語、同宗教、同習俗之人，相視如同胞，務獨立自治，組織完備之政府，以謀公益而禦他族是也。」[39]《江蘇》發表的《民族主義》一文認為，「民族主義，有一定之學說行於世者，自伊太利之滿基尼始」，並認同滿基尼提出的民族定義：民族者，其境土、祖先、風俗、言語共同一致，生活社交聯為一體，兩者相互而成自然之結社者也。……民族之於世界猶個人之於社會，對於內有絕對之所有權，對於外有絕對之獨立

39 梁啟超：《論新民為今日中國第一急務》，《新民叢報》第 1 號，1902 年 2 月。

權。若一民族起而建獨立自治之國家，無論何人，無對抗之權利。此民族主義之本旨。[40]余一在《民族主義論》對於民族主義的解釋是：「合同種異異種，以建一民族的國家，是曰民族主義。」[41]

還有的作者為民族下的定義是：「具有同一之言語、同一之習慣，而以特殊之性質區別於殊種別姓之民族，專指人類之集合者言之。……民族之所由生，生於心理上道德與感情之集合。因道德與感情之集合，而興起政治組織之傾向；因政治組織之傾向，而民族建國主義乃星回日薄於大陸之上。」[42]

二十世紀初，中國的進步群體都把民族主義看成中華民族擺脫危機、走向獨立富強的必由之路。

以孫中山為首的革命派則把民族主義作為進行反清鬥爭的一個重要綱領，不遺餘力地予以鼓吹。由高旭等革命黨人在一九〇三年創辦的《覺民》發表文章聲稱：「蓋今日救國存種之策，舍民族主義竟無從下手，惟此乃有一線之生機耳。」[43]他們盛讚近代志士，「以民族主義為全國倡，曰中國者，中國民族之中國」；「民族精神，自由主義是也」[44]。以至於孫中山提出的三民主義把民族主義放在了第一位。然而，革命派和改良派對民族主義的

40 《江蘇》第7期，1904年1月。
41 《浙江潮》第1期，1903年2月。
42 《民族主義之教育》，《遊學譯編》第10期，1903年8月。
43 高旭等：《鄧秋牧書》，《覺民》第9、10期合刊本，1904年。
44 重光：《國民與人民之分別》，《覺民》第9、10期合刊本，1904年。

理解也有不同，這就是在談到中國國內的民族問題時，改良派主張「滿漢平權」「滿漢不分」，而革命派則強調「驅除韃虜」「反滿排滿」，旗幟鮮明地反對清朝的民族壓迫。

### 五四運動時期的民族意識覺醒的昇華

辛亥革命後，帝國主義列強對中國的侵略有增無已。一九一五年，日本提出滅亡中國的「二十一條」；沙俄策動蒙古王公製造分裂活動；英國在西藏煽動「獨立」，謀取更大的侵華利益。一九一八年舉行的巴黎和會，各國列強公然無視中國人民的正義要求，把德國在山東掠奪的權利全部讓予日本，嚴重地踐踏了中國的主權，再次暴露了帝國主義列強的侵略本質和軍閥政府的賣國嘴臉。中國外交在巴黎和會的失敗，成為五四運動爆發的導火索。為了抗議帝國主義列強利用巴黎和會對中國權益的侵害和北洋政府的賣國行徑，愛國的學生、民眾高呼「外爭國權，內懲國賊」的口號，勇敢地走上街頭遊行示威，表達了中國人民堅決反帝愛國的正義之聲。國人的民族意識由此得到了歷史性的昇華。正如一位外國人所說，五四運動「早已表現出了中國真正的、積極的民族特性」；從巴黎和會決議的禍害中，「產生了一種令人鼓舞的中國人民的民族覺醒，使他們為了共同的思想和共同的行動而緊密地結合在一起。全國人民都受到了影響」。[45]

45 保羅・S・芮恩施著，李抱宏、盛震溯譯，遊燮庭校：《一個美國外交官使華記》，商務印書館 1982 年版，第 284、285 頁。

五四運動在提升中國人民民族意識方面的作用集中地體現在國人對帝國主義列強本質的認識有了新的昇華。正如毛澤東在《實踐論》中所說：

中國人民對帝國主義的認識也是這樣。第一階段是表面的感性的認識階段，表現在太平天國運動和義和團運動等籠統的排外主義的鬥爭上。第二階段才進到理性的認識階段，看出了帝國主義內部和外部的各種矛盾，並看出了帝國主義聯合中國買辦階級和封建階級以壓榨中國人民大眾的實質，這種認識是從一九一九年五四運動前後才開始的。[46]

五四以前，部分國人對帝國主義列強的認識比較模糊，甚至認為第一次世界大戰是「公理」與「強權」之爭。由於各國列強在「一戰」及巴黎和會中的醜惡表現，先進的中國人認清了它們的霸道嘴臉與蠻橫行徑，主張堅決反對帝國主義侵略、爭取民族獨立、維護祖國的尊嚴。陳獨秀一針見血地指出，「這回歐洲和會，只講強權不講公理，英、法、意、日各國硬用強權擁護他們的倫敦密約，硬把中國的青島送給日本交換他們的利益，另外還有種種不講公理的舉動，不但我們心中不平，就是威爾遜總統也未免有些納悶」，並提出「用強力擁護公理」[47] 的主張。李大釗

**46** 毛澤東：《實踐論》，《毛澤東選集》第 1 卷，人民出版社 1991 年版，第 289 頁。

**47** 陳獨秀：《山東問題與國民覺悟》，《每週評論》第 23 號，1919 年 5 月 26 日，蔡尚思主編：《中國現代思想史資料簡編》第 1 卷，浙江人民出版社 1982 年版，第 50 頁。

對巴黎和會的揭露更是痛快淋漓，他說：「這回歐戰完了，我們可曾作夢，說什麼人道、平和得了勝利，以後的世界或者不是強盜世界了，或者有點人的世界的采色了。誰知道這些名辭，都只是強盜政府的假招牌。我們且看巴黎會議所議決的事，那一件有一絲一毫人道、正義、平和、光明的影子！那一件不是拿著弱小民族的自由、權利，作幾大強盜國家的犧牲！」[48] 他認識到第一次世界大戰的帝國主義戰爭性質，尖銳指出：「一九一四年那樣慘酷的大戰，只是英、德帝國主義間利潤之爭的結果。」他還對未來戰爭做了預見，指出日本帝國主義發動戰爭的危險性，稱：

這未來的新帝國主義戰爭，要以中國及太平洋為中心。日本帝國主義的干涉中國，即是世界大戰的導火線。中國的民眾應該聯合全世界無產階級民眾，起來反對這殘忍的戰爭。[49]

他的上述預見為後來歷史的發展所證實。李大釗還初步用馬克思主義學說闡述了帝國主義的本質特點，說：「帝國主義是什麼？就是資本主義發展之結果。因為它要向海外找殖民地作它自己的貿易場和原料地，因為又要保護，便要武裝起來，所以武裝之資本主義就是帝國主義。」尤其強調日本帝國主義侵略中國的危險性，呼籲國人開展反帝鬥爭：「現日本已成帝國主義來侵略中國了，中國翻身將更要難，所以我們非全民覺醒不可。吾人之

48 李大釗：《秘密外交與強盜世界》，《李大釗文集》（下），人民出版社 1984 年版，第 1 頁。

49 李大釗：《新帝國主義戰爭的醞釀》，《李大釗文集》（下），第 842-843 頁。

運動口號為尊重民權，打倒軍閥，打倒帝國主義三條。」[50]

陳獨秀、李大釗等人關於反對帝國主義、爭取民族獨立的思想在一般進步青年中得到廣泛的回應。瞿秋白在《餓鄉紀程》中就談到五四運動對國民民族意識提升的重大意義，指出：

中國民族幾十年受剝削，到今日才感受殖民地化的況味。帝國主義壓迫的切骨的痛苦，觸醒了空泛的民主主義的噩夢。學生運動的引子，山東問題，本來就包括在這裡。工業先進國的現代問題就是資本主義，在殖民地上是帝國主義，所以學生運動倏然一變而傾向於社會主義，就是這個原因。[51]

非但左翼人士如此，就是不贊成社會主義的知識分子也不諱言帝國主義對中國的民族壓迫。戴季陶在一九一九年撰文說：「我們看中國過去及現在的種種變象，都是由歐美日本的壓迫所誘發出來的。中國的社會，本來有許多缺陷，不過這些缺陷受了這外界的壓迫，都彰明較著的表現出來罷了。」[52]

尤其值得稱道的是孫中山在五四運動前後的民族主義思想發生的重要變化。

辛亥革命後，孫中山一度認為民族主義、民權主義的目標已

50 李大釗：《大英帝國主義者侵略中國史》，《李大釗文集》（下），第797、803頁。

51 瞿秋白：《餓鄉紀程》，蔡尚思主編：《中國現代思想史資料簡編》第1卷，第656頁。

52 戴季陶：《從經濟上觀察中國的亂原》，原載《建設》1卷2號，1919年9月刊，蔡尚思主編：《中國現代思想史資料簡編》第1卷，第603頁。

經達到，可以不講，剩下的任務唯有發展民生主義而已。他曾經樂觀地說：

我黨二十年來，持三民主義奔走海外，以謀中國之大革新。幸今日時機已熟，人心不死，自武漢起義，不三月間而全國底定，五族共和，民族、民權目的已達。今後欲謀國利民福，其進行之方針，唯有實行提倡民生主義耳。[53]

在一九一二年三月修改後的《中國同盟會總章》規定「以鞏固中華民國，實行民生主義為宗旨」[54]，取消了民族主義和民權主義。然而，民國初年，國家徒有一塊「共和國」的空招牌，橫行霸道的帝國主義列強、腐敗黑暗的軍閥統治，依然在禍亂國家和民族。嚴酷的現實迫使孫中山進行反思，俄國十月革命及五四愛國運動的影響，提高了他對民族問題的認識，開始重提民族主義，恢復三民主義的本來精神。他在一九一九年所寫的《三民主義》一文中說，中國的民族主義有「消極目的」和「積極目的」，推翻清朝只是達到了「消極目的」，而「積極目的」則是使整個中華民族「駕美迭歐而為世界之冠」[55]，國人還要繼續為之奮鬥。這年十月，孫中山宣佈改組中華革命黨為中國國民黨，規定「以鞏固共和、實行三民主義為宗旨」[56]。一九二〇年十一

53 孫中山：《在廣州報界歡迎會的演說》，《孫中山全集》第 2 卷，中華書局 1982 年版，第 354 頁。

54 孫中山：《中國同盟會總章》，《孫中山全集》第 2 卷，第 160 頁。

55 孫中山：《三民主義》，《孫中山全集》第 5 卷，中華書局 1985 年版，第 188 頁。

56 孫中山：《中國國民黨通告及規約》，《孫中山全集》第 5 卷，第 127 頁。

月，他在一次演說中批評了「清室推翻以後，民族主義可以不要」的論調，強調清朝雖然被推翻，但是各國列強還在壓迫中國，「我們還要積極的抵制……所以我們還是三民主義缺一不可」。[57] 他把抵制和反對帝國主義侵略作為民族主義的任務提了出來，反映了他在民族主義問題上的新變化。這種變化為後來新三民主義中的民族主義的提出奠定了思想基礎。在國民黨「一大」《宣言》中，孫中山重新解釋民族主義，把「反帝國主義」列入其中，這與中國共產黨在民主革命時期的最低綱領的精神基本一致，成為國共兩黨第一次合作的政治基礎，也是第一次大革命時期中國出現反帝愛國鬥爭浪潮和爭取民族獨立運動高潮的重要政治條件。

### 抗日戰爭期間民族意識的全面覺醒

一九三一年，日本帝國主義發動了「九一八」事變，吞併了東北三省，並把侵略矛頭指向全中國。一九三七年七月七日，日軍製造盧溝橋事變，發動了旨在滅亡中國的全面的侵華戰爭，中華民族「處在生死存亡的關頭」[58]。為了抗擊日寇入侵，挽救空前嚴重的民族危亡，在抗日民族統一戰線的感召下，全國各階層、各族人民和海外僑胞紛紛行動起來，團結一致，同仇敵愾，

57 孫中山：《在上海中國國民黨本部會議的演説》，《孫中山全集》第 5 卷，第 394 頁。

58 毛澤東：《在延安反侵略大會上的演説》，《毛澤東文集》第 2 卷，人民出版社 1993 年版，第 89 頁。

掀起全民抗戰的高潮，用自己的血肉築起了一道攻不破、摧不垮的鋼鐵長城。綜觀抗戰全過程，中日之間的交戰，不僅是雙方軍力、物力的角逐，也是雙方精神力量的比拼。正如國民政府於一九三九年三月公佈的《國民精神總動員綱領及其實施辦法》所說：「現代戰爭為全民動員之戰爭，故不僅動員國內之一切物資與人力，亦必動員全國國民之精神。」[59] 呼喚民族意識、振奮愛國精神，就成為堅持全民抗戰的一個非常重要的條件。

抗戰期間，中華民族的民族意識空前高漲，而民族意識的高漲極大地振奮了全國各族人民的抵抗意志，成為中國人民最終戰勝日本法西斯的巨大精神力量。抗戰期間民族意識高漲的最突出表現是，面對民族強敵，國人以民族利益、國家存亡為上，在抗擊日寇的旗幟下空前一致地團結起來，體現出全民族萬眾一心、共赴國難的堅強意志。鴉片戰爭以來，帝國主義列強之所以屢屢侵華得逞，就是因為利用了中國處於分裂、貧弱的衰敗境況。五四運動儘管激勵了國人的愛國反帝思想，但並未改變中國不良政治的現狀。中國依然處於內戰連綿、民不聊生的水深火熱之中。執政的國民黨當局實行「攘外必先安內」的錯誤政策，不抗擊外敵，專「圍剿」紅軍，為強敵入侵造成可乘之機。在這種情況下，中國共產黨出於民族大義，旗幟鮮明地提出停止內戰、一致抗日的主張，促成了西安事變的和平解決，為抗日民族統一戰線

59 引自張其昀：《黨史概要》第 3 冊，（臺灣）「中央」文物供應社 1979 年版，第 989 頁。

的形成奠定了基礎。正如毛澤東所說：

將階級利益服從於民族利益。國內任何政黨與個人，都應明此大義。共產黨人決不將自己觀點束縛於一階級與一時的利益上面，而是十分熱忱地關心全國全民族的利害，並且關心其永久的利害。[60]

周恩來指出，為了實現全民抗戰，必須實行「民族至上」的原則，國內各階級、各民族、各黨派團體「要彼此互讓，彼此坦白，才能『同舟共濟』，為民族的利益而團結在一起，謀整個民族的解放」[61]。中國共產黨作出了以民族利益至上的表率。盧溝橋事變的第二天，中共中央在《中國共產黨為日軍進攻盧溝橋通電》中呼籲：「平津危急！華北危急！中華民族危急！只有全民族實行抗戰，才是我們的出路！」號召「全中國同胞、政府與軍隊團結起來，築成民族統一戰線的堅固長城，抵抗日寇的侵掠！」[62] 經過多次談判，國共兩黨的合作終於在盧溝橋事變後正式形成。一九三七年九月二十二日，國民黨中央通訊社發表《中共中央為公佈國共合作宣言》。次日，蔣介石發表《對中國共產黨宣言的談話》，內稱：「集中整個民族力量，自衛自助，以抵抗暴敵，挽救危亡。」「中國共產黨發表之宣言，即為民族意識

60 毛澤東：《中日問題與西安事變——和史沫特萊的談話》，《毛澤東文集》第1卷，人民出版社1993年版，第482-483頁。

61 周恩來：《抗戰時期文化工作的方針》，中共中央文獻研究室編：《周恩來文化文選》，中央文獻出版社1998年版，第13、16頁。

62 《解放》週刊，第10期，1937年7月。

勝過一切之例證。」[63] 中共「宣言」與蔣介石「談話」的發表，標誌著以國共兩黨再次合作為基礎的抗日民族統一戰線的正式建立，也是民族利益高於一切的生動例證。一九三九年三月十二日，國民政府公佈了《國民精神總動員綱領》，把「國家至上、民族至上」作為「國民精神總動員」的三個目標之一，稱：「國家民族之利益應高於一切，在國家民族之前，應犧牲一切私見、私心、私利、私益，乃至於犧牲個人之自由與生命亦非所恤。」[64]

在抗日民族統一戰線的感召下，全體國民的民族意識空前高漲，所有愛國的人們都把拯救民族、保衛祖國和反抗日寇侵略，作為自己的首要任務，義無反顧地投入到偉大的抗日戰爭之中，真正做到地無分南北，人無分民族，只要是為了抗戰，有錢出錢，有力出力，不怕犧牲，前赴後繼。正是這種源於強烈的民族意識的愛國激情，成為支持中國持久抗戰的巨大精神源泉。全國有幾十個民族的數百萬青年奔向抗日戰場，為抗日前線輸送了取之不竭的有生力量。從祖國西部邊陲到內地的各民族人民都踴躍地為抗戰而捐錢捐物。海外華僑也紛紛出資出力，毀家紓難，抗戰期間，共捐款達十二點三億元，為抗戰作出重大貢獻。中華民

63 蔣介石：《對中國共產黨宣言的談話》，中國人民解放軍政治學院黨史教研室編：《中共黨史參考資料》第 8 冊，此套書為內部資料未正式出版，1979 年 4 月印行，第 24-25 頁。

64 中國人民解放軍政治學院黨史教研室編：《中共黨史參考資料》第 8 冊，第 314 頁。

族的凝聚力、向心力發揮到最佳狀態，中國人的民族意識從未有如此強烈。正如晏陽初所說：

> 幾千年來，中國人所懷抱的觀念是「天下」，是「家族」，近代西方的民族意識和國家觀念，始終沒有打入我們老百姓的骨髓中。直到現在，敵頑攻進來的巨炮和重彈才轟醒了我們的民族意識，南北數千里燃燒的戰線，才激動了我們的全面抗禦，同仇敵愾的精神，我們從亡國滅種的危機中，開始覺悟了中國民族的整全性和不可分性。生則俱生，死則俱死；存則俱存，亡則俱亡，這是民族自覺史的開端，是真正的新中國國家的序幕。[65]

抗戰時期民族意識的高漲還體現在民族復興意識的覺醒上。中華民族復興的思想最初是孫中山在清末成立興中會時提出來的，表述為「振興中華」。民國後，隨著國內民族運動的迅猛開展，國人民族復興的意識日益明顯，到抗戰時期達到一個新的高潮。日本的野蠻侵略空前加深了中國的民族危機，也刺激了國人復興民族的強烈意識。仁人志士「大聲疾呼，曰『復興』！『復興』！絞腦瀝血，各本其所學，發抒復興國族之偉論」[66]。一時間，「民族復興」成為中國各抗戰黨派團體、各界人士的共同心聲和討論的熱點。僅學術界、文化界人士就發表了難以計數的討論文章，其數量之多，為五四新文化運動以來所未逮。諸如吳釗的《復興之基點》、趙正平的《中華民族復興問題之史的觀察》、吳澤霖

65 晏陽初：《農民抗戰底發動》，《大公報》，1937 年 10 月 11 日。
66 吳釗：《復興之基點》，《復興月刊》第 2 卷第 1 期，1933 年 9 月 1 日。

的《民族復興的幾個條件》、郭沫若的《復興民族的真諦》、胡秋原的《中國文化復興論》、陶希聖的《關於民族復興的一個問題》、張君勱的《中華民族復興之精神的基礎》、吳其昌的《民族復興的自信力》、潘光旦的《民族復興的一個先決問題》、解炳如的《民族復興與民族性的改造》、朱國慶的《精神建設與民族復興》、張素民的《中國復興之惟一前提》、謝耀霆的《復興民族須先恢復自信力》及《怎樣復興中華民族》、華生的《民族復興與歷史教育》等文章，在當時頗具代表性。這些文章討論了有關民族復興的一系列重要問題，諸如民族復興的緊迫性與重要性、民族復興的先決條件與精神基礎、民族復興的途徑和前景等為當時國民所密切關注的問題，在鼓舞民心、推動全民抗戰方面發揮了重要作用。

當時的論者認為，日寇侵華固然給中國帶來空前嚴重的民族危機，但也迫使國人猛醒，奮起拯救國家，圖謀民族復興。有人回顧中華民族幾千年衰而復盛的歷史，闡明了民族復興的必然性和光明前途，指出：「幾千年來的中華民族曾遭遇多少次的壓迫，翻過來曾演繹出多少次的復興，以這樣悠久健全的民族精神，說是今後沒有復興性，這是萬無此理。」「我們要自覺自信，中華民族的復興，是必然的可能。」[67]郭沫若認為「復興民族」就是復興中華民族精神，為此，他作了具體闡釋：

復興民族是要復興我們中華民族的精神。我們中華民族的精

67 趙正平：《中華民族復興問題之史的觀察》，《復興月刊》第 1 卷第 4 期，1932 年 12 月 1 日。

神是什麼？一，富於創造力；二，富於同化力；三，富於反侵略性。……民族在世界文化的競賽上便因而落伍了，更因而招致了目前的空前的危難。……現在是我們民族復興的時候，我們的民族精神漸漸地蘇活轉來了。我們應該儘量地發揮我們的創造力、同化力和反侵略性。[68]

胡秋原把抗戰視為「民族復興的戰爭」，不僅對中華民族的復興充滿信心，而且堅信中國的復興必將對世界文明作出貢獻。他說：

我相信我們的文化將隨我民族復興的戰爭和建設而復興！而且，也必須復興！豈但如此？十七世紀以後，中國對世界雖無所貢獻，但此次抗戰則以血以肉挽世界狂瀾於既倒，又遠在過去貢獻他人貢獻之上。我們應該而且能夠由復興中國進而復興世界及其文明。[69]

還有論者提出了民族復興的艱巨性問題：「民族復興在今日的中國，已成為上下一致努力的運動。……民族復興並不是一件輕而易舉的事，決不是單靠傳單、標語、口號等宣傳所能濟事的。」[70] 這論述了民族復興道路的艱辛與曲折。在談到民族復興的具體途徑時，諸多論者或者強調振奮民族精神，或者主張發展

**68** 郭沫若：《復興民族的真諦》，蔡尚思主編：《中國現代思想史資料簡編》第 4 卷，浙江人民出版社 1983 年版，第 11、12 頁。

**69** 胡秋原：《中國文化復興論》，蔡尚思主編：《中國現代思想史資料簡編》第 4 卷，第 150 頁。

**70** 吳澤霖：《民族復興的幾個條件》，《東方雜誌》第 31 卷，第 18 號。

民族文化教育，或者建議弘揚民族歷史傳統、表彰民族英雄、激勵民族氣節，各種議論，多姿多彩，見仁見智，字裡行間洋溢著充沛的愛國主義激情。

綜上所述，鴉片戰爭以後，西方列強以武力打開了中國的大門，對中華民族發動了野蠻的侵略，給中華各族人民帶來巨大的歷史災難。嚴重的民族危機深刻地教育了中國人民，激發了中國人的民族危機意識，促使他們反思祖國和民族的前途與命運，促進了中華民族的覺醒。民族意識的日益強烈、民族自覺的不斷昇華，成為中華民族覺醒的重要標誌。這種意識最終成為催生、助長近代中國民族解放運動的精神動力。正是憑藉這種「熱烈的民族意識，高揚的政治水準」[71]，中華各族人民與各種外敵展開殊死鬥爭，粉碎了侵略者無數次滅亡中國的圖謀，捍衛了祖國的獨立和民族的尊嚴，書寫了可歌可泣的歷史篇章。

## 第三節 ▶ 重鑄「國魂」

中華民族精神植根於中華民族歷史的土壤之中，具有深厚的根基。早在古代，中華先民在長期的文明創造中就培育出傳統民族精神，在凝聚民族民心、促進多民族國家的形成、激勵創造文明成就等方面，都發揮了重大的作用。中華民族精神同樣具有與

71 郭沫若：《三年來的文化戰》，蔡尚思主編：《中國現代思想史資料簡編》第 4 卷，第 17 頁。

時俱進的品格，不斷隨著時代的變化而推陳出新，汲取新的營養，以豐富和充實自身的內涵。近代以後，中華各族人民在爭取民族獨立、國家富強的鬥爭中，不斷開拓自己的精神境界，以愛國救亡、科學民主、開拓自強等新的精神追求，昇華和發展了傳統民族精神，使中華民族精神得到前所未有的發揚光大，深刻地改變了神州大地的面貌。

與古代時期相比，中華民族精神在近代所面臨的最重要問題就是它的「重鑄」問題，即轉變固有形態，適應時代發展。在清末戊戌變法中，維新派就已經提出了這個問題。他們看到，鴉片戰爭以後的中國已經處於向新時代轉變的時刻，而國人固有的精神狀態、思想道德在封建專制統治的壓抑、外來勢力的摧殘下日益衰頹、淪落，無法適應社會進步的需要。嚴復慨歎科舉八股「無實」「無用」，損德毀智，敗壞人才，疾呼「鼓民力」「開民智」「新民德」[72] 迫在眉睫。譚嗣同批評國人在體貌上的一幅「劫象」:「則見其委靡，見其猥鄙，見其粗俗，見其野悍。或瘠而黃，或肥而弛，或萎而傴僂，其光明秀偉有威儀者，千萬不得一二。」[73] 到二十世紀初，進步人士在這方面的批評更多，分析也更深入。論者歷數國民性的弊端，指斥「自治力之薄弱也，公德心之缺乏也，共同心之短少也，宗教心之冷淡也，此數者皆吾祖

72 嚴復：《原強》（修訂稿），王栻主編：《嚴復集》第 1 冊，中華書局 1986 年版，第 27 頁。

73 譚嗣同：《仁學》，蔡尚思、方行編：《譚嗣同全集》（下冊），中華書局 1981 年版，第 356 頁。

國近來腐敗之橫觀歷史也」。作者不無憂心地說：「以上數者，有一於此不足以立國；而況乎處此生存競爭之世界，乃兼此種種亡國之劣根性，顧安得托跡於一方以自大而終古乎！」[74] 署名「壯遊」撰寫的《國民新靈魂》一文對清末國人民氣的衰頹作了淋漓盡致的揭露，感歎地說：

吾國民之魂，乃不可得而問矣。夢魘於官，辭囈於財，病纏於煙，魔著於色，寒噤於鬼，熱狂於博，涕糜於遊，痁作於戰，種種靈魂，不可思議。而於是國力驟縮，民氣不揚，投間抵罅，外族入之，鐵鞭一擊，無敢抗者，乃為奴隸魂、為僕妾魂、為囚虜魂、為倡優魂、為餓殍待斃一息之魂、為犬馬豢養搖尾乞食之魂。……耗矣哀哉，中國魂，中國魂！[75]

這些批評真實地反映了處於社會轉型時期的中國國民精神萎靡不振的狀況，表達了志士仁人迫切要求改造國民性、重鑄「國魂」的強烈願望。梁啟超在一八九九年較早提出了重鑄中華民族精神的問題：「今日所最要者，則製造中國魂是也。」[76] 他說的「中國魂」便是指中國人的民族精神。

國人關於「民族精神」概念的使用，初時五花八門，如稱「國魂」「民魂」「民氣」「元氣」「國性」「國粹」「立國精神」「國

74 《民族精神論》，《江蘇》第 7、8 期，引自張枬、王忍之編：《辛亥革命前十年間時論選集》第 1 卷下冊，生活・讀書・新知三聯出版社 1978 年版，第 843 頁。

75 壯遊：《國民新靈魂》，《江蘇》第 5 期，1903 年 8 月。

76 梁啟超：《中國魂安在乎？》，《清議報》第 32 冊，1899 年 12 月 23 日。

族精神」等等，不一而足。其中「國魂」一詞在清末的使用率比較高，如許守微、蔡鍔、黃公等人都對此作過闡發。許守微說：

國魂者，立國之本也。……國魂者，原於國學者也。國學苟滅，國魂奚存？而國學又出於孔子者也。……倡國魂而保國學者，又盍能忘孔子哉。[77]

黃公在一篇文章提出「國魂」與「大魂」的概念，認為「國魂」是立國安民之本，「大魂」則是產生「國魂」之源：

國民之生源也。國喪其魂，則民氣不生，民之不生，國將焉存。……有可以撥死灰於複燃者，是曰國魂；有可以生國魂為國魂之由來，是曰大魂。[78]

蔡鍔在《軍國民篇》中說：

國魂者，國家建立之大綱，國民自尊自立之種子。[79]

梁啟超曾使用過「國魂」之概念，又如上所述亦用過「中國魂」，自不待言，他還借用孟子的「氣」說以「國民元氣」一詞來指「國民精神」。他說：

所謂精神者何？即國民之元氣是矣。……若夫國民元氣，則非一朝一夕之所可致，非一人一家之所可成，非政府之力所能強逼，非宗門之教所能勸導。孟子曰：「以直養而無害，則塞於天地之間。」是之謂精神之精神，求精神之精神者，必以精神感召

**77** 許守微：《讀〈國粹學報〉感言》，《國粹學報》第 6 期，1905 年 7 月。
**78** 黃公：《大魂篇》，《中國女報》第 1 期，1907 年。
**79** 蔡鍔：《軍國民篇》，《蔡鍔集》，湖南人民出版社 1983 年版，第 36 頁。

之，若支支節節，模範其形質，終不能成。《語》曰：「國於天地，必有與立。」國所與立者何？曰民而已；民所以立者何？曰氣而已。[80]

鄧實則用「正氣」來指民族精神，他在為《正氣集》所寫的「識語」中說：

《正氣集》何為而作也？所以表彰神州之國粹，而存正氣於天壤也。夫神州之舊學，其至粹者曰道德，道德之粹，其至適用於今者曰正氣。正氣者，天地之精，日月之靈，而神州五千年來所以立國之魂也。[81]

孫中山在一九〇三年的一次演說中提到「民族主義精神」，他說：

我們一定要在非滿族的中國人中間發揚民族主義精神；這是我畢生的職責。這種精神一經喚起，中華民族必將使其四億人民的力量奮起並永遠推翻滿清王朝。[82]

他所說的「民族主義精神」即「民族精神」，二者儘管在表述的文字上存有差異，但表述的風格已經具有鮮明的時代色彩。

據現有材料考察，最先使用「民族精神」一詞的文章，則是一九〇四年發表於留學生創辦的《江蘇》雜誌上的《民族精神論》一文，該文不僅提出了這一概念，而且對這一概念的內涵作

**80** 梁啟超：《國民十大元氣論》，《飲冰室合集》文集之三，中華書局1989年版，第62頁。

**81** 《國粹學報》第13期，1906年2月13日。

**82** 孫中山：《在檀香山正埠的演説》，《孫中山全集》第1卷，第227頁。

了初步闡釋。

大致而言，國人關於「民族精神」概念的使用，清末時概念表述的用語比較複雜，使用「國魂」「中國魂」「民氣」「元氣」等詞彙與「民族精神」一詞同存並行，呈現多元化狀態，而且後者的使用頻率不高。民國以後，「民族精神」一詞為更多的人所接受和使用，成為國人論述民族歷史文化問題的流行詞語。

在重鑄「國魂」的問題上，人們關注的問題主要有兩個：一是何謂「國魂」？二是如何重鑄「國魂」？需要強調的是，在考察重鑄「國魂」的問題時，必須看到日益嚴重的民族危機、方興未艾的社會變革浪潮、不可逆轉的近代新思潮、新文化興起等因素的影響。尤其自戊戌維新開始的先進分子對於國民性的反思與批判，直接構成了國人重鑄「國魂」核心內容。近代中國的重鑄「國魂」，並非是對固有民族精神的簡單恢復，而是在新的歷史條件下吸收了大量前所未有的新內容，形成了全新的內涵，是對中華民族精神的繼承、改造和重建。

在何謂「國魂」的問題上，重鑄「國魂」論者主張堅決擯棄國民性中由於列強壓迫和封建專制錮蔽而導致的奴隸意識、迷信守舊、「愛國心之薄弱」「獨立性之脆弱」「公共心之缺乏」[83]等弱點，吸收世界其他民族優秀的精神品質，塑造本民族新的精神品格，諸如均國民主義、國家主義、遊俠精神、競爭精神，以鑄

**83** 梁啟超：《論中國國民之品格》，《新民叢報》第27號，1903年3月12日。

造中華民族的新「國魂」。

有論者提出重鑄的「國魂」應該具備五種「新靈魂」，即「一曰山海魂」「二曰軍人魂」「三曰遊俠魂」「四曰社會魂」「五曰魔鬼魂」，包括了開拓精神、勇武精神、革命精神、平等精神等近代精神品格。作者認為，國民只有具備了這些新的精神品格，才能實現光復民族的目標，稱：「吾國民具此五靈魂，而後可以革命，可以流血，可以破壞，可以建設，可以殖民，可以共產，可以結黨，可以暗殺恐怖，可以光復漢土驅除異族。」[84]

署名「飛生」的作者撰文認為，「國魂」之內涵有四，即「一曰冒險魂」「二曰宗教魂」「三曰武士魂」「四曰平民魂」，而「中國之國魂安在乎，祖國主義」。[85] 也就是說，中華民族精神的核心內容是「祖國主義」即愛國主義。

有人撰《中國魂》闡述「中國魂」與「歐美各國之魂」的不同。作者認為世界各國、各民族都有自己獨特的民族精神，故「吾中國魂，有以異於歐美各國之魂」；「歐美所稱之國魂有四種：甲，萬裡航海，與波為鄰，是曰貿易魂；乙，信神愛人，殉之以身，是曰宗教魂；丙，世敢侮我，應以鐵血，是曰武士魂；丁，張我自由，覆彼專制，是曰平民魂。」而此四者皆非中國所固有，「中國魂」為何？作者云：「吾乃於此四者之外，別求一物焉，為吾國民之特質，吾歷史之骨幹者，字以中國魂，其物維

**84** 壯遊：《國民新靈魂》，《江蘇》第 5 期，1903 年 8 月。
**85** 飛生：《國魂篇》，《浙江潮》第 1 期，1903 年 2 月。

何？曰民族主義者是已。」[86] 作者把民族主義作為「中國魂」的特質，凸顯其擁戴革命派的政治立場。

章太炎在《演說錄》《革命道德說》等文章中把「民族思想」和「愛國愛種的心」視為國民精神中最重要的內容，只有通過「提倡國粹」，要人民了解自己的文化和歷史，「那愛國愛種的心，必定風發泉湧不可遏抑」。[87] 他還提出四項道德規範，即「一曰知恥，二曰重厚，三曰耿介，四曰必信」[88]，作為在國民中培育「民族思想」和「愛國愛種的心」的具體內容。

先進士人非常看重「陶鑄國魂」的重要意義，認為「國魂」是立國之根本、國民之命脈；「陶鑄國魂」是造就合格國民的先決條件，與國運興衰息息相關。蔡鍔說：

靈魂之為物，其重矣。夫國亦猶是耳。苟喪厥魂，即陷滅亡，永墜地獄，沉淪苦海。猶太人之漂泊零丁，印度人之橫遭摧殘，職是之故而已。故欲建造軍國民，必先陶鑄國魂。國魂者，國家建立之大綱，國民自尊自立之種子。其於國民之關係也，如戰陣中之司令官，如航海之指南針，如槍炮之照星，如星辰之北斗。……要之，國魂者，淵源於歷史，發生於時勢，有哲人以鼓鑄之，有英傑以保護之，有時代以涵養之，乃達含弘光大之域。然其得之也，非一日而以漸。其得之艱，則失之也亦匪易。是以

**86** 佚名：《中國魂》，《國民日日報》第 1 期，1903 年 8 月。
**87** 章太炎：《演説錄》，《民報》第 6 期，1906 年 7 月。
**88** 章太炎：《革命道德説》，《章太炎全集》第 4 卷，第 287 頁。

有自國民之流血得之者焉，有自偉人之血淚得之者焉，有因人種天然之優勝力而自生者焉。[89]

許多人還探討了如何重鑄「國魂」的問題，大多主張走中西文化相結合的道路，在保持中國固有之優秀精神傳統的基礎上，吸收世界上其他民族之優長，將二者熔鑄成中華民族新的「國魂」。這就是壯遊《國民新靈魂》一文所說：

上九天下九淵，旁求泰東西國民之粹，囊之以歸，化分吾舊質而更鑄吾新質。……合吾固有，而兼采他國之粹者。[90]

《浙江潮》發表的一篇文章把「陶鑄國魂之法」概括為「三事」，稱：

吾今言陶鑄國魂之法，所當預備者有三事：其一曰察世界之大勢，其二曰察世界今日之關係與中國者奚若，其三曰察中國今日內部之大勢。

此「三事」可歸結為「兩大主義」，即「世界主義」與「國粹主義」，如作者所說：「夫一國國政之進運也，恒不外兩大主義之衝突調和而後成。所謂兩大主義者何？曰世界主義、國粹主義而已。」[91] 也是強調以融合中西文化的辦法來重鑄「國魂」。

在如何重鑄「國魂」、更新民德的問題上，梁啟超講得比較有代表性，他說：

---

**89** 蔡鍔：《軍國民篇》，《蔡鍔集》，第 36-38 頁。

**90** 壯遊：《國民新靈魂》，《辛亥革命前十年間時論選集》第 1 卷下冊，第 572-573 頁。

**91** 飛生：《國魂篇》，《浙江潮》第 1 期，1903 年 2 月。

新之義有二：一曰，淬厲其所本有而新之；二曰，采補其所本無而新之。二者缺一，時乃無功。[92]

梁氏不僅看到從祖國傳統文化精神和其他民族文化精神中汲取精神營養的必要性，而且強調了一個「新」字，即對於國民精神的推陳出新，這正是重鑄「國魂」最本質性的內容。

到五四新文化運動時期，國人對於民族精神的認識和追求達到一個新的高度，突出體現為兩點：

一是用現代觀念深刻反思國民性固有的弊端，激烈抨擊舊傳統、舊思想對國民精神的禁錮。有人撰文批評說：

吾國民數千年來，所行者吾固有之政制，所守者吾固有之文化，而鮮有變通者也。今則由革命而共和矣，吾國民猶若視為舊史上更姓改朝之故事，而一無根本之覺悟，其何以與今日進步之時勢相應哉！[93]

陳獨秀的論述更為尖刻。他痛斥中國封建時代盛行的舊思想、舊文化對中國社會發展的阻滯，指出：

固有之倫理、法律、學術、禮俗，無一非封建制度之遺，持較皙種之所為，以並世之人，而思想差遲，幾及千載；尊重廿四朝之歷史性，而不作改進之圖；則驅吾民於二十世紀之世界以

92 梁啟超：《新民説》第三節《釋新民之義》，《飲冰室合集》專集之四，中華書局 1989 年版，第 5 頁。

93 光升：《中國國民性及其弱點》，《新青年》第 2 卷第 6 號，1917 年 2 月 1 日。

外，納之奴隸牛馬黑暗溝中而已，復何說哉！[94]

他呼籲國人應效法西方文藝復興，開展思想啟蒙運動，以書寫「解放歷史」。陳獨秀對於國民精神的反思具有代表性。

二是高揚科學、民主的旗幟，為國民精神賦予更為鮮明的時代內容。隨著時代的進步，國人對於新時代國民精神的追求更為強烈，思想更為鮮明，把科學、民主視為新時代民族精神的主要內容。這種追求首先由陳獨秀提出：

國人而欲脫蒙昧時代，羞為淺化之民也，則急起直追，當以科學與人權並重。[95]

何謂科學？陳獨秀說：

吾人對於事物之概念，綜合客觀之現象，訴之主觀之理性而不矛盾之謂也。……近代歐洲之所以優越他族者，科學之興，其功不在人權說下，若舟車之有兩輪焉。今且日新月異，舉凡一事之興，一物之細，罔不訴之科學法則，以定其得失從違。……凡此無常識之思維，無理由之信仰，欲根治之，厥維科學。[96]

這是用現代進步思想對科學所作的理論概括。至於民主，則是他在文中所說的「人權」，包括爭取人民在政治、宗教、經濟、女權等四個方面的「解放」，涵蓋了近代民主的基本內容。他說：

**94** 陳獨秀：《敬告青年》，《陳獨秀文章選編》（上），生活・讀書・新知三聯書店 1984 年版，第 75 頁。
**95** 陳獨秀：《敬告青年》，《陳獨秀文章選編》（上），第 78 頁。
**96** 陳獨秀：《敬告青年》，《陳獨秀文章選編》（上），第 77-78 頁。

破壞君權，求政治之解放也；否認教權，求宗教之解放也；均產說興，求經濟之解放也；女子參政運動，求男權之解放也。[97]

總之，經過五四新文化運動的洗禮，國人關於重鑄「國魂」的思想得到新的充實，發展得更為成熟，不僅反映了人們對一種不同於以民族傳統文化為價值取向的民族精神的追求，而且把重鑄「國魂」具體實踐推向更深入的階段，為民國年間中華民族精神的進一步弘揚奠定了堅實的基礎。

**97** 陳獨秀：《敬告青年》，《陳獨秀文章選編》（上），第 74 頁。

# 第十六章
# 「愛國乃天下之盛事大業」

從先秦至明清的千百年間，我國各族人民在保衛祖國、建設家園的偉大鬥爭實踐中鍛造的愛國主義精神，以其巨大的感召力、向心力、凝聚力維繫著中華民族全體成員的意志和信念，成為鼓舞人們不斷開拓進取、上下求索，創造新的文明成就的強大精神動力。鴉片戰爭以後，中國所處的歷史條件發生了天翻地覆的變化，愛國主義在時代動盪、社會變革的熔爐中褪去舊貌，得到重鑄，昇華為近現代愛國主義，並以嶄新的風貌展現於神州大地，鼓舞了中國各族人民進行愛國救亡鬥爭，成為支撐民族精神大廈的中堅力量。

## 第一節 ▶ 從「忠君愛國」到近代愛國主義

自古以來，中華民族就有愛國主義精神的歷史傳統。「忠君報國」「精忠報國」「致君澤民」「天下興亡，匹夫有責」「為國紓難，為君分憂」「先天下之憂而憂，後天下之樂而樂」等格言信條，歷來都是受到讚美的民族優秀品德。但是，愛國主義有古代與近現代的不同，古人所講的「國」，與今人的理解差別甚大。古人所說的「國」，既有一般「國家」的意義，如《孟子·

離婁上》所說「人有恆言，皆曰天下國家」；又有特指某一朝代的意義，如清朝順治帝在詔書中稱：「我國家受天眷佑，肇造東土。」《清史稿・世祖本紀》。還有就是國與君主合一，作「國家即君主」的解釋。這種解釋在秦始皇統一六國、實行中央集權，強化了君主個人權力之後尤其盛行。這些認識在今天看來自有其歷史局限性。古人對「國」的理解最大特點就是把國家等同於君主，體現了封建時代「君權至上」「朕即國家」的政治觀念。既然君主是國家的代表、國家的化身，那麼，忠於君主就等於忠於國家，由此匯出了「忠君報國」思想。「忠君報國」的愛國觀一方面反映了古人對於國家和民族熱愛的精神寄託，凝聚了本國、本民族的民心，哺育出古往今來不知多少勇於為捍衛祖國的利益而流血犧牲的仁人志士；另一方面它又存在著「君國不分」、過分看重君主個人權威的弊端，而這種弊端隨著中國封建社會的發展而被放大，使君權進一步膨脹，強化了君主專制。當中國社會歷史步入近代，傳統愛國主義的局限性便暴露無遺，勢必要發生一番新舊內容的新陳代謝。

在近代，隨著愛國救亡鬥爭的深化與西方思想觀念的輸入，以「君權至上」「朕即國家」為核心內容的傳統國家觀受到挑戰、衝擊，以「民本君末」、尊重民權、「民為國本」為基本內容的近代國家觀、政治觀開始出現。近代仁人志士對「朕即國家」的封建君權思想展開抨擊，並用新的觀念取代之，實現了國家觀念從傳統向近代的歷史性轉變。

早在中日甲午戰爭以前，國人就激烈地譴責西方列強對中國的肆意欺凌，表現出強烈的捍衛國家主權的意識，已經包含了若干近代國家觀念的因素。而近代國家觀念的真正形成則是在中日甲午戰爭以後的戊戌維新運動中。

在戊戌維新運動中，維新派用進化論、民權說對封建主義的君權論、三綱五常思想展開猛烈批判，重新審視了傳統的國家觀念，不再把「國」與「君」相聯繫，而是把「國」與「民」聯繫起來；「國家」不再被視為君主的「私產」，而被看作全體國民的「公產」，「愛國」不等於「忠君」。如嚴復用民權說剝去了加在專制君主頭上的神聖光環，認為君主並不神秘，不過是大家選出來為民辦事的人而已，「是故君也臣也，刑也兵也，皆緣衛民之事而後有也」；虐民君主不是國家的化身，不過是「竊國大盜」而已。他說：「秦以來之為君，正所謂大盜竊國者耳。國誰竊？轉相竊之於民而已。」[1]國、民、王侯將相之間正確的關係應該是：

國者，斯民之公產也；王侯將相者，通國之公僕隸也。[2]

這是嚴復首次用近代思想闡明國家本質的言論。

繼嚴復之後，譚嗣同用民權思想激烈抨擊「君為臣綱」，批評封建統治者提倡的「忠君」是助紂為虐的「愚忠」，指出：

君為獨夫民賊，而猶以忠事之，是輔桀也，是助紂也；……三代以下之忠臣，其不為輔桀助紂者幾希！[3]

1 嚴復：《辟韓》，《嚴復集》第 1 冊，第 34、35 頁。
2 嚴復：《辟韓》，《嚴復集》第 1 冊，第 36 頁。
3 譚嗣同：《仁學》，《譚嗣同全集》（下冊），第 340 頁。

在他看來，人民是國家之本，愛國不等於「忠君」，報國必須為民；離開民而談「忠」，把「忠君」等同於「愛國」，是顛倒了本末。他說：

（忠臣為君）掊克聚斂，竭澤而漁，自命為理財，為報國，如今之言節流者，至分為國為民為二事乎？國與民已分為二，吾不知除民之外，國果何有？無惑乎君主視天下為其囊橐中之私產，而犬馬土芥乎天下之民也。民既擯斥於國外，又安得少有愛國之忱。何也？於我無與也。[4]

嚴復、譚嗣同等人在中國近代史上較早地用近代民權思想大膽地抨擊君權，否定封建君主專制，初步闡明了新的國家理念，為近代國家觀念的形成打下了思想基礎。

至二十世紀初，國人對於近代國家觀念作了更為詳盡的闡發。梁啟超寫了《愛國論》《少年中國說》等文章，闡明自己關於國家的看法，涉及國家的構成、國家的主體、國民的權利、國與民的關係等問題，進一步豐富了新的國家觀念。他說：

國者何？積民而成也。國政者何？民自治其事也。愛國者何？民自愛其身也。故民權興則國權立，民權滅則國權亡。言愛國必自興民權始。[5]

又說：

夫國也者，何物也？有土地，有人民，以居於其土地之人

4　譚嗣同：《仁學》，《譚嗣同全集》（下冊），第 340-341 頁。

5　梁啟超：《新民說・愛國論》。

民，而治其所居之土地之事，自製法律而自守之；有主權，有服從，人人皆主權者，人人皆服從者。夫如是，斯謂之完全成立之國。[6]

梁啟超還提出「國家思想」的概念，強調「國家思想」與「忠君」思想的不同。他說：

兩者性質不同，而其大小輕重，自不可以相越，故法王路易第十四「朕即國家也」一語，至今以為大逆不道，歐美五尺童子聞之莫不唾罵焉。

他認為，「忠」的完整意義是忠於國家，而非是「忠君」：

吾中國相傳天經地義，曰忠曰孝，尚矣。雖然，言忠國則其義完，言忠君則其義偏。[7]

如果說嚴復、梁啟超等人的國家觀與爭取實現君主立憲的政治目標相聯繫，那麼，以孫中山為首的革命派則把「創立民國」作為自己的奮鬥綱領，提出建立民主共和國的國家思想，在國家觀方面比維新派更勝一籌。他們所嚮往的「民國」完全否定了君權，實行民主共和制度，設議會、行憲法，總統由國民選舉產生，是新型的現代國家。孫中山對「創立民國」作了這樣的解釋，說：

今者由平民革命以建國民政府，凡為國民皆平等以有參政權。大總統由國民公舉。議會以國民公舉之議員構成之。制定中

6 梁啟超：《少年中國說》。
7 梁啟超：《新民說・論國家思想》。

華民國憲法，人人共守。敢有帝制自為者，天下共擊之！[8]

康有為、梁啟超等維新派和以孫中山為首的革命派所追求的國家體制、國家模式儘管有所區別，但都是以現代化的國家結構為其實質內容的。他們的以上論述劃清了「朝廷」與「國家」「忠君」與愛國的界限，對於國家作了新的解釋，成為傳統愛國主義昇華為近代愛國主義的認識起點。正如時人所說：

然則今之愛國觀念，非昔之愛國觀念；而今之支那，亦非昔之支那。蓋其愛國觀念一變，而支那亦因之而變，於是演成二十世紀之支那。[9]

「愛國主義」一詞在二十世紀初已經出現。成立於一九〇三年五月的軍國民教育會就把「養成尚武精神，實行愛國主義」[10]作為自己的宗旨。一九〇五年六月，宋教仁、黃興等創辦的《二十世紀之支那》則把「愛國主義」寫在自己的宣言中：

吾人將以正確可行之論，輸入國民之腦，使其有獨立自強之性，而一去其舊染之汙，與世界最文明之國民，有同一程度，固得以建設新國家，使我二十世紀之支那，進而為世界第一強國，是則吾人之主義，可大書而特書曰：愛國主義。[11]

---

8 孫中山：《中國同盟會革命方略》，《孫中山全集》第 1 卷，第 297 頁。

9 衛種：《二十世紀之支那初言》，《辛亥革命前十年間時論選集》第 2 卷上冊，生活・讀書・新知三聯書店 1978 年版，第 64 頁。

10 楊天石、王學莊編：《拒俄運動：1901—1905》，中國社會科學出版社 1979 年版，第 116 頁。

11 衛種：《二十世紀之支那初言》，《辛亥革命前十年間時論選集》第 2 卷上冊，第 63 頁。

而在當時，人們表達愛國主義使用更多的還是「愛國心」「國魂」「民魂」「國民元氣」等體現時代語言特點的詞彙。許多進步人士通過著書立說、發表演說闡明愛國，呼喚救亡，使愛國主義思潮如潮卷浪湧，磅礴於全國，成為近代中國最為激勵人心的精神力量。

## 第二節 ▶ 維新志士的「保國」情懷

爆發於一八九四年的中日甲午戰爭以及戰後出現的空前嚴重的民族危機，對於刺激國人的愛國主義激情有著特殊的意義。梁啟超曾說：「甲午以前，吾國之士夫，憂國難，談國事者，幾絕焉。自中東一役，我師敗績，割地償款，創巨痛深，於是慷慨愛國之士漸起，謀保國之策者，所在多有。非今優於昔也。昔者不自知其為國，今見敗於他國，乃始自知其為國也。」[12] 可見由於甲午戰敗而產生亡國亡種的民族危機感，對中國人震動之大。其間，康有為、梁啟超等維新志士，為了挽救民族危亡，毅然發動愛國救亡運動，對國人開展「保國、保種、保教」的宣傳，用愛國精神感染了國人的思想。中國近代愛國主義精神，遂受此影響而得到極大的發展。

### 一、用民族危亡喚醒國人的愛國意識

12 梁啟超：《愛國論》，《飲冰室合集》文集之三，第 67 頁。

用民族危亡喚醒國人的愛國意識，是中日甲午戰爭後維新派宣傳愛國思想的一個重要方面，也是他們從事變法活動的重要起點。

一八九五年初，當志在報國的康有為、梁啟超等人聽到中日簽訂喪權辱國的《馬關條約》噩耗時，立即聯合在京應試舉子發起「公車上書」，向朝廷遞上《上清帝第二書》。康有為在書中痛陳這個條約給中國帶來的危害：「竊以為棄臺民之事小，散天下民之事大，割地之事小，亡國之事大，社稷安危，在此一舉。」[13] 除了力陳國勢危機之外，康有為還提出了應急對策，當此危局，自皇帝至庶民，必須臥薪嚐膽，改變不思進取、夜郎自大的陳腐思想，變法圖強。他說：

> 竊以為今之為治，當以開創之勢治天下，不當以守成之勢治天下；當以列國並立之勢治天下，不當以一統垂裳之勢治天下。蓋開創則更新百度，守成則率由舊章；列國並立則爭雄角智，一統垂裳則拱手無為。[14]

一八九八年康有為在保國會第一次集會上，把中國在強鄰進逼下岌岌可危的險境說得更為深切，稱：

> 吾中國四萬萬人，無貴無賤，當今一日在覆屋之下，漏舟之中，薪火之上，如籠中之鳥，釜底之魚，牢中之囚，為奴隸，為

13 康有為：《上清帝第二書》，湯志鈞編：《康有為政論集》（上冊），中華書局 1981 年版，第 114 頁。

14 康有為：《上清帝第二書》，《康有為政論集》（上冊），第 122 頁。

牛馬，為犬羊，聽人驅使，聽人宰割，此四千年中二十朝未有之奇變。[15]

他號召國人起來救亡，對士大夫尤寄予厚望：「故鄙人不責在上而責在下，而責我輩士大夫，責我輩士大夫義憤不振之心，故今日人人有亡天下之責，人人有救天下之權者。」[16] 正是本於這種天下興亡匹夫有責的精神，他闡明了保國會的宗旨：

故今日之會，欲救亡無他法，但激厲其心力，增長其心力，念茲在茲，則爝火之微，自足以爭光日月。基於濫觴，流為江河，果能四萬萬人，人人熱憤，則無不可為者，奚患於不能救。[17]

值得注意的是，維新派此時的愛國救亡主張與新輸入的西方進化論結合起來，帶有新的時代特點。一八九五年初，嚴復在《原強》一文中首先介紹了達爾文進化論，並以此論闡述了中國的民族危機，他說：

物競者，物爭自存也；天擇者，存其宜種也。意謂民物於世，樊然並生，同食天地自然之利矣。然與接為搆，民民物物，各爭有以自存。其始也，種與種爭，群與群爭，弱者常為強肉，

15 康有為：《京師保國會第一集演説》，《康有為政論集》（上冊），第 237 頁。
16 康有為：《京師保國會第一集演説》，《康有為政論集》（上冊），第 240 頁。
17 康有為：《京師保國會第一集演説》，《康有為政論集》（上冊），第 241 頁。

愚者常為智役。[18]

後來，他在《天演論》一文中，對這種理論闡釋得更加清楚：

以天演為體，而其用有二：曰物競，曰天擇。此萬物莫不然，而於有生之類為尤著。物競者，物爭自存也。以一物以與物物爭。或存或亡，而其效則歸於天擇。天擇者，物爭焉而獨存。……天擇者，存其最宜者也。[19]

在他看來，「物競天擇」「適者生存」「優勝劣汰」「弱肉強食」等進化論原則，不僅適合於生物界，同樣適用於人類社會：「動植如此，民人亦然。民人者，固動物之類」[20]。這種觀點自然存在謬誤與缺陷，但它畢竟適應了當時國人不甘沉淪、奮發圖強的共同心理需求，得到廣泛的傳播，給維新派的愛國救亡宣傳增添了時代色彩。

愛國主義精神是中華民族的優秀歷史傳統。每到國家危難之時，總有一批滿懷救國熱情的愛國志士起來奔走國事。自鴉片戰爭之後，有識之士留下大量表達愛國主義情懷的雄文佳構，而在甲午戰爭以後，國人的愛國情感因民族危機的空前加深而進入了新的階段。維新志士憤於列強進逼，國家積貧積弱，積極探索愛國救亡之道，走在了時代前列。

---

**18** 嚴復：《原強》，《嚴復集》第 1 冊，第 16 頁。
**19** 嚴復：《天演論》，《嚴復集》第 5 冊，第 1324 頁。
**20** 嚴復：《天演論》，《嚴復集》第 5 冊，第 1324 頁。

## 二、對強國之道的新探索

維新志士的愛國思想不僅表現在疾呼救亡圖存、喚醒國人愛國意識方面，而且還表現在對強國之道的探索，提出通過變法改制，發展資本主義經濟、政治和文化等新事業，使中國走上富國強兵的道路，為愛國主義注入了充實的內容。

首先，維新志士對現存的封建制度進行了深入的反思和批判，認為中國實行的君主專制制度導致國家上下隔絕、民情不通，嚴重地壓抑了人民的積極性、創造性，用康有為的話說是「夫中國大病，首在壅塞，氣鬱生疾，咽塞致死」[21]。維新派以近代民主思想激烈抨擊了封建專制主義及綱常名教。譚嗣同批評封建統治者提倡的「忠君」思想是「助紂為虐」，指斥「君為獨夫民賊，而猶以忠事之，是輔桀也，是助紂也」[22]。譚嗣同對綱常名教的抨擊尤為猛烈，斥責「二千年來，君臣一倫，大為黑暗否塞，無複人理」。尤其深刻的是，譚嗣同從歷史根源上對「民主君僕」「主權在民」「以民設君」等早期民權思想作了闡述，認為「生民之初，本無所謂君臣」，「皆民也」；以後「民不能相治，亦不暇治」，「於是共舉一民為君」；既是「共舉」，那麼就應「民擇君」，而不是「君擇民」，由此得出「君末也，民本也」的結論。[23] 在此基礎上，他發出了「沖決君主之網羅」「沖決倫

21 康有為：《上清帝第二書》，中國史學會主編：《戊戌變法》第 2 卷，上海人民出版社、上海書店出版社 2000 年版，第 152 頁。

22 譚嗣同：《仁學》，《譚嗣同全集》（下冊），第 340 頁。

23 譚嗣同：《譚嗣同全集》（下冊），第 339 頁。

常之網羅」的正義吶喊。

其次，鼓吹實行澈底的「變法」，強調變法圖強刻不容緩。康有為清醒地認識到，在列強紛爭、弱肉強食的時代，中國欲保全自己，唯有自強不息。他在寫給光緒帝資政參考的五個國家的「政變記」中，就分別選取了波蘭、俄國、日本、法國、土耳其等五國興衰歷史，作為中國改革的正反借鑒，即俄國、日本實行改革，嘗到「變政」致強的善果，而土耳其、波蘭則不求進取，導致國力衰落、國將不國的結局。此時的中國同樣面臨被「瓜分」的危險。在這個問題上，日本和俄國都可作為中國效法的榜樣，而土耳其和波蘭則為中國提供了反面教材。無怪康有為在《上清帝第五書》中一再呼籲朝廷要「擇法俄、日以定國是」。到德國強租膠州灣、列強掀起瓜分中國狂潮之際，康有為疾呼，中國「能變則全，不變則亡。全變則強，小變仍亡」[24]，發出了「變法」的時代強音。

針對守舊派發出「祖宗之法不可變」的責難，康有為據理以駁：「祖宗之法，以治祖宗之地也，今祖宗之地不能守，何有於祖宗之法乎？」[25] 他認為天下萬物無不處於變化之中，變化乃「物之理也」。那些標榜維護「祖宗之法」而不知變化的觀點，「固已誣祖宗矣」[26]。作為乃師的追隨者，梁啟超在維新變法時

24 康有為：《上清帝第六書》，《康有為政論集》（上冊），第 211 頁。
25 《康南海自編年譜》，中國史學會編：《戊戌變法》第 4 冊，第 140 頁。
26 康有為：《上清帝第六書》，《康有為政論集》（上冊），第 212 頁。

期撰寫了大量的文章疾呼變法，認為，天地之間沒有什麼東西不變化的，從自然界到人類社會，無不在變化之中，稱：

貢助之法變為租庸調，租庸調變為兩稅，兩稅變為一條鞭；並乘之法變為府兵，府兵變為彍騎，彍騎變為禁軍；學校升造之法變為薦辟，薦辟變為九品中正，九品變為科目。上下千歲，無時不變，無事不變，公理有固然，非夫人之為也。[27]

在他看來，世上沒有不變之物，因而「祖制」也該「應時而變」。能夠審時度勢而變的，則為「新王」，因循守舊者則「不可收拾」。因此，梁啟超提出了維新派關於變法的基本觀點，即「變者古今之公理」[28]。

再次，學習西方國家發展經濟的辦法和政治制度，如君主立憲制度、議會制度等。維新派認為，國家要想富強，就必須學習西方國家發展經濟的辦法，鼓勵發展工商業，廢除科舉制度，開展科學教育，培育建設人才。除此以外，還必須實行政治改革，提倡民權，設立議會，誠如有識者所論：「上自君主，下自搢紳，皆得演說機要，互相辯論，國有大事，尤於此定其操縱之權，雖君主不得而相強，而君民之間，仍複浹洽……以故國家無決難之疑，言路無壅蔽之患。」[29] 通過政治改革來保障發展資本

27 梁啟超：《變法通議自序》，中國史學會編：《戊戌變法》第 3 冊，第 11 頁。

28 梁啟超：《變法通議自序》，中國史學會編：《戊戌變法》第 3 冊，第 11 頁。

29 趙而霖：《開議院論》，中國史學會編：《戊戌變法》第 3 冊，第 195 頁。

主義經濟，這是維新派思想認識的一大進步。

維新派關於限制君權、伸張民權方面的論述較為深刻，也能體現他們在國家本質的問題上初步擺脫了封建政治觀念的束縛，採取了新的近代國家觀。他們把中國貧弱的根源歸咎於君權獨尊和民權不伸，稱：「君權日益尊，民權日益衰，為中國致弱之根原。」[30] 主張限制君權，賦予人民更多權利。梁啟超說：「今之策中國者，必曰興民權，興民權斯固然矣。然民權非可以旦夕而成也。權者，生於智者也。」他以湖南為例說：「不欲湖南之自保則已耳，苟其欲之，則必使六十餘州縣之風氣，同時並開，民智同時並啟，人才同時並成，如萬毫齊力，萬馬齊鳴，三年之間，議論悉變，庶幾有濟。」某種程度上，維新派所「伸」的民權，其實是紳權，這是因為民間的搢紳熟悉民情，有利於打破上下隔閡的局面，所以「欲興民權，宜先興紳權」[31]。

維新派的民權思想貫穿著近代國家理念，強調了平等、自由的原則。維新派從「人類公理」「天賦人權」的思想出發，論述了「人人皆平等」是天然合理的。梁啟超說：「人權者，出於天授者也。故人人皆有自主之權，人人皆平等。」[32] 樊錐也說：「天之於生，無非一也，一也者，公理焉。公理也者，平等焉。」[33] 除了鼓吹「平等」外，維新派還大力宣傳「自由」。梁啟超指出：

**30** 梁啟超：《西學書目表後序》，《飲冰室合集》文集之一，第 128 頁。
**31** 梁啟超：《論湖南應辦之事》，《飲冰室合集》文集之三，第 41、43 頁。
**32** 梁啟超：《國家思想變遷異同論》，《飲冰室合集》文集之六，第 19 頁。
**33** 樊錐：《發錮》，《樊錐集》，中華書局 1984 年版，第 13 頁。

「人也者，生而有平等之權，即生而當享自由之福，此天之所以與我，無貴賤一也。」[34] 嚴復進一步提出「以自由為體，以民主為用」的主張，強調實行「自由」的重要性。他說：「彼西人之言曰：唯天生民，各具賦畀，得自由者乃為全受。故人人各得自由，國國各得自由，第務令毋相侵損而已。」[35] 在他看來自由是民主的基礎。此外，嚴復還認為，民眾能否享有個人的自由，是民主制度能否建立的基石。他說：「然政欲利民，必自民各能自利始；民能各能自利，又必自皆得自由始；欲聽其皆得自由，尤必自其各能自治始；反是且亂。」[36] 維新派還對自由的內容進行了闡述。嚴復在《原強》《論世變之亟》等文章中，提出的自由就包括言論自由、人身不受侵犯和保護私有財產自由等。

嚴復還把提倡自由與提高國民素質問題結合起來，提出以「民力、民智、民德」作為衡量一個國家（民族）強弱的標準。對於積弊深重的中國，民力窮困，民智未開，民德墮落，欲自強者，首先就要改變這種狀況「今日要政，統於三端：一曰鼓民力，二曰開民智，三曰新民德」[37]，此三者為「自強之本」。他還說過：「今夫國者非他，合億兆之民以為之也。國何以富？合億兆之財以為之也。國何以強？合億兆之力以為之也。」[38]一國

**34** 梁啟超：《論學術之勢力左右世界》，《飲冰室合集》文集之六，第 112 頁。

**35** 嚴復：《論世變之亟》，《嚴復集》第 1 冊，第 3 頁。

**36** 嚴復：《原強修訂稿》，《嚴復集》第 1 冊，第 27 頁。

**37** 嚴復：《原強修訂稿》，《嚴復集》第 1 冊，第 27 頁。

**38** 《原富》按語，《嚴復集》第 4 冊，第 917 頁。

之民的優劣，對於國家的強弱有直接的影響：「貧民無富國，弱民無強國，亂民無治國。」[39] 這些充滿剛健、自強精神的話語，對於憂患深重的中國人的確具有振聾發聵的效應，影響了一代又一代的中國人。通過提高國民素質、強壯國民來「強國」，正體現了維新志士對於祖國的深情厚愛。而嚴復的這一思考，可謂未雨綢繆，先人一籌。

## 三、為變法強國而奮鬥獻身

維新志士不僅用新的思想觀念鼓吹愛國救亡思想，努力探索變法強國之路，而且以捨生忘死的大無畏精神積極參與了戊戌變法的政治實踐，在中國近代史上留下悲壯的一頁。尤其為變法而獻身的譚嗣同等人，在守舊勢力的淫威面前，臨危不懼，視死如歸，以犧牲個人而殉難變法強國的政治理想，成為近代中國愛國主義精神弘揚的典範。

戊戌變法雖然只有短短一百多天，但卻是維新志士正式登上政治舞臺施展抱負的一次機會。毫無疑問，康有為是這次變法的核心，變法中的很多諭旨都是出自他的手筆，因此可以說，康有為是戊戌變法的靈魂。在變法過程中，其他的維新志士也扮演了重要的角色。梁啟超被賞六品卿銜，轉辦譯書局事務。楊銳、劉光第、譚嗣同和林旭被賞四品卿銜，擢為軍機章京，參與新政。變法觸動了朝中權貴的利益，他們爭取了慈禧太后的支持，於



39 嚴復：《原強修訂稿》，《嚴復集》第 1 冊，第 25 頁。

一八九八年九月二十一日發動政變。主張變法的光緒皇帝淪為階下囚，慈禧太后宣佈訓政，並下令逮捕康有為、林旭等。在英國和日本的幫助下，康有為和梁啟超分別得以逃脫。譚嗣同拒絕出逃，他表示：「各國變法，無不從流血而成，今中國未聞有因變法而流血者，此國之所以不昌也。有之，請自嗣同始。」[40] 臨刑時，他更是從容吟誦一首絕命辭：「有心殺賊，無力回天，死得其所，快哉快哉。」這種可歌可泣的悲壯結局，一方面昭示著維新志士為了變法圖強而不惜拋頭顱的愛國情懷，另一方面也給了後來的愛國志士啟發，使那些抱有與清政府合作幻想的人們清醒，使不少愛國志士走上革命的道路。

## 第三節 ▶ 同盟會員的救國豪情

二十世紀初，面對東西方列強的瓜分危機，隨著自由、民主思想傳播，中國愛國志士把救亡圖存同民主共和、民族主權學說結合在一起，為愛國主義思想注入了新內容。他們顛覆了中國傳統的「忠君愛國」觀念，使推翻帝制、建立共和的思想深入人心。其領導人孫中山以充沛的愛國精神，為中華民族的未來描繪了一幅繁榮富強的藍圖，呼出了「振興中華」的時代強音。在這一愛國思想的引導下，革命志士，不懼艱險，毅然起義，愈挫愈奮，表現出為國家和民族慷慨赴死、捨身成仁的革命豪情。

40 梁啟超：《譚嗣同傳》，《戊戌變法》第 4 冊，第 53 頁。

## 一、愛國主義理念的昇華

從一九〇〇年到一九〇四年，革命黨人提出的民族主權、民主建國的思想在中國廣泛傳播，打破了過去「朕即國家」的封建國家思想構架。陳天華在《論中國宜改創民主政體》一文中說：

（清政府）攘之以民族之公，而行其私，君主專制政弊，而不能久存也。而現虎視鷹瞵環於四鄰者，其為優勝百倍滿蒙奈何耶。且以一民族形成國家，其間至平等耳，欲以一人擅神聖不犯之號，以一姓專國家統治之權，以勢以情殆皆不順。[41]

革命志士把民族主義、民族革命同資產階級自由、平等、民主共和的觀念結合在一起。汪兆銘在《民族的國民》一文中認為：「蓋民族的國家其特質有二：一曰平等……二曰自由……若同一民族則艱難締造，同瘁心力。」[42] 孫中山把民族、民主思想同中國的實際相結合，提出三民主義。三民主義就是以孫中山為首的革命黨人的救國方針。孫中山說：

三民主義既是救國主義，試問我們今日中國是不是應該要救呢？如果是認定應該要救，那麼便應信仰三民主義。信仰三民主義便能發生出極大勢力，這種極大勢力便可以救中國。[43]

41 陳天華（署名思黃）：《論中國宜改創民主政體》，《民報》1905 年第 1 期，第 41 頁。

42 汪兆銘：《民族的國民》，《民報》1905 年第 1 期，第 3 頁。

43 孫中山：《三民主義・民族主義》第一講，嶺南文庫編輯委員會、廣東中華民族文化促進會合編：《孫中山文粹》（下卷），廣東人民出版社 1996 年版，第 725 頁。

一九〇五年八月，孫中山聯合光復會、華興會、科學補習所的成員，組建了中國同盟會，把「驅除韃虜，恢復中華，創立民國，平均地權」十六字作為同盟會的綱領。一九〇五年十二月，孫中山在《民報》發刊詞中，將十六字綱領進一步概括為「三民主義」。他說：「餘維歐美之進化，凡以三大主義：曰民族，曰民權，曰民生。」[44] 一九〇六年孫中山在《民報》創刊周年慶祝大會的演說中進一步闡釋了三民主義。以後，他在許多文章和講話中提到三民主義，不斷完善了他的民族與國家思想。孫中山關於民族與國家的思想，是革命派志士愛國主義思想的集中體現。

孫中山認為「民族」是個自然形成的理念，稱：「譬如一個人，見著父母總是認的，決不會把他當做路人，也決不會把路人當作父母；民族主義也是這樣，這是從種性發出來的，人人都是一樣的。」[45] 民族與國家不同，「民族是由於天然力造成的，國家是用武力造成的」[46]。漢族是世界上人口最多的民族，卻受到滿族貴族的壓制，因此「定要撲滅他（滿洲）的政府，光復我們的國家」[47]。中國的問題只有民族革命還不能解決，還要實行政治革命。孫中山說：「中國數千年來都是君主專制政體，這種政

---

**44** 孫中山：《〈民報〉發刊詞》，《孫中山全集》第 1 卷，第 288 頁。

**45** 孫中山：《在東京〈民報〉創刊周年慶祝大會的演説》，《孫中山全集》第 1 卷，第 324 頁。

**46** 孫中山：《三民主義・民族主義》第一講，嶺南文庫編輯委員會、廣東中華民族文化促進會合編：《孫中山文粹》（下卷），第 727 頁。

**47** 孫中山：《在東京〈民報〉創刊周年慶祝大會的演説》，《孫中山全集》第 1 卷，第 325 頁。

體不是自由平等的國民所堪受的」[48]，也不能使中華民族避免「復被外人侵入」[49]。因此民族革命和民主革命應該「並行」，說：

我們推翻滿洲政府，從驅除滿人那一面說是民族革命，從顛覆君主政體那一面說是政治革命，並不是把來分作兩次去做。講到那政治革命的結果，是建立民主立憲政體。照現在這樣的政治論起來，就算漢人為君主，也不能不革命。[50]

為實現民權，建立共和，孫中山提出權能分離的主張，「講到國家的政治，根本上要人民有權；至於管理政府的人，便要付之於有能的專門家」[51]，借權能分離的政治體制實現人民的自由和平等。有感於資本主義社會造成的貧富差距，孫中山擔心「假如他日全國改良，那地價一定跟著文明日日漲高」，「富者日富，貧者日貧」[52]，從而提出民生主義、平均地權的主張。

孫中山認為，民族、民主革命的勝利必將把中國從被列強瓜分的處境中解放出來，從而使中國成為一個獨立富強的國家。他

**48** 孫中山：《在東京〈民報〉創刊周年慶祝大會的演説》，《孫中山全集》第 1 卷，第 325 頁。
**49** 孫中山：《在東京〈民報〉創刊周年慶祝大會的演説》，《孫中山全集》第 1 卷，第 325 頁。
**50** 孫中山：《在東京〈民報〉創刊周年慶祝大會的演説》，《孫中山全集》第 1 卷，第 325 頁。
**51** 孫中山：《三民主義・民權主義》第五講，嶺南文庫編輯委員會、廣東中華民族文化促進會合編：《孫中山文萃》（下卷），第 902 頁。
**52** 孫中山：《在東京〈民報〉創刊周年慶祝大會的演説》，《孫中山全集》第 1 卷，第 328 頁。

說：

列強各國對中國有兩種互相衝突的政策：一是主張瓜分中國，開拓殖民地；另策是潛伏著危險與災難的，俄國在滿洲殖民地的情況已表明了這一點。對於執行後一種政策的人，我們敢大膽預言：只要現政府存在，他們的目標便不可能實現。滿清王朝可以比作一座即將倒塌的房屋，整個結構已從根本上澈底地腐朽了……必須以一個新的、開明的、進步的政府來代替舊政府。這樣一來，中國不但會自力更生，而且也就能解除其他國家維護中國的獨立與完整的麻煩。[53]

孫中山還認為，

一旦我們革命新中國的偉大目標得以完成，不但在我們的美麗的國家將會出現新紀元的曙光，整個人類也將得以共用更為光明的前景，普遍的和平將隨中國的新生接踵而至。一個從來想不到的宏偉場所，將要向文明世界的社會經濟活動而敞開。[54]

在鎮南關起義前，孫中山曾對起義士兵說過這樣一段話：

同全國同胞一起把滿清皇帝民賊推翻，建立新的富強的共和國，四萬萬同胞都成為國家的主人翁，享受獨立自由之幸福，外國人不敢欺侮我地了，大家都有田地耕種了！[55]

這段話是孫中山對當時革命黨人形成的愛國理念所作的概

**53** 孫中山：《中國問題的真解決》，《孫中山全集》第1卷，第254頁。
**54** 孫中山：《中國問題的真解決》，《孫中山全集》第1卷，第255頁。
**55** 孫中山：《在鎮南關對起義士兵的演說》，陳旭麓、郝盛潮主編：《孫中山集外集》，上海人民出版社1990年版，第41-42頁。

括。

推翻清朝統治，建立民主共和制政府，進而實現民族獨立，這是辛亥革命時期以孫中山為代表的革命黨人提出的挽救民族危亡之路。這樣的革命思想充滿了改造中國、振興中華的豪情壯志。同康有為把民權立憲思想寓藏於「公羊三世」說的故紙堆中不同，同盟會員喊出了平等、自由的口號，提出了建立民主共和制政府的革命目標，顯然超越了前者。同維新派寄希望於清廷實行「開明」統治，把民族危亡歸咎於「太后、榮祿一二人之罪」[56]不同，革命志士把推翻清朝統治，結束中國兩千年帝制，實現對國家的革命改造作為奮鬥目標，推進了中國歷史的發展。

## 二、氣貫長虹的愛國豪情

在孫中山等革命志士充滿理想、希望的愛國理念鼓舞下，為推翻清政府，救民族於水火，同盟會員及其他革命志士進行了一系列艱苦鬥爭，表現出催人淚下的崇高精神，為近代中國愛國主義精神的弘揚增添了新的光彩。

以孫中山為首的中國同盟會從成立伊始，就走上了武裝鬥爭的革命道路，發動和組織了一系列武裝起義。一九〇六年，劉道一領導萍瀏醴起義，但由於缺乏有效的組織領導，起義失敗。一九〇七年，孫中山參與組織了黃岡起義，起義失敗後，革命黨人

**56** 康有為：《辨革命書》，《辛亥革命前十年間時論選集》第 1 卷（上），三聯書店 1960 年版，第 215 頁。

被迫逃亡香港。黃岡起義爆發後，同盟會員鄧子瑜等在惠州七女湖發動起義，以回應黃岡起義。得知黃岡起義失敗的消息後，鄧子瑜怕「彈藥缺乏，勢難持久」，「將槍械埋於地下，然後宣佈解散」。[57] 同年七月二十四日，同盟會在防城領導起義，起義軍一度占領防城，並發佈《告粵省同胞文》，隨後「近圖靈山，以所約不至，退歸十萬大山」[58]。從一九〇五年到一九〇八年五月，孫中山、黃興等人接連發動了多次起義，旋起旋滅，屢受挫折。但是，這些挫折並沒有擊垮革命者的反清意志，反而激發了他們為民主共和獻身的精神，使他們吸取失敗的教訓，把活動的重點轉向爭取清朝新軍反正方面。論者認為：「這種把策劃武裝起義的運動重點轉移到正式軍隊、特別是新軍方面來，在辛亥革命準備時期內，無疑是一個重要的進步。」[59] 一九一〇年同盟會員倪映典在廣州新軍發動廣州起義，不幸失敗。作為廣州新軍起義的繼續，同年四月二十七日（農曆三月二十九日），同盟會組織領導了其自成立以來規模和影響最大的「三二九」起義，血染羊城，感天動地，清廷為之震撼。

除同盟會直接領導的起義外，一九〇七年光復會成員徐錫麟等在安徽發動起義。一九〇八年十一月十九日在西太后死後第四

57 馮自由：《丁未惠州七女湖革命軍實錄》，《革命逸史》第五集，中華書局 1981 年版，第 102 頁。

58 鄒魯：《中國國民黨史稿第三篇》，商務印書館民國 27 年（1938）年版，第 734 頁。

59 金沖及、胡繩武：《辛亥革命史稿：第二卷中國同盟會》，上海人民出版社 1985 年版，第 340 頁。

天，在同盟會的影響和幫助下，熊成基在安慶領導新軍起義。隨著各種革命條件的成熟，一九一一年革命士兵發動了武昌起義，趕走清朝湖廣總督，把勝利的旗幟插在武昌城頭。起義者隨即擴大戰果，連絡宣佈反清的各省代表，成立了中華民國臨時政府，推舉孫中山為臨時政府第一任大總統。未久清帝被迫宣佈退位。以孫中山為首的革命派聯合其他反清力量，終於完成了推翻清朝統治的歷史使命，初步實現了辛亥革命的目標。

在這些起義中，同盟會、光復會等革命組織成員表現出為革命、為國家不惜拋頭顱、灑熱血的革命豪情，永垂千古，激勵後人。

光復會員徐錫麟刺殺安徽巡撫恩銘，發動起義，不幸被捕，受盡酷刑。他視死如歸，臨刑前對人說：「功名富貴，非所快意，今日得此，死且不憾矣。」[60] 磊落的志士豪情躍然紙上。在另一次起義中被捕的湖南同盟會分會負責人禹之謨，在獄中受盡酷吏折磨，仍頑強不屈，「刑十餘日取供，始於針刺指甲，繼倒懸之，熏椒煙於其口鼻，之謨仍不屈」，「再四刑訊，斷指割舌，身無完膚」。[61] 體無完膚尤罵敵不止。廣州起義的參加者表現出的革命精神尤其感人。

廣州「三二九」起義之前，起義志士就做好了為革命獻身的準備，他們留下的家書，今日讀來，仍然讓人心潮澎湃。黃興在

60 馮自由：《革命逸史》第二集，中華書局 1981 年版，第 205 頁。
61 馮自由：《革命逸史》第二集，第 171 頁。

廣州起義前書寫下這樣的豪言壯語：「丈夫不為情死，不為病死，當為國殺賊而死。」[62] 從這句壯語中看出黃興為國獻身的崇高精神。方聲洞在留給父親的家書中說：

> 適者海內外諸同志共謀起義，以撲滿政府，以救祖國；祖國之存亡在此一舉。事敗則中國不免於亡，四萬萬人皆死，不特兒一人；如事成則四萬萬人皆生，兒雖死亦樂也。只以大人愛兒切，故臨死不敢不為稟報，但望大人以國事為心，勿傷兒之死，則幸甚矣！[63]

這封家書，字字鏗鏘，表現了烈士為國家民族慷慨赴死的決心。烈士林覺民，在起義前寫給妻子的信中，表現一個革命者以天下為己任的責任感，他說：

> 吾充吾愛汝之心，助天下愛其所愛，所以敢先汝而死，不顧汝也。汝體吾此心，於悲啼之餘，亦以天下人為念，當亦樂犧牲吾身與汝身之福利，為天下人謀永福也。[64]

這些起義者都有自己的親人妻兒，大都有一個美滿的家庭，如果不參加革命，也許幸福一生，但在革命的緊要關頭，他們卻毫不猶豫地選擇了為救國獻身而犧牲了個人小家利益，抱定了殺身成仁的決心，義無反顧地走向殺敵戰場。方聲洞的妻子這樣回

62 胡漢民：《胡漢民自傳》，丘權政、杜春和選編：《辛亥革命史料選輯》（上），湖南人民出版社 1981 年版，第 200 頁。

63 方聲洞：《赴義前別父書》，蕭平編：《辛亥革命烈士詩文選》，中華書局 1962 年版，第 167 頁。

64 林覺民：《與妻書》，選自蕭平編：《辛亥革命烈士詩文選》，第 171 頁。

憶說：

有了孩子，我們的小家庭生活更溫暖，更幸福了。可是，儘管如此，聲洞卻總是對我流露出一種歉然的心情，往往無緣無故地說出「真對不起你」這樣的話來。我當時不明白他為什麼如此，後來才懂得，這是因為他已經抱定革命獻身的精神。[65]

如果沒有對祖國深厚的熱愛之情，在歷史變革的關鍵時刻，是不會做出此種選擇的。

在革命大潮中，一群女性革命者也為救國做出了傑出貢獻，表現出不畏艱險、慷慨赴義的革命豪情。這其中最有名氣的當數秋瑾。秋瑾是辛亥革命時期的著名革命家、中國早期婦女運動先驅，發表過《警告我同胞》《普告同胞檄稿》《敬告姊妹們》等影響重大的政論文章，並長於詩詞，創作了大量膾炙人口的進步詩歌，享譽近代詩壇。一九〇七年秋瑾等人發動起義，不幸被捕，遭到清朝當局的嚴刑審訊。

貴福命山陰知縣李鐘岳提審，秋瑾「堅不吐供」，只書「秋雨秋風愁煞人」七字。貴福以李氏不肯用刑，又改派其幕友余某嚴訊，瑾仍只云「論說稿是我所做，日記手摺亦是我物，革命黨之事不必多問」，咬牙閉目，忍受酷刑。余某等均無計可施，只得偽造供詞，強捺指印結案。[66]

**65** 王穎：《憶聲洞》，政協全國委員會文史資料研究會編：《辛亥革命回憶錄》第一集，中華書局 1961 年版，第 620 頁。

**66** 郭延禮：《秋瑾年譜》，齊魯書社 1983 年版，第 113-114 頁。

就義前，秋瑾在《致徐小淑絕命辭》中說：「雖死猶生，犧牲盡我責任，即此永別，風潮取彼頭顱。壯志猶虛，雄心未渝，中原回首腸堪斷。」[67] 表現出視死如歸的革命氣節。秋瑾是辛亥革命女英雄中的傑出代表人物。

革命派的反清鬥爭除發動起義外，還組織暗殺活動，以震懾清廷。雖然暗殺活動不是反清鬥爭的主要形式，不為孫中山等人所倡導，但這些行為同樣體現了革命志士勇於獻身的愛國精神。一九〇六年，革命黨人楊卓霖久蓄救國救民之志，據記載：

楊卓霖，革命黨，從政治革命閱歐史。法國盧梭云：不自由，毋寧死。佛家云：眾生一日不出地獄，即餘一日不出地獄。白種迫我黃種，卓心保存黃種之議，百年史家評論。[68]

當他在南京刺殺兩江總督端方失敗被捕後，大義凜然，義斥清吏。就義前楊卓霖「嘗請其友傅熊湘，寄言其母，溫問有加，不知母逝世已久，未知告也」[69]。

一九一一年革命黨人溫生才在廣州刺殺廣州將軍孚琦，巡警尾之，遂被逮捕。在酷刑面前，溫生才全無懼色，史載：

初刑訊於番禺縣署，繼刑訊於營務處，悉侃侃而談主義，斥諸吏不少餒。後清督張鳴岐集群僚親訊，問曰：「何故暗殺？」曰：「明殺。」問：「何故明殺？」曰：「滿清無道，日召外侮，

67 中華書局上海編輯所編輯：《秋瑾集》，中華書局 1960 年版，第 27 頁。
68 鄒魯：《中國國民黨史稿第三篇》，第 705 頁，
69 馮自由：《楊卓霖事略》，《革命逸史》第二集，第 161 頁，

皆此輩官吏階之厲耳，殺一孚琦，故無濟於事，但借此以為天下先。此舉純為救民族起見，既非與孚琦有私仇，更非有人主事。」鳴岐等為之嘿然。[70]

刺殺活動在當時雖不能挽救大局，卻沉重地打擊了清政府的統治，「鐵血將軍（鳳山）當場被炸死……從此革命聲威大振，街上的旗人走路都低聲下氣，不敢抬頭。李准自從被炸傷後，更是魂飛魄散……鳳山死後，他更加對革命的形勢和革命力量有較明確的估計。頻頻與革命黨人接洽，謀求後路」。[71] 暗殺行為雖然有諸多消極影響，但也表現了革命志士為民除暴的俠氣和為國獻身的氣概。

二十世紀初，中華民族處於內憂外患之際，以孫中山為首的革命黨人，舉起愛國主義的旗幟，發出「振興中華」的時代強音。他們為了救國救民，聯合其他進步力量，毅然發動反清革命，為建立共和，實現民族獨立與國家富強進行了可歌可泣的鬥爭。在愛國旗幟下，他們披肝瀝膽、捨生取義，用充滿豪情的革命實踐打破了中國兩千多年封建主義的堅冰，在中華民族愛國主義史上寫下了壯麗的一頁。

70 黃興：《廣州三月二十九革命之前因後果：附溫生才擊孚琦》，中國史學會主編：《辛亥革命》（四），上海人民出版社 1957 年版，第 172 頁。

71 鄭佩剛：《劉思複之暗殺活動》，《辛亥革命七十周年史料專輯》，廣東人民出版社 1981 年版，第 21 頁。

## 第四節 ▶ 共產黨人的愛國正氣

中國共產黨自成立以來，不但繼承和發揚了中華民族愛國主義光榮傳統，而且以更高的境界和更博大的氣魄，團結一切進步力量，開展拯救國家和人民的正義鬥爭，彰顯了共產黨人的浩然正氣，使愛國主義精神得到發揚光大。

### 一、對愛國主義精神的新闡發

誕生於中華民族生死存亡危急時刻的中國共產黨，在其成立伊始，就以拯救中國於半殖民地半封建的深淵為己任，在自己的旗幟上鮮明地寫下：「中國共產黨為工人和貧農的利益在這個聯合戰線裡奮鬥的目標是：一、消除內亂，打倒軍閥，建設國內和平；二、推翻國際帝國主義的壓迫，達到中華民族完全獨立……」[72] 這一奮鬥目標的精神實質就是救國救民，是愛國主義精神的集中體現。在長期的革命鬥爭中，中國共產黨人對愛國主義作過許多精闢的闡釋與總結，尤其是毛澤東親自撰文表彰、倡導「魯迅精神」「張思德精神」「白求恩精神」「愚公精神」，以嶄新的內容豐富和發展了愛國主義精神，極大地鼓舞和動員了廣大民眾，取得了新民主主義革命的偉大勝利，深刻地改變了神州大地的面貌。

**72** 《中國共產黨第二次全國大會宣言》，北京師範大學政治系黨史教研室：《中共黨史教學參考資料》第 1 冊（上），北京師範大學政治系 1978 年編印，第 18 頁。

中國共產黨人對豐富愛國主義精神所做出的貢獻是有目共睹的。愛國主義是民族精神的核心內容，是貫穿於民族精神中的一條鮮明的主線。中共成立伊始，其領導人及無數黨員即把此種精神作為立黨的精神支柱，不斷發揮之、弘揚之。經過新文化運動的洗禮及受俄國十月革命的影響，陳獨秀、李大釗、毛澤東等人選擇了馬克思主義作為救國救民的思想武器，走俄國十月革命的道路。要走完這條充滿艱難險阻的道路，必須要有堅韌不拔的精神，即愛民族、愛國家的精神。李大釗寫過一篇題為《艱難的國運與雄健的國民》的文章，提出發揚「我們的民族精神」「雄健的精神」即為此意。他說：

中華民族現在所逢的史路，是一段崎嶇險阻的道路。在這一段道路上，實在亦有一種奇絕壯絕的景致，使我們經過此段道路的人，感得一種壯美的趣味。但這種壯美的趣味，是非有雄健的精神的，不能夠感覺到的。

我們的揚子江、黃河，可以代表我們的民族精神，揚子江及黃河遇見沙漠、遇見山峽都是浩浩蕩蕩的往前流過去，以成其濁流滾滾，一瀉萬裡的魄勢。目前的艱難境界，那（引者注：哪）能阻抑我們民族生命的前進。我們應該拿出雄健的精神，高唱著進行的曲調，在這悲壯歌聲中，走過這崎嶇險阻的道路。要知在艱難的國運中建造國家，亦是人生最有趣味的事……[73]

73 李大釗：《艱難的國運與雄健的國民》，《李大釗文集》（下），第 691-692 頁。

作為農民的兒子，毛澤東深深地熱愛自己的祖國和人民，從青少年時代起就樹立了救國救民的大志，不畏艱險地尋求拯救國家於水深火熱之中的道路。他深情地說：「中華民族不但以刻苦耐勞著稱於世，同時又是酷愛自由、富於革命傳統的民族。」「中華民族又是一個有光榮的革命傳統和優秀的歷史遺產的民族。」[74] 還說：「我們民族的災難深重極了，唯有科學的態度和負責的精神，能夠引導我們民族到解放之路。」[75] 他不僅從理論上闡明了開展民主革命的目標、前途、方針、政策等問題，而且把馬克思主義與中國革命實際結合起來，在領導人民進行反帝反封建鬥爭實踐中，開闢了「農村包圍城市」的成功之路，取得民主革命的勝利，結束了舊中國的分裂、動盪，代之以獨立、統一、和平的新局面。毛澤東強調愛國主義與國際主義的結合：

中國共產黨人必須將愛國主義和國際主義結合起來。我們是國際主義者，我們又是愛國主義者，我們的口號是為保衛祖國反對侵略者而戰。[76]

他的愛國主義思想是與社會主義緊密結合在一起的，指明「只有社會主義才能救中國」的歷史真理。他對中華民族的振興、強大充滿信心：「我們中華民族有同自己的敵人血戰到底的

74 毛澤東：《中國革命和中國共產黨》，《毛澤東選集》第 2 卷，第 623 頁。
75 毛澤東：《新民主主義論》，《毛澤東選集》第 2 卷，第 663 頁。
76 毛澤東：《中國共產黨在民族戰爭中的地位》，《毛澤東選集》第 2 卷，第 520 頁。

氣概，有在自力更生的基礎上光復舊物的決心，有自立於世界民族之林的能力。」[77] 為了救國，毛澤東不僅貢獻了自己畢生的精力，而且有六位親人為祖國的解放事業獻出了寶貴的生命，付出了極大的犧牲。

如何才能真正做到愛國？經歷過五四新文化運動洗禮的毛澤東認為除了培育對自己祖國和人民的深厚感情、堅決反對外來入侵之敵外，還必須具備科學與民主的精神。科學與民主是中國近代新文化運動的核心內容，也是在新時代提倡愛國主義所必須具備的重要文化因素。毛澤東在前人探索的基礎上，對科學、民主又作了新的發揮。他給新民主主義文化所下的定義就是：「民族的科學的大眾的文化」[78]。他解釋說「大眾的」，「即是民主的」。在他看來，科學、民主精神正是重鑄近代中國的民族精神的重要組成部分。近代愛國主義是同維護國家獨立和廣大人民群眾的根本利益緊密結合在一起的。對此，毛澤東不僅予以完全繼承，而且使之發揚光大，把愛民視為愛國的集中體現，提倡全心全意為人民服務的精神。在對待民眾的問題上，毛澤東和以他為代表的中國共產黨人超越了前人。他們把自己看成是人民中的一分子，自己所做的一切都可以用一句話來概括，即「為人民服務」。毛澤東對人民大眾有著極其深厚的感情，曾說：「我就怕聽窮苦老

**77** 毛澤東：《論反對日本帝國主義的策略》，《毛澤東選集》第 1 卷，第 161 頁。

**78** 毛澤東：《新民主主義論》，《毛澤東選集》第 2 卷，第 706 頁。

百姓的哭聲，看到他們流淚，我也忍不住要掉淚。」[79] 他把為人民服務規定為中國共產黨的根本宗旨和對共產黨員的基本要求，為人民服務是中國共產黨一切工作的出發點和歸宿點。他提出為人民服務的標準是「完全」「澈底」和「全心全意」。他在《為人民服務》一文中說：「我們這個隊伍完全是為著解放人民的，是澈底地為人民的利益工作的。」[80] 他要求每一個共產黨員都要無私地為人民謀利益：

共產黨員是一種特別的人，他們完全不謀私利，而只為民族與人民求福利。他們生根於人民之中，他們是人民的兒子，又是人民的教師，他們每時每刻地總是警戒著不要脫離群眾，他們不論遇著何事，總是以群眾的利益為考慮問題的出發點。[81]

毛澤東認為，為人民服務不僅是共產黨革命本質的體現，而且也是共產黨人永遠立於不敗之地的根本保證。他說：

我們的每一個指戰員以至每一個炊事員、飼養員，都是為人民服務的。我們的部隊要和人民打成一片，我們的幹部要和戰士們打成一片。與人民利益適合的東西，我們要堅持下去，與人民利益矛盾的東西，我們要努力改掉，這樣我們就能無敵於天下。[82]

79 徐非光：《毛澤東與延安老百姓》，《炎黃春秋》2003 年第 12 期。
80 毛澤東：《為人民服務》，《毛澤東選集》第 3 卷，人民出版社 1991 年版，第 1004 頁。
81 毛澤東：《中共中央為抗戰六周年紀念宣言》，《毛澤東文集》第 3 卷，人民出版社 1996 年版，第 47 頁。
82 毛澤東：《堅持為人民服務》，《毛澤東文集》第 3 卷，第 210 頁。

他要求為人民服務必須做到：「大公無私，積極努力，克己奉公，埋頭苦幹」；[83]「為老百姓『鞠躬盡瘁，死而後已』」[84]。要更好地為人民服務，就必須進行道德修養，要做一個高尚的人，有道德的人，有益於人民的人。張思德、白求恩等先進人物，就是他表彰的為人民服務的傑出典範。

毛澤東關於愛國主義精神的闡發，不僅豐富了中國共產黨人的精神境界，而且也是近代以來國人在重塑民族精神方面取得的突出成就。這種精神力量在中國人民爭取民族獨立、人民解放、國家富強的鬥爭中發揮了極其重要的作用，至今仍有非常重要的現實意義。就培育和弘揚愛國主義精神而言，中國共產黨在長期的艱苦鬥爭中始終堅持了兩個重要原則：

其一，堅持把馬克思主義普遍原理與中國革命的實踐相結合，以先進的思想體系來武裝廣大黨員，使馬克思主義的政治原則、理想信念與愛國主義的情感在黨員思想上達到高度的統一，確保廣大黨員對祖國對人民有著強烈的責任感和無私奉獻精神，並從中獲取巨大的精神力量，以戰勝各種敵人與困難，不斷走向新的勝利。

中國革命固然需要以馬克思主義作思想指導，但是在中國這樣一個半殖民地半封建的東方大國中進行革命，必然會遇到許多

**83** 毛澤東：《中國共產黨在民族戰爭中的地位》，《毛澤東選集》第 2 卷，第 522 頁。

**84** 毛澤東：《在中國共產黨第七次全國代表大會上的口頭政治報告》，《毛澤東文集》第 3 卷，第 339 頁。

特殊的複雜問題，靠背誦馬克思主義的一般原理和照搬外國經驗是完全行不通的。以毛澤東為代表的中國共產黨人，大膽破除迷信，衝破重重阻撓，堅持理論聯繫實際，一切從國情出發，把握馬克思主義中國化的方向，不僅堅持馬克思主義的理論指導，而且把蘊藏在廣大黨員和人民中的民族情感、愛國情感煥發出來，積極引導，成為凝聚隊伍，團結人民的精神力量。正由於此，毛澤東盛讚具有高度愛國情感的朱自清致死「不食周粟」的凜然民族正氣，為人們樹立了弘揚愛國主義精神的楷模：

我們中國人是有骨氣的。許多曾經是自由主義者或民主個人主義者的人們，在美帝國主義者及其走狗國民黨反動派面前站起來了。聞一多拍案而起，橫眉怒對國民黨的手槍，寧可倒下去，不願屈服。朱自清一身重病，寧可餓死，不領美國的「救濟糧」。唐朝的韓愈寫過《伯夷頌》，頌的是一個對自己國家的人民不負責任、開小差逃跑、又反對武王領導的當時的人民解放戰爭、頗有些「民主個人主義」思想的伯夷，那是頌錯了。我們應當寫聞一多頌，寫朱自清頌，他們表現了我們民族的英雄氣概。[85]

其二，把理想、信仰和對祖國、人民無限忠誠的情感化為實際行動，腳踏實地，身先士卒，為把祖國從苦難中拯救出來進行了不屈不撓的英勇奮鬥，用自己的實際行動喚醒了國人愛國精神

**85** 毛澤東：《別了，司徒雷登》，《毛澤東選集》合訂本，第 1384-1385 頁。

的新覺悟，作出了為國為民不惜流血犧牲的表率。

中國共產黨提倡的愛國主義是把國家和人民的利益放在高於一切的位置，為了祖國和人民，不懼任何敵人和困難，勇於奉獻，甘於犧牲。無數共產黨員、革命志士正是以這種高度自覺的愛國主義精神，在殘暴的敵人面前，頑強戰鬥，大義凜然，譜寫了驚天地、泣鬼神的動人篇章。李大釗、方志敏、楊靖宇、趙一曼、劉胡蘭等先烈就是中華民族優秀兒女中的典範。李大釗在暴虐軍閥的絞刑架下，大義凜然，慷慨就義。方志敏在敵人的威脅利誘面前，義正詞嚴地駁斥審訊者的讕言，以深邃的愛國之情揮毫寫下《可愛的中國》一書，抒發了一位愛國者勇於為國獻身的情懷。抗日女戰士趙一曼在兇暴日寇的嚴刑拷打下堅貞不屈，就義前為幼子留下遺書，要他記住「你的母親是為國而犧牲的」。她唯一的期望就是自己的後代也要像自己一樣，把一切獻給偉大的祖國。這就是在中國共產黨教育下，革命先烈們崇高的精神境界和氣節。他們的愛國精神和英勇事蹟氣壯山河，激勵著中國廣大民眾前赴後繼，英勇奮鬥，使愛國主義精神得到弘揚，促進了民族覺醒，推動了中華民族解放事業向前發展。正如周恩來所說：

這種民族的覺醒，民族的憤怒，民族的鬥爭，區域之廣，數目之多，動員之深，是中國史上空前所未有的！這種力量的偉大團結和發展是敵人任何的軍事分割和政治分化所不能分解的，它將保證著中國抗戰的繼續，它將保證著中華民族的勝利！[86]

無論是在抗日戰爭、解放戰爭，還是在抗擊美國糾集其他國家發動的侵略朝鮮戰爭，中國人民在中國共產黨的領導下，發揚了愛國主義、革命英雄主義精神，凝聚全體人民的力量，團結戰鬥，戰勝強敵，取得了一個又一個勝利。

中國共產黨以其卓越表現抒寫了波瀾壯闊的愛國主義歷史畫卷，他們把自己強烈的愛國之情化作堅定的報國之志和無私無畏的效國之行，表現出堅定的革命理想信念和崇高的愛國主義情懷，為中華民族的振興和發展做出了不可磨滅的歷史性貢獻。

## 二、愛國主義精神的發揚光大

以毛澤東為首的中國共產黨領導全國人民，高舉愛國主義大旗，為中華民族的獨立、富強和振興進行了艱苦卓絕的鬥爭，創造和培育了催人奮進的「井岡山精神」「長征精神」「延安精神」「紅岩精神」，以新的內容豐富和發展了愛國主義精神，空前廣泛地發動了廣大民眾，團結了革命隊伍，推翻了「三座大山」的黑暗統治，取得了新民主主義革命的偉大勝利，深刻地改變了神州大地的面貌。

### 井岡山精神

**86** 周恩來：《論目前抗戰形勢》，崔奇主編：《周恩來政論選》（上冊），中央文獻出版社、人民日報出版社 1993 年版，第 211 頁。

在一九二七年大革命失敗後，「中國革命往何處去」便成為擺在共產黨人和一切革命人民面前的一個極為尖銳的問題。當年八月一日，周恩來等共產黨人發動了南昌起義，打響了武裝鬥爭的第一槍，用革命的行動對「中國革命往何處去」的問題做了響亮的回答，結論就是「中國革命只能走武裝鬥爭、奪取政權的道路」。隨後，毛澤東領導了秋收起義，並把隊伍拉上處於湘贛邊界的井岡山，創建了由中國共產黨領導的第一個農村革命根據地，點燃了「工農武裝割據」的星星之火。從此，中國革命闊步走上建立農村根據地，以農村包圍城市，最後奪取全國勝利的曲折而光輝的道路。

在毛澤東的領導下，起義部隊在永新縣三灣村實行改編，建立第一支由黨領導的工農紅軍，實行新的軍事制度，建立新型的官兵關係，使黨在井岡山堅持鬥爭有了堅強的保障。在毛澤東、朱德等人的指揮下，紅軍實行「敵進我退，敵駐我擾，敵疲我打，敵退我追」的靈活機動的作戰方針，積極尋找戰機，英勇作戰，多次擊退來犯之敵，鞏固了井岡山根據地，擴大了中國共產黨的影響。

黨和紅軍在井岡山地區取得的鬥爭勝利，極大地鼓舞了其他地區的共產黨員和革命群眾，給他們樹立了堅持鬥爭的榜樣，推動了全國各革命根據地的開闢與發展。從一九二八年到一九三〇年，中共領導的贛南閩西區、湘鄂贛區、閩浙贛區、鄂豫皖區、洪湖湘鄂區以及陝北地區等紅色根據地相繼開闢。各根據地發動群眾，打土豪，分田地，實行土地革命，建設紅色政權，推動了革命形勢的發展。從一九三〇年底到一九三一年夏，以井岡山為中心區域的中央紅軍，接連粉碎了數十萬國民黨軍隊發動的三次「圍剿」。一九三三年，紅軍又取得第四次反「圍剿」的勝利。紅軍取得的這些勝利來之不易，都是在條件極其艱苦的情況下，依靠全體官兵發揚奮鬥精神，同心協力，英勇戰鬥的結果。毛澤東在《中國的紅色政權為什麼能夠存在？》一文中談到這種情況：

一年以來，邊界政權割據的地區，因為敵人的嚴密封鎖，食鹽、布匹、藥材等日用必需品，無時不在十分缺乏和十分昂貴之中……紅軍一面要打仗，一面又要籌餉。每天除糧食外的五分錢伙食費都感到缺乏，營養不足，病的甚多，醫院傷兵，其苦更甚。[87]

也就是說，在血與火的戰鬥和考驗中，共產黨人與紅軍部隊以自己崇高的理想、信仰和刻苦、頑強與不怕犧牲的戰鬥意志，鑄就了一種先進的思想、優良的作風及革命精神，這就是井岡山精神。胡錦濤曾對井岡山精神作了精闢的概括，指出：

在新的歷史條件下，發揚井岡山精神尤其要弘揚以下三個方面：第一，實事求是，敢闖新路的精神；第二，矢志不移，百折不撓的精神；第三，艱苦奮鬥，勇於奉獻的精神。[88]

而井岡山精神始終凝結著中國共產黨人和紅軍指戰員對祖國

87 毛澤東：《中國的紅色政權為什麼能夠存在？》，《毛澤東選集》第 1 卷，第 53 頁。

88 引自賴華林、傅樂：《再論井岡山精神》，《江西社會科學》2003 年第 12 期。

和人民的深切熱愛。因為他們堅信，只有經過革命戰鬥，才能推翻國內外反動勢力的統治，拯救祖國和人民於水深火熱之中。對於革命的勝利、新中國誕生的曙光，革命者滿懷信心。正如毛澤東所說：

它是站在海岸遙望海中已經看得見桅杆尖頭了的一隻航船，它是立於高山之巔遠看東方已見光芒四射噴薄欲出的一輪朝日，它是躁動於母腹中的快要成熟了的一個嬰兒。[89]

井岡山革命根據地是中國革命史上的一個偉大創舉，井岡山精神則是其創立維持發展壯大的重要支柱，也是以後革命發展歷程中各種革命精神的源頭。

**長征精神**

一九三四年十月，由於中共「左」傾路線的錯誤指導，紅軍未能粉碎國民黨軍隊發動的第五次「圍剿」，不得不完全撤出大江南北各革命根據地，向西北進行大規模的戰略轉移。這就是歷時兩年、震驚世界的二萬五千里長征。

最初，中央紅軍計畫從南線突破敵軍封鎖，到達湘西與紅二、六軍團會合，但由於當時中央領導實行退卻中的逃跑主義，使紅軍處於被動境地。紅軍廣大指戰員雖然不畏強敵，英勇作戰，連破敵人四道封鎖線，但自己也損失慘重。至突破第四道封鎖線渡過湘江時，紅軍部隊已經由出發時的八萬餘人銳減至三萬



**89** 毛澤東：《星星之火，可以燎原》，《毛澤東選集》第 1 卷，第 106 頁。

餘人。而且這時國民黨當局調集重兵，加緊圍追，企圖把中央紅軍一舉全殲。在這危急關頭，由於毛澤東等人的力爭，中央紅軍改變既定戰略計畫，向敵人防禦薄弱的貴州前進，把追剿的敵軍甩在烏江以東和以南地區，於一九三五年一月占領黔北重鎮遵義城。中共中央及時召開了具有偉大歷史意義的遵義會議，確立了毛澤東同志的正確領導地位。正如陳雲所說：

在遵義舉行了擴大的政治局會議。參加會議的不僅有政治局委員，還有全體軍事領導人、各軍團的軍團長和政委。會議決定進軍四川。我們在這次會上糾正了第五次反「圍剿」最後階段與西征第一階段中軍事領導人的錯誤。建立了堅強的領導班子來取代過去的領導人。黨對軍隊的領導加強了。我們撤換了「靠鉛筆指揮的戰略家」，推選毛澤東同志擔任領導。[90]

此後，紅軍重整旗鼓，振奮精神，在中央軍委的指揮下，以機動靈活的戰略戰術，變被動為主動，書寫了勝利的篇章。

擺脫了被動局面的紅軍積極轉戰貴州、四川、雲南邊界地區，穿插迂迴，伺機殲敵。南渡烏江後，佯攻貴陽，分兵黔東，又出其不意地向雲南疾進，在昆明附近虛晃一槍，隨即於五月初搶渡金沙江。至此，中央紅軍擺脫了優勢敵軍的追堵攔截，使蔣介石圍殲紅軍於川、黔、滇邊境的計畫完全破產，取得了長征的主動權。一九三五年五月下旬，紅軍強渡大渡河，飛奪瀘定橋，

**90** 陳雲：《長征到達的目的和勝利的原因》，《光明日報》2006 年 12 月 19 日。

翻越終年積雪、人跡罕至的夾金山，在六月十四日與先期到達懋功的紅軍第四軍會師。六月二十六日，黨中央召開兩河口會議，明確了紅軍繼續北上，創造川陝甘蘇區的戰略方針。七月上旬，紅軍連續翻越多座大雪山，到達四川松潘地區的毛兒蓋。八月上旬，中央決定紅一、四方面軍混合編隊，組成左、右路軍經草地北上。八月下旬，中共中央隨右路軍跨過草地，先後抵達阿壩和巴西地區。在此期間，黨中央與張國燾的分裂主義進行了堅決的鬥爭，率右路軍中的紅一、三軍和軍委縱隊急速進軍，單獨北上，並攻占天險臘子口，於十月十九日抵達陝甘根據地的吳起鎮。紅四方面軍則遭到國民黨軍隊的多次圍攻襲擊，被迫退往西康的甘孜一帶，並於一九三六年七月二日，在此與紅二、六軍團會師。在朱德、賀龍、劉伯承的鬥爭和紅四方面軍廣大指戰員的要求下，張國燾被迫取消偽中央，同意繼續北上。十月，中國工農紅軍第一方面軍同紅二、四方面軍在甘肅會寧會師。至此，中央紅軍長征勝利結束。

在一九三四年十月至一九三六年十月兩年間，紅軍第一、第二、第四方面軍和第二十五軍先後進行萬裡長征。在中國共產黨領導下，紅軍將士粉碎了上百萬敵軍的圍追堵截，爬雪山，過草地，克服了無數難以想像的艱難險阻，勝利到達陝甘寧地區，實現了紅軍主力的大會師。其歷時之長，行程之遠，與敵作戰之激烈，路途環境之艱險，在人類戰爭史上是罕見的。毛澤東對長征的意義作出了高度評價：

講到長征，請問有什麼意義呢？我們說，長征是歷史紀錄上的第一次，長征是宣言書，長征是宣傳隊，長征是播種機。自從盤古開天地，三皇五帝到於今，歷史上曾經有過我們這樣的長征嗎？十二個月光陰中間，天上每日幾十架飛機偵察轟炸，地下幾十萬大軍圍追堵截，路上遇著了說不盡的艱難險阻，我們卻開動了每人的兩隻腳，長驅二萬餘裡，縱橫十一個省。請問歷史上曾有過我們這樣的長征嗎？沒有，從來沒有的。……長征又是播種機。它散佈了許多種子在十一個省內，發芽、長葉、開花、結果，將來是會有收穫的。[91]

紅軍將士不僅以英勇無畏的戰鬥精神戰勝了無數敵人和困難，用鮮血和生命走完了史無前例的偉大征程，為中國革命的勝利保存了力量，而且譜寫了革命英雄主義的壯麗史詩，鑄就了偉大的長征精神。胡錦濤總書記對長征精神作了精闢的概括：

長征精神，就是把全國人民和中華民族的根本利益看得高於一切，堅定革命的理想和信念，堅信正義事業必然勝利的精神；就是為了救國救民，不怕任何艱難險阻，不惜付出一切犧牲的精神；就是堅持獨立自主、實事求是，一切從實際出發的精神；就是顧全大局、嚴守紀律、緊密團結的精神；就是緊緊依靠人民群眾，同人民群眾生死相依、患難與共、艱苦奮鬥的精神。長征精神，是中國共產黨人和人民軍隊革命風範的生動反映，是中華民族自強不息的民族品格的集中展示，是以愛國主義為核心的民族

91 毛澤東：《論反對日本帝國主義的策略》，《毛澤東選集》第 1 卷，第 149-150 頁。

精神的最高體現。[92]

長征精神具有十分豐富的內涵，艱苦卓絕精神是其表徵，百折不撓精神是其底蘊，團結進取精神是其中堅，實事求是是其內核。[93] 它既是中國革命歷史傳統的延伸，又具有濃郁的時代氣息，作為一種精神，已經鑄入我們民族的血脈之中。如果沒有長征精神作支撐，長征就不能取得勝利，中國革命的前途也就無法預料，長征精神具有非凡的影響力、號召力和強烈的感染力，是中國共產黨人和人民軍隊革命風範的生動反映，它給炎黃子孫和世界人民留下了永恆的精神遺產。

### 延安精神

延安是中國革命的聖地。從 一九三五年到一九四八年，中共中央和毛澤東在這裡領導、指揮了抗日戰爭和解放戰爭，為中華人民共和國創建奠定了堅實的基石，孕育了催人奮進的延安精神。

在二十世紀三〇、四〇年代，延安是中國共產黨領導下的革命根據地，起到革命戰爭指揮部和人民軍隊總後方的特殊作用。在面臨日寇進攻和國民黨頑固派封鎖的雙重夾擊下，延安人民在以毛澤東為首的中國共產黨領導下，堅持抗戰，不屈不撓，與各

**92** 胡錦濤：《在紀念紅軍長征勝利 70 周年大會上的講話》，2006 年 10 月 22 日。

**93** 熊啟珍、瞿曉琳：《論長征精神的科學內涵》，《武漢大學學報（人文科學版）》2007 年第 3 期。

種敵人、困難進行了堅決的鬥爭，顯示了氣貫長虹的英雄氣概。在延安，經歷了長征艱苦戰鬥風雨洗禮的中國共產黨及其武裝力量在政治上、思想上更加臻於成熟，確立了以毛澤東為核心的黨中央的正確領導。為了迎接抗戰更為艱巨的鬥爭考驗，中共中央開展思想整風，科學總結正反兩方面經驗，成功地推進馬克思主義中國化，在理論上實現了一次歷史性的飛躍。毛澤東的許多重要著作，如《實踐論》《矛盾論》《論持久戰》《中國革命和中國共產黨》《新民主主義論》《改造我們的學習》《整頓黨的作風》《論聯合政府》等，都是在延安時期完成的。毛澤東思想正是在延安時期逐步成熟並正式寫在了黨的旗幟上。

為了堅持抗戰，克服因敵人封鎖而造成的物質匱乏困難，一九四二年起，延安軍民響應黨中央「自己動手建立革命家務」和「自己動手，豐衣足食」的口號，開展以農業為主的大生產運動。其間，黨政軍民學全都動員起來，掀起轟轟烈烈的生產競賽，墾田種植，紡紗織布，增加糧食和日用品，並同災荒作鬥爭。為了指導這場關係解放區生死存亡的大生產運動，毛澤東發表了《抗日時期的經濟問題與財政問題》《論合作社》以及《必須學會做經濟工作》等一系列文章，大倡「自力更生，艱苦奮鬥」的精神。他在延安生產動員會上尖銳提出：在困難面前是「餓死呢？解散呢？還是自己動手呢？」堅定地指出根據地克服困難的唯一出路是「自己動手」。他從人類歷史發展的高度強調了發揚自力更生精神的深遠意義：「從古以來的人類究竟是怎樣生活著的呢？還不是自己動手活下去的麼？為什麼我們這些人類子孫連這點聰明都沒有呢？……總之，我們是確信我們能夠解決經濟困難的，我們對於在這方面的一切問題的回答就是『自己動手』四個字。」[94] 在這種精神的鼓舞下，延安地區的大生產運動開展得如火如荼，很快在中共領導的各個抗日根據地推廣開來，取得顯著成效。正如毛澤東所說：「近幾年中，我們開始學會了經濟工作，我們在經濟工作中有了很大的成績，但這還只是開始。」[95] 湧現出一二〇師三五九旅把南泥灣改變成「陝北的好江南」的先進典型。毛澤東給旅長王震題詞「有創造精神」，予以表彰。南泥灣精神是中華民族歷史傳統中的奮發圖強，艱苦創業精神的一個縮影。

為了造就大批推動抗戰的幹部與骨幹，一九三七年一月，中共中央把設在陝北瓦窯堡的中國抗日紅軍大學改為中國人民抗日軍政大學，簡稱「抗大」。毛澤東親自擔任抗大教育委員會主席。抗日戰爭進入相持階段後，抗大先後成立了十四所分校、五所陸軍中學和一所附設中學，分佈於西北、華北、華中的廣大地域。抗大教育以革命理論、軍事理論為主要內容，理論聯繫實際，邊學習、邊戰鬥、邊生產。抗戰期間，培養了十幾萬名優秀的軍政幹部，為抗戰勝利做出了重要的貢獻。抗大在極其艱苦的條件下辦學，總結出一套適應抗戰需要、極富中國民族特色的革命教育理論，形成了嶄新的學風和校風，這些被譽為「抗大精

94 毛澤東：《經濟問題與財政問題：一九四二年十二月陝甘寧邊區高幹會上的報告》，中共晉冀魯豫中央局編印：《毛澤東選集》（下冊），第805頁。

95 毛澤東：《必須學會做經濟工作》，《毛澤東選集》第3卷，第1015頁。

神」。抗大精神連同中國共產黨的實事求是、艱苦奮鬥、聯繫群眾、批評與自我批評等優良作風，構成延安精神的精華內容，成為代表中國未來和希望的時代新風。抗大精神的精髓集中體現在毛澤東為抗大制定的教育方針和「團結、緊張、嚴肅、活潑」校訓中。一九三八年六月，毛澤東為抗大題詞：「堅定不移的政治方向，艱苦奮鬥的工作作風，機動靈活的戰略戰術，用以驅逐日本帝國主義，建設新中國。」[96] 對此，他又作了深刻的闡發，指出：「共產黨歷來更提倡堅定正確的政治方向……這種堅定正確的政治方向，是與艱苦奮鬥的工作作風不能脫離的，沒有堅定正確的政治方向，就不能激發艱苦奮鬥的工作作風；沒有艱苦奮鬥的工作作風，也就不能執行堅定正確的政治方向。」[97] 要求人民軍隊的幹部，在軍事政治鬥爭中，要善於依據敵我具體情況的變化，採取各種不同的機動靈活的戰略戰術。

在延安，毛澤東總結在群眾鬥爭中湧現出的先進典型，表彰他（她）們的好思想、好品德，作為激發廣大人民進行奮鬥的精神動力。他在一九三九年作《紀念白求恩》，號召「每一個共產黨員，一定要學習白求恩同志的這種真正共產主義者的精神」，做像白求恩那樣的「高尚的人」「純粹的人」「有道德的人」「脫離了低級趣味的人」和「有益於人民的人」。他作《為人民服務》

**96** 《毛澤東手書真跡》（上卷），西苑出版社 1998 年版，第 433 頁。

**97** 毛澤東：《在延安慶祝五一國際勞動節大會上的講話》，見《新中華報》1939 年 5 月 10 日。

表彰紅軍戰士張思德「完全」「澈底」的為人民服務精神。他對魯迅尤其讚賞，稱：「魯迅的骨頭是最硬的，他沒有絲毫的奴顏和媚骨，這是殖民地半殖民地人民最可寶貴的性格。魯迅是在文化戰線上，代表全民族的大多數，向著敵人衝鋒陷陣的最正確、最勇敢、最堅決、最忠實、最熱忱的空前的民族英雄。」[98] 他認為，這些先進人物表現出的優秀品質和崇高境界正是中華民族優良傳統的具體體現，拯救民族危機，建設新中國，需要造就一大群這樣的先鋒分子，使其成為中華民族的解放鬥爭的脊梁。

延安精神是中國共產黨在革命年代形成的一整套革命經驗和優良作風，具有極為豐富和深邃的精神內涵。李文海先生把延安精神的基本內容概括為四個方面，即堅定正確的政治方向；解放思想、實事求是的思想路線；全心全意為人民服務的根本宗旨；自力更生、艱苦奮鬥的創業精神[99]。這一概括是很有道理的，它雖然以延安命名，但不局限於延安，它是在中共領導下以延安為中心的各根據地、各解放區軍民體現出的革命精神的總匯。

綜上所述，中國共產黨繼承了鴉片戰爭以來反帝反封建鬥爭的光榮傳統，在領導人民開展新民主主義革命中鍛造了獨具特色的精神財富，諸如井岡山精神、長征精神、延安精神等，極大地豐富了中華民族以愛國主義為核心的民族精神，用積極、向上、

**98** 毛澤東《新民主主義論》，《毛澤東選集》第 2 卷，第 698 頁。
**99** 李文海：《延安精神：愛國主義教育的重要教材》，《高校理論戰線》2004 年第 12 期。

昂揚的精神力量感染了成千上萬的人民，為最終推翻三座大山、實現全中國的澈底解放提供了精神保障。「沒有共產黨就沒有新中國。」這是中華各族人民對中國共產黨領導人民奪取新民主主義革命偉大勝利的高度讚譽。在這長達二十八年的艱苦鬥爭歷程中，中國共產黨人體現出的愛國正氣感天動地，中華民族世代相傳的愛國主義精神在中國共產黨人身上得到新的繼承和光大，成為中華民族永遠立於不敗之地的精神支柱。「中國共產黨人，是最堅定、最澈底的愛國者。中國共產黨的愛國主義，是中華民族、中國人民愛國主義的最高風範。」[100]

## 第五節 ▶ 全民抗戰：「以我們的血肉築成我們新的長城」

一九三七年七月七日，日本帝國主義挑起了盧溝橋事變，發動了全面性的侵華戰爭。不甘做亡國奴的中華各族人民奮起反抗，「以我們的血肉築成新的長城」，與入侵之敵展開殊死戰鬥。毛澤東說「偉大抗日戰爭……在東方歷史上是空前的，在世界歷史上也將是偉大的」。[101] 歷時十四年之久的抗日戰爭是自鴉片戰爭後近百年間中國人民第一次取得完全勝利的民族解放戰爭，是

**100** 江澤民：《努力開創社會主義精神文明建設的新局面》，《十四大以來重要文獻選編》（下冊），人民出版社 1999 年版，第 2083 頁。

**101** 毛澤東：《論持久戰》，《毛澤東選集》第 2 卷，第 439 頁。

中華民族由衰敗走向復興、中國民族解放和民主革命走向勝利的轉捩點。抗日戰爭的勝利之因，不僅在於中國人民在國際反法西斯力量的支持下，始終堅持與日本侵略者進行頑強不屈的戰鬥，還在於由偉大抗日戰爭熔爐鑄就的、以愛國主義為核心內容的抗戰精神的激勵與鼓舞。

## 一、抗戰時期愛國主義精神的迸發

抗戰時期，中華各族人民反抗日本帝國主義瘋狂侵略而產生的愛國主義精神，「是隨著日本對華侵略的擴大和加深而逐漸深化的，是在日本帝國主義侵華的過程中逐漸被激發而形成的」[102]。

一九三一年，日本帝國主義發動了「九一八」事變，燃起了侵略中國的戰火。全國人民群情激憤，掀起了規模空前的反日浪潮。在短短的數年間，國民黨內的愛國將領毅然組織的淞滬抗戰、長城抗戰、綏遠抗戰接踵而起，顯示了中國人民不畏強敵的堅強意志。中國共產黨更是高舉愛國主義旗幟，發出「抗日救亡」的呼聲。日本侵華伊始，中國共產黨率先發動以工農為主體的抗日救亡運動，參與和領導了東北抗日義勇軍和察哈爾抗日同盟軍的抗日軍事鬥爭。一九三五年八月一日，在紅軍遭到國民黨重兵圍攻的情況下，中國共產黨仍以民族利益為重，發表《為抗

102 徐梁伯：《從抗日戰爭看愛國主義的全民性本質》，《社會科學研究》1997 年第 2 期。

日救國告全國同胞書》，呼籲國民黨停止內戰，一致抗日。一九三六年十二月西安事變發生，中共出於民族大義，拋棄前嫌，促成事變的和平解決，為抗日民族統一戰線的建立奠定了基礎。一九三七年七月七日，盧溝橋事變爆發。次日，中共向全國發出通電，呼籲「全民族團結抗戰」；九月，蔣介石發表了承認中共合法地位的談話，第二次國共合作的局面至此形成。抗日民族統一戰線的建立，對於動員全國各族人民投入抗日鬥爭，形成全民抗戰的形勢，起到關鍵性的作用。為了拯救祖國的危亡，全國各族人民在愛國主義精神的鼓舞下，真正做到地無分南北，人無分老幼，全力以赴地投入抗戰的洪流之中。國民政府的軍隊擔負起正面戰場的作戰任務，阻遏了敵人進攻的勢頭。共產黨領導的八路軍、新四軍開赴抗日前線，活躍在敵後戰場，給日寇以沉重的打擊，有力地策應了正面戰場。在國難當頭之際，中國共產黨人作為最自覺、最堅定的愛國主義者，高高舉起了弘揚愛國精神、挽救民族危亡的旗幟，喚起了不甘外侮的民族大覺醒，中華民族的覺醒達到了空前的程度。愛國主義精神是中國共產黨理論和實踐的基礎之一，是中國共產黨得到愈來愈多的人民群眾支持和擁護的根本原因。正如論者所說：「在偉大的抗日戰爭中，中華民族空前覺醒，在民族公敵面前，萬眾一心，同仇敵愾，愛國主義精神成為鼓舞全民抗戰的力量源泉。」[103] 全國各界，包括工人、

**103** 甘觀仕：《發揚抗日戰爭的愛國主義精神，為促進祖國統一大業的完成而奮鬥》，《毛澤東思想論壇》1995 年第 4 期。

農民、學生、工商界、知識界、少數民族、宗教界、海外華僑等各方面，紛紛行動起來，捐款捐物，全力支持前線的殺敵將士。中國人民的愛國主義精神在抗日戰爭中空前高漲和昇華。

## 二、抗戰時期愛國主義精神的鮮明時代特徵

中華民族在抗戰時期體現出的愛國主義精神有兩個鮮明的時代特徵：一是捨身為國的犧牲精神，一是同仇敵愾的團結精神。

### 捨身為國的犧牲精神

在抗日戰爭中，中國各族人民為了救國，高舉愛國主義的旗幟，前赴後繼地與民族敵人進行戰鬥，把這種犧牲精神發揮到極致。

中國共產黨是國人堅持抗戰的中流砥柱，衝殺在抗日鬥爭的最前線，為全國人民作出發揚革命英雄主義的表率。東北抗日聯軍第一路軍，在總司令楊靖宇指揮下，馳騁在東南滿大地，轉戰於茫茫林海，進出南滿鐵路，有力牽制了日軍向關內的入侵。楊靖宇壯烈殉國後，殘暴的日寇割下他的頭顱，割開其腹部，藉以示眾。面對楊靖宇的屍體，敵酋駭然，拖著他們在冰天雪地中周旋轉戰了幾年的楊靖宇，胃裡除了尚未消化的樹皮、草根、棉絮外，竟然連一顆糧食都沒有。八路軍副參謀長左權在反「掃蕩」戰鬥中，臨危受命，從容不迫地指揮戰鬥，掩護總部突圍，把自己的滿腔熱血灑在太行山的十字嶺上。還有打完最後一顆子彈，毅然砸槍跳崖的狼牙五壯士。被敵人圍困河邊，寧死不屈挽臂投江的八位抗聯女戰士。……這些都集中體現革命軍人固有的那種

捨身為國的犧牲精神的典範。朱德曾經高度評價了這種殺敵報國、不怕犧牲的精神，說：

在戰鬥方面，如著名的平型關大捷，陽明堡火燒敵機，使敵人膽寒的百團大戰，狼牙山五勇士的壯烈跳崖，全排壯烈犧牲的馬城村堅守戰，黃煙洞保衛戰，全連八十二人全部殉國的淮北劉老莊戰鬥，南北岱崮堅守戰，韓略村伏擊戰，甄家莊殲滅戰，無一不是我軍指戰員的英雄主義的最高表現。[104]

朱德把八路軍、新四軍的英勇頑強、無所畏懼的戰鬥精神歸結為革命英雄主義，而這種英雄主義完全不同於舊式的英雄主義，是一種新的革命精神。他說：

八路軍、新四軍的英雄主義，不是為個人利益打算、為反動勢力服務的舊英雄主義，而是新英雄主義，革命的英雄主義，群眾的英雄主義。

革命的英雄主義，是視革命的利益高於一切，對革命事業有高度的責任心和積極性，以革命之憂為憂，以革命之樂為樂，赤膽忠心，終身為革命事業奮鬥，而不是斤斤於作個人打算；為了革命的利益和需要，不僅可以犧牲自己的某些利益，而且可以毫不猶豫地貢獻出自己的生命。[105]

在國民黨領導的軍隊中，也湧現出大量勇於殺敵報國、不怕

**104** 朱德：《八路軍新四軍的英雄主義》，《朱德選集》，人民出版社 1983 年版，第 118 頁。

**105** 朱德：《八路軍新四軍的英雄主義》，《朱德選集》，第 116-117 頁。

犧牲的愛國志士。許多將士在敵人進攻面前臨危不懼，英勇作戰，血灑戰場。第三十三集團軍總司令張自忠在全面抗戰爆發後，抱定「以死報國，志在必勝」「用精神和血肉拼命幹一場」的決心，率部奮勇殺敵，血灑疆場。第二十九軍副軍長佟麟閣參加了察哈爾民眾抗日同盟軍，第二十九軍師長趙登禹參加了長城各口的抗戰。佟、趙二人都在七七抗戰中壯烈犧牲於南苑之役。國民黨愛國官兵的抗日英雄事蹟，同樣體現了民族精神的輝煌，永垂史冊，深受後人敬仰。一九三八年三月，延安舉行「紀念孫中山逝世十三周年及追悼抗敵陣亡將士大會」，毛澤東在發表的講話中高度讚揚了包括抗戰陣亡的國民黨部隊官兵在內的英烈們。他說：

（作者注：自盧溝橋事變以來）八個月中，陸、空兩面，都做了英勇的奮戰，全國實現了偉大的團結，幾百萬軍隊與無數人民都加入了火線，其中幾十萬人就在執行他們的神聖任務當中光榮地壯烈地犧牲了。這些人中間，許多是國民黨人，許多是共產黨人，許多是其他黨派及無黨無派的人。我們真誠地追悼這些死者，表示永遠紀念他們，從郝夢麟，佟麟閣，趙登禹，饒國華，劉家祺，姜玉貞，陳錦秀，李桂丹，黄梅興，姚子香，潘占魁諸將領到每一個戰士，無不給了全中國人以崇高偉大的模範。[106]

抗日戰爭中，無數仁人志士和愛國將士，把覺醒變為為民

106 毛澤東：《在紀念孫中山逝世十三周年及追悼抗敵陣亡將士大會上的講話》，《毛澤東文集》第 2 卷，第 113 頁。

族、為祖國犧牲的行動，愛國主義情感在他們身上得到具體體現。這種同仇敵愾、英勇抗敵的愛國主義精神，成為這一時期的時代精神的特徵。

### 同仇敵愾的團結精神

在八年的抗日戰爭中，中華民族發揚了「兄弟鬩於牆，而外禦其辱」和「國家興亡，匹夫有責」的愛國主義精神，團結在抗日民族統一戰線的偉大旗幟下，築成自己的血肉長城，同日本侵略者進行了氣壯山河的鬥爭。從區域上看，無論是前線還是後方，地不分南北，人不分老幼，凡是有炎黃子孫、中華兒女的地方，都開展了抗日救亡鬥爭；從政黨上看，不僅共產黨和國民黨公開宣佈抗戰，全國其他的黨派團體，包括抗戰初期已有的第三黨、國社黨、青年黨、全國救國會、中華職教社、鄉村建設派和後來新組建的黨派團體，以及無黨派民主人士，都旗幟鮮明地參加抗日；從階級和階層上看，工人階級、農民階級、城市居民和港澳同胞都積極參加抗日鬥爭；從武裝力量上看，全國一切武裝力量，包括國共兩黨掌握的武裝，一切地方、民族武裝和廣大民兵自衛力量，均以不同方式樹起抗日旗幟，打擊來犯之敵。全國各階層各民族實現了前所未有的大團結，萬眾一心，同仇敵愾，打響了一場以拯救祖國危亡為最高宗旨的民族解放戰爭。

分佈在廣袤神州大地上的少數民族，是抗戰的重要力量。抗日戰爭中參加的少數民族之多、地域之廣、鬥爭之堅決，遠遠超出了鴉片戰爭以來歷次對外自衛戰爭，這在中華民族反抗外來侵略的歷史上是極為罕見的。據有關書籍記載，在抗戰期間，我國五十五個少數民族的大多數都參加了反對日本帝國主義侵略的民族解放戰爭。其中有：東北和內蒙古地區的滿族、朝鮮族、赫哲族、蒙古族、達斡爾族、鄂溫克族、鄂倫春族、錫伯族；西北和華北地區的回族、東鄉族、撒拉族、保安族、藏族以及新疆各少數民族；中南和東南地區的壯族、瑤族、仫佬族、毛南族、京族、土家族、黎族、苗族、佘族、傣族、傈僳族、佤族、拉祜族、景頗族、布朗族、阿昌族、崩龍族、布依族、侗族、水族等，構成了以漢族為主體，其他少數民族共同參加的反侵略戰爭。[107] 少數民族組織的各種抗日團體遍佈全國，著名的有：黑龍江的由滿族、朝鮮族和漢族民眾組織的「反日會」，內蒙地區的蒙漢人民組織的「抗日同盟會」「察綏戰地動員委員會」，新疆的「各族人民反帝聯合會」，河北冀中的「冀中區回民抗戰建國聯合會」等，這些組織有力地支援抗戰，充分表現了各族人民的拳拳愛國心。

宗教界的愛國人士，也紛紛起來聲討日本帝國主義的侵略罪行。全國抗戰爆發後，不少地區的佛教、伊斯蘭教、基督教等宗教界成立了救國會、就難協會等救亡組織，參加抗日宣傳、救護等工作。武漢會戰期間，武漢基督教徒為國難舉行祈禱，並呼籲全世界同道本著基督捨身救世之精神，繼續與中國密切合作，以

**107** 馬增浦：《抗日戰爭中的少數民族》，全國中共黨史研究會編：《抗日民族統一戰線與第二次國共合作》，中國文史出版社 1987 年版，第 213-214 頁。

期伸張正義，實現和平。我國伊斯蘭教「四大阿訇」之一的達浦生教長，一九三八年元月到達埃及，向埃及人民介紹了中國人民進行的抗日戰爭，表達了中國人民不甘屈辱、頑強戰鬥的民族意志，他說：

我整個中華民族上下一致，同心同德，眾志成城，共赴困難，咸存玉碎之心，不為瓦全之念，日本雖強，亦不能占我片瓦，制我民心。中國的回族徒，也如非回教徒一樣的熱愛祖國，抗禦暴敵，不願為日人之奴隸，或直接持戈參戰，或努力於後方工作，攜手一致，反對日本帝國主義。[108]

達浦生的話說出了廣大宗教界人士支持抗戰的心聲。

抗日浪潮席捲整個中華大地，隨著戰勢的進一步擴展，全國各階層人民紛紛出錢出力通過各種方式支援抗戰，獻金運動轟轟烈烈地開展起來。有組織的獻金運動開始於武漢，是由周恩來、郭沫若領導的國民政府軍事委員會政治部第三廳為紀念「七七事變」周年而發起。據記載，一九三八年七月一日早上，武漢三鎮獻金臺前人頭攢動，人們爭先恐後地前來獻金。獻金中計有紙幣、銀元、銅板、銀元寶，又有耳環、手鐲、戒指、珠寶等金銀首飾，後來，更發展到獻銀盾、銀盤、獎盃，還有藥品、衣服、食品等。獻金的人中，有工人、農民，還有船員、人力車夫、店

108 哈寶信：《上海回族抗日救亡運動述略》，選自韓斌主編：《回族研究—第八次全國回族史研討會論文集》，新疆人民出版社 1998 年版，第 168-169 頁。

員、小販，甚至還有乞丐，參加獻金的達三十萬人以上。這項活動很快擴展到大後方各地。

居住在海外的華僑，一貫熱愛祖國。「九一八」事變後，華僑舉行各種活動支持祖國人民反抗日本侵略者的鬥爭。尤其在「七七」事變後，廣大華僑無論是巨賈商富、各界名流，還是平民百姓，三教九流，紛紛行動起來，開展為前線將士募捐、抗日救國宣傳和抵制日貨等活動。他們購買國內發行的抗日公債，籌集大量物資，以各種形式支持及參加祖國的抗戰事業。抗日時期，僑胞認購了大量飛機、汽車、醫藥等軍需物資及救濟難民的物資。大批華僑回國參加抗戰，有的直接奔赴殺敵戰場，有的參加救護工作或戰時運輸工作，其中許多人衝破阻力，赴延安和各抗日根據地投入抗日鬥爭。他們當中，血灑疆場、為國捐軀者不計其數。廣大愛國僑胞無疑為抗戰作出了重大貢獻。一九三八年九月，宋慶齡出席了「華僑抗敵總會」在香港召開的第二次代表大會，發表題為《華僑總動員》的演說，對海外華僑積極參加抗戰的愛國精神給予高度評價：

抗戰以還，年余於茲，華僑之救國運動，應廣泛迅速的開展起來。在歐美，在新嘉坡、菲律賓、南洋，在安南、暹羅，在印度、荷屬，在香港等地的華僑，積極籌募捐款，僑工更是節衣縮食，省下血汗錢，是以捐款成績，達數千萬元。更進行抵制日貨，組織救國團體，擴大國際宣傳工作，成立戰時服務團體，回國參加抗戰，支持抗戰，給予抗戰以極大的幫助，這是值得大大讚揚和效法的。[109]

國民黨和中國共產黨領導的抗日軍隊，分別擔任著正面戰場和敵後戰場的作戰任務，形成了共同抗擊日本侵略者的戰略態勢。以國民黨軍隊為主體的正面戰場，組織了一系列大仗，特別是抗日戰爭初期的淞滬、忻口、徐州、武漢等戰役，給日軍以沉重打擊。中國共產黨領導的敵後戰場，廣泛發動群眾，開展遊擊戰爭，八路軍、新四軍、華南遊擊隊、東北抗日聯軍和其他人民抗日武裝力量奮勇作戰。平型關大捷打破了「日軍不可戰勝」的神話，百團大戰增加了全國軍民爭取抗戰勝利的信心。敵後戰場鉗制和殲滅日軍大量兵力，殲滅大部分偽軍，在中國人民抗日戰爭中具有舉足輕重的地位。廣大港澳同胞、臺灣同胞、海外僑胞和海外華人，與祖國同呼吸、共命運，以各種方式參加和支援祖國人民抗戰。總之，在艱苦卓絕的抗日戰爭中，無數中華兒女為捍衛民族生存、拯救國家危亡而英勇戰鬥，用生命和鮮血譜寫了驚天地、泣鬼神的壯麗史詩；以氣吞山河的氣概，在中華民族史上譜寫了輝煌的篇章。

**109** 宋慶齡：《宋慶齡選集》上集，人民出版社 1992 年版，第 250 頁。

# 第十七章 革命精神的光大

「民族之倏而盛，倏而衰，回環反復興廢靡常者，皆其精神之強弱為之也。」[1] 近代中國飽受欺淩，民族精神強耶弱耶，一言難斷。不過，民族精神在近代得到發展，創化更生，則是事實。其中，革命精神如旌旗高飄，凱歌猛進，蔚為二十世紀中國一大觀，其發生發展之軌跡，自為治史者所關注。

「革命」一詞，古已有之，但將革命作為一種思想觀念，融入中華民族的心理，進而上升為全民族的精神，則始於近代。十九世紀末二十世紀初，現代性革命話語開始在中國出現，中經辛亥革命、國民革命運動等的錘鍊，至三四十年代，革命精神廣為國人接受。本文擬以前人研究為基礎[2]，粗略考察一下現代性革命話語建構的歷史，也就是革命精神在中國的發生史。

1 佚名：《民族精神論》，《江蘇》第 7 期，1903 年 10 月。

2 重要者如陳建華的《「革命」的現代性—中國革命話語考論》（上海古籍出版社 2000 年版），王奇生的《「革命」與「反革命」：1920 年代中國三大政黨的黨際互動》（《歷史研究》2004 年第 5 期），本文多有參考。

## 第一節 ▶ 革命語義的轉變

「中國之革命，發軔於甲午以後，盛於庚子，而成於辛亥，卒顛覆君政。」[3] 至辛亥革命，這是中國現代革命史的第一期。孫中山用「民族解放主義」來評說這一段歷史，準確與否，另當別論，但從革命精神史角度看，的確成一段落。

### 一、中國現代性革命話語的三個源頭

「革命」是中國古代儒家學說中重要的政治話語，《周易》有：「天地革而四時成，湯武革命，順乎天而應乎人，革之時義大矣！」孔穎達疏：「夏桀、殷紂兇狂無度，天既震怒，人亦叛主，殷湯、周武聰明睿智，上順天命，下應人心，放桀鳴條，誅紂牧野，革其王命，改其惡俗，故曰：『湯、武革命，順乎天而應乎人。』」並指出，「革命」是有別於因循禪讓的變革形式，其武力奪權的暴烈行為寓有深意：「計王者相承，改正易服，皆有變革，而獨舉湯、武者，蓋舜、禹禪讓，猶或因循，湯、武干戈，極其損益，故取相變甚者，以明人革也。」[4] 這裡「革命」的基本含義是改朝換代，以武力推翻前朝，從而為新王朝的建立提供合法性。「成則為王，敗則為寇」，實際上，儘管後儒關於「革命」合法性的爭論時斷時續，但有一點毋庸置疑，那就是

3 孫中山：《中國國民黨第一次全國代表大會宣言》，《孫中山全集》第 9 卷，第 114 頁。

4 孔穎達：《周易正義》卷五。

「革命」話語為奪取政權者所專有，失敗者則是「叛臣」「逆賊」。在「忠君」的主流意識形態下，臣民不僅諱言「革命」，而且視反抗當局的鬥爭為造反行為，有悖天理、民意、王法。從根本上說，中國古代的「革命」學說是君主專制統治的理論工具，與社會制度的變革不相涉。

英語中的「革命」（revolution）一詞，對中國現代性概念「革命」的影響不可忽視。據英國學者雷蒙·威廉斯（Raymend Williams）研究，revolution 最近的詞源是古法文 revolucion 與拉丁文 revolutionem，可追溯的最早拉丁文詞源是 revolvere——意指時空的旋轉、迴圈。十七世紀後，該詞詞義從「轉變」（alternation）、「變化」（change）中發展出政治意涵，含有「恢復（restoration）之前或改革（renovation）當前的法定執政當局」之義，與 rebellion 的「不正當地反對執政當局」的言說立場產生區別，涵義較為正面。十七世紀末以後，revolution 在英文裡主要指一六八八年所發生的「光榮革命」。美國獨立運動後，revolution 完全變成褒義詞，強調執政當局取得政權途徑的合法性。「法國大革命」發生，再次深刻影響 revolution 的現代內涵。從此，revolution 明確含有「必要的革新」「建立新秩序」的意涵，且帶有正面的「進步」（progress）之義，「創建新秩序」變得與「顛覆舊秩序」一樣重要。revolution 不僅與 rebellion（叛亂）不同，而且與 palace revolution（即「宮廷革命」，不含制度變革之義）有質的區別。至此，revolution 既指通過相對溫和的改良手段實現的英國「光榮革命」，又指武裝暴力的「法國大革命」〔霍布斯鮑姆（E. J. Hobsbawm）提出的所謂的驅動西方現代擴張的英法「雙輪馬車」說正基於此〕。十九世紀末以後，revolution 所含有的「暴力推翻」之義，常拿來與 evolution 作對比。evolution 帶有經憲政上的和平改革漸進地產生新社會秩序的意涵，revolution 則越來越帶有「根本性地創建社會新秩序」之義。[5]以「法國大革命」為歷史運動的典範，「革命」甚至被黑格爾歷史哲學賦予大寫的形式——Revolution。Revolution 政治寓意的變化反過來又進入其他語境，用以指「根本上的改變」（fundamental change）、「根本性的新進展」（fundamentally new development），如「工業革命」「科技革命」等。簡言之，在英語中，「革命」首先是在一般意義上使用的，指性質（或結果）的改變，含和平漸進與激烈顛覆兩種形式，其次才特指途徑（或手段）上的激進暴力革命。

日語「革命」一詞源自中國，僅有音讀かくめぃ。西元六世紀，「革命」一詞隨《周易》傳入日本。八世紀，《孟子》流行日本，其中關於放桀、伐紂的說法隨之傳播，「革命」進一步匯入日本語系統。由於中日不同的政治環境，日本人在接受「湯武革命」話語的同時，對「革命」的含義作了改造。誠如溝口雄三指出：「兩者之間橫亙著難以逾越的兩國傳統之差異，即一方是根植於中國易姓革命的傳統，另一方則是植根於日本萬世一系的

5 雷蒙・威廉斯著，劉建基譯：《關鍵字：文化與社會的詞彙》，生活・讀書・新知三聯書店 2005 年版，第 411-417 頁。

天皇觀這一歷史事實。」[6] 雖然其間也有學者援用「革命」的漢語本義，但總體說來，江戶時代以降的大多數學者反對孟子的「湯、武放伐」學說，主張臣下對將軍（總領主）無條件效忠。較典型的如山崎暗齋（1816—1682）曾撰《湯武革命論》，非議湯、武從桀、紂手中奪權的行為，宣揚日本天皇寶祚綿長，提倡極端忠君主義。他的弟子淺見齋則乾脆把湯、武說成是「殺主之大罪人」。[7] 江戶末期，以「尊王攘夷」運動為政治背景，革命話語被重新鑄造，總的精神是反對幕府專權，擁護天皇領導下進行封建制度變革。吉田松陰等人的革命理論結合西學知識，對源自中國的「革命」話語加以改造，意思接近於「改革」「維新」。至明治維新時代，「革命」一詞所含的尊王改革之義已深入人心，「明治維新」與「明治革命」成為同義語。梁啟超戊戌變法失敗後流亡日本，發現日本人將英語 revolution 譯作「革命」，其意義並非僅指政權的激烈更替，也指「群治中一切萬事萬物莫不有」的「淘汰」或「變革」。他說：「日本以皇統綿綿萬世一系自誇耀……曾亦知其所以有今日者，實食一度 Revolution 之賜乎？日人今語及慶應、明治之交，無不指為革命時代，語及尊王討幕、廢藩置縣諸舉動，莫無不指為革命事業，語及藤田東

6 〔日〕溝口雄三：《中國民權思想的物色》，臺北「中央研究院」近代史研究所編：《中國現代化論文集》，臺北「中央研究院」近代史研究所 1991 年版，第 343-346 頁。

7 轉引自陳建華：《「革命」的現代性——中國革命話語考論》，上海古籍出版社 2000 年版，第 9 頁。

湖、吉田松陰、西鄉南洲諸先輩，無不指為革命人物。」[8]日語中的「革命」，已脫離中國古代「革命」話語以暴力手段改朝換代的意涵，而有強烈的本土色彩，且與英語 revolution 所含和平改良、漸進變革之義接近。

## 二、現代性革命話語在中國的出現

從詮釋義上說，革命精神的出現並不一定以「革命」話語的使用為標誌，但從完全意義上說，在現代性「革命」概念產生以前，所謂的「革命精神」，是一種不充分的或者說不自覺的精神。考察「革命」話語的產生史對於認識中國現代革命精神自有其積極意義。

一八九〇年，王韜《重訂法國志略》首次使用「法國革命」這一概念。當時，他是從否定的意義上來評判法國革命，稱革命黨人為「暴徒」「亂黨」。十九世紀末二十世紀初，「革命」一詞開始為人所重。

因其特殊的歷史地位，孫中山革命思想的形成及「革命」一詞的最早使用時間一向受到關注。一九二三年，孫中山撰《中國革命史》，自述「革命源起」：「余自乙酉中法戰後，始有志於革命。」該文是孫中山晚年的追述，「有志於革命」只可作泛義理解。可以肯定，一八九五年以前，孫中山及其追隨者未曾以「革

8 梁啟超：《釋革》，《新民叢報》第 22 號，1902 年 2 月；又見《飲冰室合集》文集之九，中華書局 1989 年版，第 43 頁。

命黨」自稱，而多用「造反」「起義」「光復」等表述。吳相湘《孫逸仙先生傳》指出：「『革命』一詞，自一八九五年以後，孫先生才開始使用。一八八五年時並沒有提及這二字。」[9] 長期以來，學界據一九二三年出版的陳少白口述的《興中會革命史要》、一九三六年馮自由撰《革命二字之由來》，斷定一八九五年十一月孫中山正式使用「革命」一詞為他所領導的事業命名。近年來的研究表明，此據不能成立。[10] 又據馮天瑜判斷，「孫氏以『革命黨』自命，可能在一八九五年底至一八九六年底的一年間」。他只提供了一個旁證：至遲在一八九六年底，外界已將孫中山為首的興中會稱之為「革命派」。[11] 一八九七年秋，孫中山把反清大本營移至日本，他正式接受「革命」的內外觸機方才形成[12]。據宮崎寅藏《三十三年之夢》等記載，一八九七年底至一八九八年間，孫中山在日本與宮崎彌藏、宮崎寅藏（滔天）兄弟過從甚密，先後多次談論「革命」「革命黨」事宜。而從現存孫中山本人的文字資料看，約至一九〇三年底，「革命」二字才開始在他的公共演講及私函中頻頻出現，儘管他早已具有革命思想。而此時，「革命」二字已是廣為人接受的新名詞。

9 吳相湘：《孫逸仙先生傳》，臺北遠東圖書公司 1982 年版，第 46 頁。
10 詳見陳建華：《「革命」的現代性——中國革命話語考論》，上海古籍出版社 2000 年版。
11 馮天瑜：《「革命」「共和」：近代政治中堅概念的形成》，中國史學會編：《辛亥革命與 20 世紀的中國》（下冊），中央文獻出版社 2002 年版，第 1570 頁。
12 陳建華：《「革命」的現代性——中國革命話語考論》，第 118 頁。

值得注意的是，一九〇三年之前這一段時間，梁啟超對宣傳現代性「革命」概念貢獻頗著。梁啟超在一八九九年十二月的《夏威夷遊記》（又名《汗漫錄》）首次使用他所接受的、由日語轉譯 revolution 的新義，提出「詩界革命」與「文界革命」的口號。在此口號影響下，《清議報》《新民叢報》刊載的許多詩歌宣傳了西方「自由」「民主」等學理，且不乏排滿革命傾向。如蔣智由《盧騷》一詩頌揚法國革命，傳播甚廣：「世人皆曰殺，法國一盧騷。民約昌新義，君威掃舊驕。力填平等路，血灌自由苗。文字收功日，全球革命潮！」[13] 梁啟超在《進化論革命者頡德之學說》一文中，稱達爾文「為科學界哲學界起大革命者」[14]。梁啟超等人以「革命」為社會進化的必然，他們對於「革命」甚至法國大革命的肯定，使用的已是現代意義的「革命」概念。一九〇二年，面對國內革命運動的興起，梁啟超認識到他所使用的轉譯自日本的「革命」一詞易與中國古代改朝易姓的「暴力革命」混淆，產生歧義，因此作《釋革》一文。他說：「革也者，天演界中不可逃避之公例也。」「夫淘汰也，變革也，豈惟政治上為然耳，凡群治中一切萬事萬物莫不有焉。」「易姓者固不足為 Revolution，而 Revolution 又不必易姓。」他指出，他所使用的「革命」是「變革」之義，與「湯武革命」、暴力流血不

13 蔣智由：《盧騷》，《新民叢報》第 3 號，1902 年 3 月。

14 梁啟超：《進化論革命者頡德之學説》，《新民叢報》第 3 號，1902 年 3 月；又見《飲冰室合集》文集之十二，第 81 頁。

相干。日本人以此譯 Revolution，泯沒了「變革」本義，且會造成可怕後果：「故妄以革命譯此義，而使天下讀者認仁為暴，認群為獨，認公為私，則其言非徒誤中國，而污辱此名詞亦甚矣。」同時，他認識到中國古代的「革命」一詞已深入人心，他的辯解難以改變現狀：「近今泰西文明思想上所謂以仁易暴之 Revolution，與中國前古野蠻爭鬩界所謂以暴易暴之革命遂變為同一名詞，深入人人之腦中而不可拔。」[15] 因此，《釋革》一文越要解釋「革命」，其意義就變得越模糊。而他自己此後仍不能不講「革命」。同年秋，梁啟超在述及國民智識的進展時說：「一二年前，聞民權而駭者比比然也，及言革命者起，則不駭民權而駭革命矣。今日我國學界之思潮，大抵不駭革命者，千而得一焉；駭革命不駭民權者，百而得一焉。」[16] 這裡的「革命」，已屬於改良的對立面，而非變革之義。一九〇四年，他在《中國歷史上革命之研究》一文中，不得不承認：「近數年來中國之言論，複雜不可殫數。若革命論者，可謂其最有力之一種也已矣。」他不再堅持把「革命」同 Revolution 分開，而較理性地區分出「革命」的廣狹二義：「革命之義有廣狹。其最廣義，則社會上一切無形有形之事物所生之大變動皆是也。其次廣義，則政治上之異動與前此劃然成一新時代者，無論以平和得之以鐵血得

**15** 梁啟超：《釋革》，《新民叢報》第 22 號，1902 年 2 月。
**16** 梁啟超：《敬告我同業諸君》，《新民叢報》第 17 號，1902 年 10 月；又見《飲冰室合集》文集之十一，第 33 頁。

之皆是也。其狹義，則專以武力向於中央政府者是也。」對他來說，中國的大敵是那個狹義的革命，所謂「吾中國數千年來，唯有狹義的革命，今之持極端革命論者，唯心醉狹義的革命」。[17] 與王韜等從負面使用「革命」不同，梁啟超雖不贊同暴力革命，但他對於廣義革命話語的讚揚和宣傳，客觀上卻助長了國內排滿革命的開展[18]。

一九〇三年，被認為是中國現代革命意識走向成熟的一年。這一年，鄒容、章太炎、章士釗等對於國內革命思想的宣傳貢獻最大。錢基博《中國現代文學史》稱：「啟超避地日本，既作《清議報》，醜詆慈禧太后；復作《新民叢報》，痛詆專制，導揚革命。章炳麟《訄書》、鄒容《革命軍》先後出書，海內風動，人人有革命思想矣！而其機則自啟超導之也。」[19] 章太炎、鄒容以梁啟超為先導，但又有實質性飛躍。孫中山《革命運動概要》說：「鄒容之《革命軍》、章太炎之《駁康有為書》尤一時傳誦。同時內外出版物為革命之鼓吹者，指不勝屈，人心士氣，於以丕

17 梁啟超：《中國歷史上革命之研究》，《新民叢報》第 46—48 合號，1904 年 2 月；又見《飲冰室合集》文集之十五，第 31 頁。

18 如柳亞子說：「他（指梁啟超）雖然沒有敢昌言種族革命，不過字裡行間，引起青年們對於滿清的反感，實在十二分激烈。」「讀了這些，排滿革命的感情，是不期然會油然而生的。」見柳無忌、柳無非編：《五十七年》，《自傳・年譜・日記》，《柳亞子文集》，上海人民出版社 1986 年版，第 145 頁。

19 錢基博：《中國現代文學史》，中國人民大學出版社 2004 年版，第 342 頁。

變。」[20] 章太炎《駁康有為論革命書》、鄒容《革命軍》以不同的文筆，相輔相成，將國人的革命意識向前推進了一大步。身歷其事的柳亞子後來回憶說：「《駁康書》文章古奧，議論深厚淵懿，利於承學文士；《革命軍》則痛快犀利，而宗旨非常正大，便於通俗。」經此啟蒙，《新民叢報》時代對於民族革命的模糊認識，變成了天經地義的信念。[21] 同時，中國式現代革命的基本內涵突顯出來，初步揭示出革命的真義。章太炎《駁康有為論革命書》以滿漢矛盾喚起民族大義，有傳統民族主義之嫌，但通觀全文，他所論革命，實與改良相對，以世界範圍內的革命潮流為據；他反對滿人統治，著力於揭露假變法、偽立憲的實質。章太炎說：「公理之未明，即以革命明之；舊俗之俱在，即以革命去之。革命非天雄大黃之猛劑，而實補瀉兼備之良藥矣。」[22] 他的「革命」已不限於「光復」舊義，而含政教學術、禮俗材性在內，具有時代新義。

鄒容《革命軍》也含舊式暴力革命之義，如說：「掃盡數千年種種之專制政體，脫去數千年種種之奴隸性質，誅絕五百萬有奇之滿洲種……」但若對照古代革命話語，文中又處處閃現著現代革命的勝義，如：「革命者，天演之公例也；革命者，世界之

20 孫文：《革命運動概要》，見《「中華民國」開國五十年文獻》第一編第 9 冊，臺北中央文物供應社 1963 年版，第 195 頁。

21 柳亞子：《五十七年》，柳無忌、柳無非編：《柳亞子文集：自傳・年譜・日記》，上海人民出版社 1986 年版，第 154-155 頁。

22 章太炎：《駁康有為論革命書》，《章太炎政論選集》（上冊），中華書局 1977 年版，第 204 頁。

公理也；革命者，爭存爭亡過渡時代之要義也；革命者，順乎天而應乎人也；革命者，去腐敗而存良善者也；革命者，由野蠻而進文明者也；革命者，除奴隸而為主人者也。」[23] 鄒容曾受日人栗原亮一一八八三年節譯的美國政治學家威曼所著《革命新論》影響，對近代西方革命理論有一定了解，《革命軍》結合世界革命來論說中國革命，視野開闊而說理深入。

章士釗節譯的《孫逸仙傳》一書對於宣傳革命尤其是孫中山的革命形象，發揮了積極作用。該書封面署「大革命家孫逸仙，黃中黃編譯，蕩虜叢書之一」，初刊於一九〇三年，風行一時，曾為清政府所禁。原書名《三十三年之夢》，一九〇二年在日本《二六新報》連載，同年八月單行本問世。作者宮崎滔天，編譯者黃中黃，即章士釗。書前有章太炎題詩：「索虜昌狂泯禹績，有赤帝子斷其嗌。掩跡鄭洪為民辟，四百兆人視此冊。」詩中，孫中山前繼劉邦、鄭成功、洪秀全，成為革命傳統的代表人物。章士釗在序中，開首便是：「孫逸仙者，近今談革命者之初祖，實行革命者之北辰。此有耳目者所同認。」在此之前，知道孫中山的人很少，且知之者多視其為「草寇」「大盜」。連鞏黃（秦力山）在序中也坦然承認：「四年前，吾人意中之孫文，不過廣州灣之一海賊也，而豈知有如宮崎之所云云者。」[24] 惲代英也指

23 鄒容：《革命軍》，《辛亥革命前十年間時論選集》第 1 卷下冊，生活・讀書・新知三聯書店 1960 年版，第 651 頁。

24 秦力山《〈孫逸仙〉序》，《秦力山集》，中華書局 1987 年版，第 91 頁。

出：「在甲午以前，一般人對於中山先生幹的革命，都不表同情，而且視革命為可厭惡的事情，至庚子之後，才覺悟中山先生的舉動是不錯。」[25] 孫中山本人也說：第一次廣州起義失敗後，「舉國輿論莫不目予輩為亂臣賊子、大逆不道，咒詛謾罵之聲，不絕於耳；吾人足跡所到，凡認識者，幾視為毒蛇猛獸，而莫敢與吾人交遊也。唯庚子失敗之後，則鮮聞一般人之惡聲相加，而有識之士且多為吾人扼腕嘆惜，恨其事之不成矣」[26]。從惡聲相加到正面稱頌，這一觀念的轉變，固然是時勢巨變的結果，也當看到，此書對刻畫孫中山革命領袖形象所起的作用，正如吳相湘所說，這一冊書的刊佈，對於國民革命的推動，其影響力與同一年刊行的鄒容《革命軍》一書是同等重要的。

一九〇三年以後，儘管支持改良者不乏其人，但革命也是聲勢如潮，遠非此前任何時期可比。一九〇三年，一位保皇黨人著文稱：「革命之說，非自今日始。然從前持此議者，僅三數人而已，近則其數漸多，血氣未定、膂力方剛之少年，輒易為所惑。又從前持此議者，僅自與其徒黨議之於私室而已，近乃明目張膽於稠人廣眾之中，公言不諱，並登諸報章，以期千人之共見。」[27] 革命由少數人的思想行動，逐漸轉化為多數人的共識，革命運動

25 惲代英：《中國民族革命運動史》，《惲代英文集》（下卷），人民出版社 1984 年版，第 944 頁。

26 孫中山：《建國方略》，《孫中山全集》第 6 卷，中華書局 1985 年版，第 235 頁。

27 《革命駁議》，《中外日報》1903 年 3 月 8 日。

如火如荼開展起來。「吾人苟不愛國則已，若欲愛國則不得不從事革命。」[28]「革命」話語在中國發生了實質性變化，國民心理由恐懼革命轉向認同革命、歡呼革命。「革命」成為鼓舞人心的精神動力，「革命精神」融入國人的思想世界，被視作美好的道德品格、進步向上的文化象徵。

二十世紀初十年是中國革命精神的奠基期，這一方面是通過思想家的宣傳，通過與改良派的論戰，不斷培育國民對於「革命」的積極認識；另一方面，通過孫中山、黃興、陶成章等領導的歷次反清武裝鬥爭，從實踐上譜寫壯麗的革命詩篇，鼓舞革命鬥志。一九〇五年中國同盟會成立後，短短三年間，即先後領導組織較大規模的反清起義達七次之多。黃花崗七十二烈士、徐錫麟、秋瑾、喻培倫、林覺民等，以生命為世人樹立了光輝的革命榜樣，用鮮血洗亮人們的眼睛，喚起革命精神。

就整個革命史來說，辛亥革命之前的這一階段，革命雖以三民主義為旗幟，但主要還限於民族革命尤其是「排滿革命」，一些人甚至與改朝換代相提並論，有較為明顯的局限性。魯迅《阿Q正傳》所述「革命」一節，深刻地揭示出這一時期下層民眾對於革命的看法：

阿Q的耳朵裡，本來早聽到過革命黨這一句話，今年又親眼見過殺掉革命黨。但他有一種不知從哪裡來的意見，以為革命黨便是造反，造反便是與他為難，所以一向是「深惡而痛絕之」

28 秦力山：《說革命》，《秦力山集》，第167頁。

的。殊不料這卻使百里聞名的舉人老爺有這樣怕，於是他未免也有些「神往」了，況且未莊的一群鳥男女的慌張的神情，也使阿Q更快意。

「革命也好罷」，阿Q想，「革這夥媽媽的命，太可惡！太可恨！……便是我，也要投降革命黨了。」[29]

「革命」普及到阿Q這樣的最下層人之中，可見革命影響之大。但從阿Q的話語看，他所理解的仍舊是「皇帝輪流做」的舊式革命，可見舊思想根深蒂固，思想革命殊非易事。

不僅普通人，一些領導者對「革命」的理解也有簡單化之嫌。一九〇八年，陶成章等起草的《龍華會章程》如此說：「怎樣叫做革命，革命就是造反。有人問我革命就是造反，這句話如今是通行的了，但這革命兩字，古人有得說過麼，我得應道有的。《易經》上面，『湯、武革命，應乎天而順乎人』，就是這兩個字的出典。」[30] 通觀章程全文，秘密會黨的色彩相當濃厚。

汪精衛在為革命辯護時曾說：「是故革命之主義，非黨人所能造也，由平民所身受之疾苦而發生者也。……使平民之疾苦日深一日，則革命之主義日熾一日，而革命之實力亦日盛一日。」[31] 二十世紀初期的革命，由自發到自覺，由傳統到現代，不僅是量

**29** 魯迅：《魯迅全集》第 1 卷，人民文學出版社 1981 年版，第 53 頁。
**30** 陶成章：《龍華會章程》，《陶成章集》，中華書局 1986 年版，第 129 頁。
**31** 汪精衛：《論革命之趨勢》，《辛亥革命前十年間時論選集》第 3 卷，第 525 頁。

的變化，更是質的飛躍。革命精神的培育與弘揚，儘管步履蹣跚，但畢竟邁出了第一步。

## 第二節 ▶ 革命觀念的傳播[32]

從一九一二年到一九二七年，革命精神進一步光大，「革命」的正義性、神聖性達到空前的高度。「革命」觀念及其意識形態滲入社會民眾層面，並影響社會民眾的思想和心態。

### 一、革命精神愈挫愈奮

辛亥革命前，同盟會是中國國內以「革命」為訴求的重要團體，以「排滿革命」相號召。民國成立後，孫中山等「以和平收革命之功」，「革命」一度為「民生建設」取代，轉而從事實業。結果卻是，宋教仁被刺，國民黨於一九一三年十一月被袁世凱解散。其間，短促的二次革命沒有能夠完成反袁的任務，也未能捍衛共和制度。二次革命失敗，標誌著辛亥革命成果被斷送。革命陷入困境，但孫中山卻表現出可貴的革命品質，始終保持著百折不撓的戰鬥精神。一九一四年六月，孫中山於日本東京重組中華革命黨，首次以「革命」名黨，厘定「革命方略」，宣佈自革命軍起義之日至憲法頒佈之時，稱為「革命時期」。在反袁護國運

32 本節寫作參考王奇生：《國共合作與國民革命：1924—1927》（《中國近代通史》第七卷）第十一章的內容。

動中，孫中山及其領導的革命黨人，成為一面鮮明的旗幟。一九一七年以後，孫中山又打出「護法」旗幟，以恢復民國元年的約法為目標。屢遭挫折之後，孫中山更加明確地認識到：改造中國的第一步，只有革命。[33]一九一九年十月，中華革命黨改組為中國國民黨。革命成為孫中山及國民黨人奮鬥的目標和手段。

革命也成為廣大民眾的選擇。民國建立後大小軍閥的混戰和民主憲政的失敗，尤其是一九二三年曹錕賄選，助長了人們對現實政治的失望，進一步激發起革命熱望。《東方雜誌》有人撰文，呼籲革命：「政治建設也唯有經過大革命與破壞後才能成功。再說得澈底些，平和是不能無代價得來的，平和的代價就只是鮮紅的血。」「現在該不是愛平和的時候了，政局已弄得走投無路，便要忍耐也無可忍耐了。暴力雖不能驅除暴力，但正規的力是可以驅除暴力的。我們所需要的就是國民的正規的力。」「現在的中國非經過武力的革命，不能收拾。武力革命的結果，必不免趨入極端。」[34] 據王奇生研究，五四運動以後，「革命」一詞的出現頻度明顯上升。[35] 民國成立十餘年間，從二次革命、護國運動、護法運動到五卅運動、北伐戰爭，無不表現為精英與民眾的並肩戰鬥。一次次抗爭，是國人革命精神的寫照；而抗爭的失

33 孫中山：《改造中國之第一步》，見《國父全集》第 2 冊，臺北中國國民黨中央黨史會 1973 年版，第 382 頁。

34 化魯：《「愛平和」的中國人》《棒喝主義與中國》，《東方雜誌》第 20 卷第 12、19 號，1923 年 6 月、10 月。

35 王奇生：《國共合作與國民革命：1924—1927》，江蘇人民出版社 2006 年版，第 509 頁。

敗，則說明反動勢力不會自甘滅亡，又進一步堅定了國人革命的信念。終於，由少數革命家的行動，演繹為國民革命的潮流。

## 二、三大黨競言「革命」

辛亥革命前，關於中國道路的討論，以改良與革命之爭最為激烈。五四運動後，革命力量得以壯大，革命成為一些進步政黨的共識。二十世紀二〇年代初期的中國共產黨、中國青年黨和中國國民黨，均抱定「革命」宗旨，革命變為多黨派的共同訴求，並上演了「大革命」的壯舉。

不過，革命的大旗下，各黨派對革命的具體目標、途徑又有不同的理解。國共兩黨合作進行的革命稱為「國民革命」，口號是「打倒軍閥，打倒帝國主義」。中國青年黨自稱其革命為「全民革命」，口號是「內除國賊，外抗強權」。

據金沖及研究，「國民革命」一詞最早出現於一九〇六年由孫中山、黃興、章太炎等起草的《軍政府宣言》中，但此後十六年間未見使用，直到一九二二年中共賦予其新內涵後，才逐漸風靡。[36]

中國共產黨成立時，宣稱其革命的性質是社會主義的，中共二大對此作了修改，分別提出最高綱領和最低綱領：最高綱領是建立無產階級專政，最低綱領是進行反帝反封建的民主革命，建

**36** 金沖及：《第一次國共合作的建立》，沙健孫主編：《中國共產黨通史》第 2 卷，湖南教育出版社 1996 年版，第 115-116 頁。

立一個「真正的民主共和國」，方法是援助國民黨繼續進行「民主革命」。不久，中共將「民主革命」改稱「國民革命」。陳獨秀曾解釋說，之所以改名，乃鑒於「民主革命這個口號未免偏於純資產階級的」，在半殖民地半封建的中國，沒有歐洲十八世紀資產階級革命之可能，而「國民革命」這個口號不但經國民黨採用，成了全國普遍的口號，並且實際上更適合於殖民地半殖民地各階級聯合革命的需要。[37] 其後，毛澤東等進一步解釋了「國民革命」與西方資產階級「民主革命」的區別。他認為，前者是殖民地半殖民地的小資產階級、半無產階級和無產階級這三個階級合作的革命，大資產階級附屬於帝國主義成了反革命勢力，中產階級介於革命與反革命之間動搖不定，革命的物件是帝國主義和軍閥、官僚、買辦、地主階級，革命的目的是「建設一個革命民

37 陳獨秀還解釋了「打倒國際帝國主義」「打倒軍閥」這兩個口號的由來。他說：「『打倒國際帝國主義』、『打倒軍閥』這兩個口號，是我們分析並歸納中國一切亂源而定出的，始終是我們一切政策之骨幹；然而最初喊出這兩個口號的時候，我們的聲勢非常之孤，研究系的報上，笑我們扛出『打倒帝國主義』、『打倒軍閥』兩塊招牌，尤其『打倒帝國主義』這一個口號，民眾多不了解，甚至有人說是海外奇談；但後來革命的工人和學生首先採用了，國民黨中一部分革命派也採用了，到現在，一部分進步的教授和商人也採用了，甚至於國民黨中的反動派和一班工賊，他們向民眾攻擊共產黨，有時不得不自稱他們也反對帝國主義，因為他們恐怕不如此說，民眾會馬上看出他們是帝國主義者的走狗；因此，我們可以看出本報所號召的『打倒帝國主義』這一口號已經深入民眾了。」陳獨秀：《本報三年來革命政策之概觀》，《嚮導》第 128 期，1925 年 9 月；又見《陳獨秀文章選編》（下），第 80 頁。

眾合作統治的國家」，其終極目的是要消滅全世界的帝國主義，建設一個真正平等自由的世界聯盟；後者是資產階級一個階級的革命，革命物件是國內的封建貴族，目的是建設國家主義的國家即資產階級統治的國家。[38] 中共認為，國民革命是社會革命的過渡，國民革命強調聯合，社會革命重在分化。共產黨先幫助資產階級小資產階級完成國民革命，然後再進行無產階級的社會革命。中共話語中的國民革命，實質上是一種「階級革命」。

「國民革命」口號得到孫中山和國民黨人的認可。一九二三年《中國國民黨宣言》稱：「夫革命之內容既異於前代，革命之手段亦因以不同。前代革命雖起於民眾，及其成功，則取獨夫而代之，不復與民眾為伍。今日革命則立於民眾之地位，而為之嚮導，所關切者民眾之利害，所發抒者民眾之情感。於民眾之未喻，則勞心焦思，瘏口嘵音，以申儆之；且不恤排萬難，冒萬險，以身為之先。及其既喻，則相與勠力，鍥而不捨，務蘄於成而後已。故革命事業由民眾發之，亦由民眾成之。」[39] 儘管孫中山並不贊同在中國實行蘇俄式的社會主義，也不提倡階級鬥爭，但在「聯俄」「容共」後，其革命思想難免仍受蘇俄的影響。這方面最明顯的表現是在民族主義和民權主義的解釋中引入了階級

**38** 毛澤東：《國民黨右派分離的原因及其對於革命前途的影響》，《政治週報》第 4 期，1926 年 1 月；又見《毛澤東文集》第 1 卷，第 24-25 頁。

**39** 孫中山：《中國國民黨宣言》，《孫中山全集》第 7 卷，中華書局 1985 年版，第 1-2 頁。

的概念和反帝的內容。他們認為，中國革命是世界革命的一部分，國民革命不僅是為了中國的民族解放，也是為了全世界受壓迫的無產階級；不僅要推翻中國的封建主義，也要打倒西方的資本帝國主義。這在一九二三年《中國國民黨宣言》、一九二四年《中國國民黨第一次全國代表大會宣言》中均有體現。

針對於此，中國青年黨認為，共產黨的無產階級專政理論不合中國實際，因為工人僅占全國人口的百分之四強，難以完成革命重任，農、商、學界同受軍閥壓迫，獨倡一階級革命，會失去大多數民眾的支持。其次，中國的主要矛盾是西方列強與中華民族的矛盾，而不是國內資本家與工人之間的階級鬥爭。青年黨人李璜自稱其宗旨為：「本國家主義的精神，采全民革命之手段，以外抗強權，力爭中華民國之獨立與自由，內除國賊，建設全民福利的國家。」[40]「內除國賊，外抗強權」，原是五四運動的口號，青年黨將其詮釋為「對內為民主革命，對外為民族革命」[41]。具體步驟是，「聯合農工商學各界，先求『全民武裝』，進而實行『全民革命』，以造成『全民福利』之國家，而不偏於任何階級」[42]。中國青年黨認為，國共兩黨「聯此軍閥以倒彼軍閥」，「聯赤帝國主義以倒白帝國主義」，其革命是「不澈底的」，甚至是「假革命」。因此，他們主張「內求統一，外求獨立」，

40 李璜：《談談我們》，見方慶秋主編：《中國青年黨》，檔案出版社 1988 年版，第 10-11 頁。

41 曾琦：《答穆濟波書》，《醒獅》第 6 號，1924 年 11 月 15 日。

42 《曾琦致鄭伯奇》，《醒獅》第 7 號，1924 年 11 月 22 日。

「內不妥協，外不親善」。[43] 青年黨認為，他們的革命主張比國、共兩黨更激進、更澈底、更有效。

在當時一些自由主義知識分子眼中，國、共、青三黨的政治理念並非水火難容，而均以革命為共同宗旨。胡適聲稱：「國民黨、共產黨及國家主義黨，均為中國青年學生所提倡，然打倒軍閥與解除外人之壓迫，實為以上三黨之共同宗旨。」[44] 無論是「打倒帝國主義，打倒軍閥」，還是「外抗強權，內除國賊」，不僅體現出中國國民黨、共產黨、青年黨的政治主張，而且體現了那一時代國人革命的目標和決心。革命，已成為他們為民族前途奮鬥的內在精神力量。

## 三、「不革命，便是反革命」

革命精神的弘揚與培育有賴於國人對「革命」觀念的認同。在二十世紀二〇年代，「革命」一詞已成為強勢話語，擁有至高無上的地位。一九二六年冬，一位元英國記者特地來華觀察正在進行中的中國革命。當他在漢口與國民政府要人談話時，驚訝地發現：「不到五分鐘就要受他們提醒，這政府是革命的。『革命』兩字在他們口中相同於一種符咒。」[45]張聞天《青春的夢》大力

43 《全國國家主義團體聯合會宣言及簡章》《中國國家主義青年團第一次全國代表大會對於時局宣言》，見李義彬編：《中國青年黨》，中國社會科學出版社 1982 年版，第 122-123、126-136 頁。

44 《胡適在英宣言》，天津《大公報》1926 年 11 月 11 日。

45 藍孫姆：《國民革命外紀》，北新書局 1929 年版，第 47 頁。轉自王奇生：《國共合作與國民革命 1924—1927》，第 524 頁。

謳歌革命：「革命！怎樣一個好聽的名詞！怎樣使我的熱血沸騰著呵！」「革命，是的，我們要革命！」[46] 這種對革命的美好遐想和頂禮膜拜，使革命與自由、翻身、解放等字眼相連。革命的正當性、合法性和崇高性被空前推崇，神聖不可侵犯。任何對革命表示質疑、遲疑的行為，都有可能被視作「非革命」「不革命」「反革命」而受到批判。在《嚮導》《新青年》等刊物中，「革命」成為使用頻率最高的核心詞彙，並且與神聖、進步、正義一樣，被用作表達褒義的修飾詞。楊蔭杭一九二一年注意到這樣一種現象：孫中山反對北方，則曰「革命」；北方反對孫中山，則不敢稱「反革命」，而是說「共棄」。[47] 其後，南方國民革命軍北伐，北方軍閥則以「反赤化」為他們的軍事行動正名。北方不以「反革命」而以「反赤化」為名，從中可見「革命」不可反對，「革命」已具政治正義。與之相應，「革命化」「革命性」「很革命」「最革命」「半革命」「反革命」等概念大量派生出來，與「革命」一起，匯入當時的話語系統。「革命」一詞，二十年前國人諱莫如深，這一時期已是耳熟能詳了。

另一方面，嚴格深入地探究「革命」內涵的文章則較為少見。一九二三年一月，陳獨秀發表《革命與反革命》，對「革命」與「反革命」予以界定。他認為，「革命」定義應以社會組織進

46 張聞天：《青春的夢》（三幕劇），《少年中國》第 4 卷第 12 期，1924 年 5 月。

47 楊蔭杭：《説革》，見《申報》1921 年 5 月 2 日，收入氏著的《老圃遺文輯》，長江文藝出版社 1993 年版，第 290 頁。

化為條件，不應以武力暴動為特徵。綜計人類社會兵爭之禍有四種形式：外患、內亂、革命、反革命，他們均以武力暴動為手段，但有質的不同。「革命既是社會組織進化過程中之頓變的現象，則革命必以不違反進化社會組織為條件，反革命必以違反進化為條件，內亂乃以社會組織之進化或退化兩無主義為條件。」「革命之所以稱為神聖事業，之所以和內亂及反革命不同，乃因為它是表示人類社會組織進化之最顯著的現象，它是推進人類社會組織進化之最有力的方法。」「凡是在社會組織進化上階級爭鬥的日常工作，都是革命事業，凡是一個革命家萬不可誤認革命之手段（武力暴動）為革命之目的（社會組織時化）。」再者，判斷一種行為、運動應以是否有進化的意義定功罪，不應該以它的行為者屬何階級何黨派定是非。一個階級一個黨派在前是革命的，在後可能是反革命的。「我們稱許一個革命派攻擊一個反革命派或自命為一個革命派，都不應該以一個階級、一個黨派或個人之靜的名稱為標準，應該以那階級、黨派、個人之動的行為為標準。」[48] 他大聲高呼：「積亂的中國，非國民自力的國民革命是不能援救的呵！」[49]

與陳獨秀相比，惲代英、鄧中夏等更強調革命的階級內涵。一九二六年八月，惲代英發表《國民革命與階級鬥爭》，反駁中

48 陳獨秀：《革命與反革命》，《嚮導》第 16 期；又見《陳獨秀著作選編》第 2 卷，上海人民出版社 1993 年版，第 402、403、404、405 頁。

49 陳獨秀：《北京政變與學生》，《嚮導》第 31、32 期；又見《陳獨秀文章選編》（中），三聯書店 1984 年版，第 321-322 頁。

國青年黨「全民革命」的說法：「現在一般人對於國民革命有兩種解釋：一說國民革命是全民革命；一說國民革命是各階級聯合的革命。」「國民革命是要各階級能夠覺悟，為自身利益團結起來。」「國民革命一定要各階級民眾覺悟，各階級有組織，他們都來參加革命，才做得好。」[50] 惲代英《政治學概論》明確指出：「本黨注重為被壓迫民眾實際利益而奮鬥，本黨的國民革命，即是被壓迫各階級聯合的革命，國家主義者則欲借『全民』革命之名詞，否認階級之存在，這便是民權論與國權論最大不同之點。」[51] 鄧中夏也說：「革命成功的方法，只有階級鬥爭，我們應高呼：階級鬥爭勝利萬歲！工農階級解放萬歲！」[52] 毛澤東《湖南農民運動考察報告》的解釋相對簡單，他從狹義上對「革命」作了詮釋：「革命是暴動，是一個階級推翻一個階級的暴烈的行動。」[53] 顯然，毛澤東這一提法分外強調革命的階級性與暴力性則。

與共產黨人不同，蔣介石對「革命」的解釋表現得相當隨意。一九二六年，他在廣東第六次全省教育代表大會講話時指出：「人類應為的工作，不單關於政治要革命，社會也要革命，科學也要革命。政治不革命，政治不能進步；社會不革命，社會

50 惲代英：《國民革命與階級鬥爭》，《惲代英文集》（下卷），第 833-835 頁。

51 惲代英：《政治學概論》，《惲代英文集》（下卷），第 869 頁。

52 鄧中夏：《革命的方法》，《鄧中夏文集》，人民出版社 1983 年版，第 204 頁。

53 毛澤東：《湖南農民運動考察報告》，《毛澤東選集》第 1 卷，第 17 頁。

不能進步；科學不革命，科學也不能進步。多一番革命，便多一番進步，便多一番改良；不革命即不能進步，不會改良。所以革命是一件很好的事情，各界若各做各的事情，不同向革命的路上走，那是大錯而特錯。現在的潮流，已成為革命的潮流，無論何事都要革命。政府不良，人民要革政府的命；學校不良，學生要革學校的命；個人自身不良，自己也要革自己的命。」[54]

「革命」話語在被神聖化、正義化的同時，也被通俗化、大眾化、寬泛化。在這種看似悖論的背後，有一點是無疑的，「革命」已成為強勢話語。誰獲得「革命」的話語權，誰就擁有政治權威、道德正義、法理支持。反過來亦如此，各黨派通過各種方式努力奪取「革命」正統。蔣介石宣稱「國民黨是國民革命的唯一指揮者」。共產黨、青年黨則認為國民黨是「舊革命黨」，共產黨還堅稱自己是最革命、最先進階級的代表。

與此相對，「反革命」則被建構成最大之「惡」、最「惡」之罪。「反革命」一詞在一九一九年前後才出現於中國人的言說中，一九二四年以後開始流行，而以較高頻率、較早使用的是中國共產黨。《嚮導》週刊（1922.9-1927.7）使用「反革命」一詞達 899 次。[55] 毛澤東多次說過類似的話：「現在世界上的局面，是革命和反革命兩大勢力作最後鬥爭的局面。這兩大勢力豎起了

**54** 蔣介石：《在廣東第六次全省教育大會代表講話》，《蔣介石言論集》第 2 集，中華書局未刊稿，1965 年，第 459-460 頁。

**55** 王奇生：《國共合作與國民革命：1924—1927》，第 529 頁。

兩面大旗：一面是紅色的革命的大旗……一面是白色的反革命的大旗。」[56]「中間派只有兩條路走：或者向右跑入反革命派，或者向左跑入革命派（其左翼有此可能），萬萬沒有第三條路。」[57]彭述之聲稱：「現在已經到了一個歷史的最堅決的時期了：不革命，便是反革命。」[58] 青年黨指責中國共產黨：「共產黨人動輒自炫新奇而以復古譏人，自詡進步而以反動罵人，自誇革命而以反革命誣人。國人之怯懦者往往為其氣焰所懾，屏息而不敢辯。」[59] 國民黨也說：「自從共產黨加入了中國國民黨，動輒拿『革命』和『反革命』字樣劫持中國國民黨員，強使接受共產黨所定的一切口號。一般黨員為力避『反革命』嫌疑計，不論何種問題，總要以最革命自居，而以『反革命』為大戒。」[60] 從中可見「革命」的權威性。其實，國民黨又何嘗不注意宣傳「革命」？如蔣介石訓誡黃埔軍校學生時說：「古人云：『不為聖賢，便為禽獸。』餘更續數語曰：『不為信徒，便為叛逆。』更進一言曰：『不為同志，便為寇仇。』」「不為革命，便為叛逆。」「所以不革命這句話，簡直就是說反革命罷了。沒有不革命的人，而

**56** 毛澤東：《中國社會各階級的分析》，《毛澤東選集》第 1 卷，第 4 頁。
**57** 毛澤東：《國民黨右派分離的原因及其對於革命前途的影響》，《政治週報》第 4 期，1926 年 1 月；又見《毛澤東文集》第 1 卷，第 30 頁。
**58** 述之：《目前革命中的聯合戰線問題》，《嚮導》第 185 期，1927 年 1 月。
**59** 曾琦：《共產黨之復古反動與反革命》，《醒獅》第 68 號，1926 年 1 月 23 日。
**60** 王季文編著，龍鳴皋、王桐軒校正：《中國國民黨革命理論之研究》第三編第一章，大東書局 1927 年版。

不做反革命的。」[61] 對於這種競言「革命」的現象，《大公報》發表社論說：「國人喜言革命，而不革命者實居多數……乃今之言曰：『不革命即是反革命』，令人已無回翔餘地。」[62] 一九二七年，國共合作下的武漢國民政府司法部制定了一個《反革命罪條例》，這是中國歷史上首次以立法的形式將「反革命」定罪，也從法律上為「革命」提供保障。

可怕的是，「革命」話語的泛化和任意化，在一些人手中成為攻訐他人的工具。有人注意到：「大凡要陷害他人，只須任封一個『反動』和『反革命』的罪號，便足置對方於死地而有餘。」[63]「四一二」政變前夕，蔣介石聲稱：「我只知道我是革命的，倘使有人要妨害我的革命，反對我的革命，那我就革他的命。我只知道革命的意義就是這樣，誰要反對我革命的，誰就是反革命！」[64] 獨裁與強權者，也要以「革命」相標榜，這既說明「革命」的地位，也反映出「革命」的混亂。

由於「不革命」有「反革命」之嫌，而反革命則是「罪」、是「惡」，無論在法律上還是道德上都讓人避之唯恐不及，因此，「革命」成為求得自存的必然選擇，講革命成為一種政治資本。就青年黨來說，「革命」始終限於紙面和口頭上，沒有化作有力的行

61 中國第二歷史檔案館編：《蔣介石年譜初稿》，中國檔案出版社 1992 年版，第 348、549 頁。

62 《罪等》（社評），天津《大公報》1927 年 6 月 2 日。

63 大不韙：《黨軍治下之江西》，《醒獅》第 118 號，1927 年 1 月 7 日。

64 蔣介石：《在南昌總部特別黨部成立大會演講詞》，1927 年 2 月 19 日，《清黨運動》，清黨運動急進會編印，1927 年，第 4 頁。

動。孫中山謝世後，國民黨人打著革命的幌子，卻日益脫離革命的軌道。只有共產黨人，不怕萬難，繼續進行著偉大的革命。

無論如何，經過大革命時代的薰染，革命意識、革命精神已在國人心中扎下了根，即使一些專制獨裁者也不敢冒天下之大不韙公然宣稱反對革命，而有志之士更是為革命赴湯蹈火，在所不惜，確如惲代英所說：「人每每因為一種革命的主義能解決自己與社會的苦痛，不惜犧牲一切為主義奮鬥。」[65]「革命尚未成功，同志仍需努力。」這一時期，革命雖未取得最後勝利，但通過各種途徑，革命精神、革命理念已浸入國民心中。

## 第三節 ▶ 革命精神的闡揚

中國共產黨把馬克思主義與中國革命實踐相結合，積極開展「工農革命」「人民革命」「民主革命」，把革命精神推向新境界。

一九二七年大革命失敗後，中國革命形勢發生了巨大變化，蔣介石建立起代表大地主大資產階級專政的政權，反帝反封建的任務更加艱巨，革命的重任落在中國共產黨肩上。土地革命戰爭時期，中國共產黨實行「工農武裝割據」，與南京蔣介石政權作堅決鬥爭。抗日戰爭爆發後，中國共產黨「動員一切力量爭取抗戰勝利」，組成抗日民族統一戰線，開展民族革命戰爭。抗戰勝利後，為反對蔣介石政權的獨裁統治，中國共產黨依靠人民戰

**65** 惲代英：《主義》，《惲代英文集》（下卷），第 839 頁。

爭，爭取和平民主。以毛澤東為代表的中國共產黨人率領人民群眾，經過艱苦卓絕的奮戰，最終贏得了中國革命的勝利。在長期的革命戰爭中，中國人民形成了愛國主義、為人民服務、實事求是、獨立自主、艱苦奮鬥、不怕犧牲等革命精神。這些精神既是對中國古代優秀文化傳統的繼承，又是馬克思主義革命學說與中國實踐相結合的產物，是對中華民族精神的創造性發展。其中，為國人熟知的井岡山精神、長征精神、延安精神等，既各具特點，又一以貫之，共同譜寫了民族精神的華彩樂章。限於篇幅，這裡僅闡述其中三點。

## 一、為人民服務

「為人民服務」不是一句口號，而是中國共產黨領導革命制勝的重要法寶。與歷史上為剝削階級服務的政權不同，中國共產黨站在無產階級立場上，旗幟鮮明地為一切受壓迫、受剝削的工農大眾服務。

新民主主義革命時期，中國共產黨一貫重視人民群眾的作用，將其作為革命取得勝利的根本保證。毛澤東認為，在中國民主革命歷史舞臺上，推動社會發展的革命主體，就是千百萬的勞苦大眾：「革命是什麼人去幹呢？革命的主體是什麼呢？就是中國的老百姓。革命的動力，有無產階級，有農民階級，還有其他階級中一切願意反帝反封建的人，他們都是反帝反封建的革命力量。但是這許多人中間，什麼人是根本的力量，是革命的骨幹呢？就是占全國人口百分之九十的工人農民。」[66] 土地革命戰爭時期，毛澤東通過四次反「圍剿」鬥爭勝利的經驗，指出：「真正的銅牆鐵壁是什麼。是群眾，是千百萬真心實意地擁護革命的群眾。這是真正的銅牆鐵壁，什麼力量也打不破的，完全打不破的。」[67] 一九三四年一月，毛澤東在江西瑞金召開的第二次全國工農兵代表大會上所作的《關心群眾生活，注意工作方法》非常明確地分析了人民群眾與中國革命的關係：「我們現在的中心任務是動員廣大群眾參加革命戰爭，以革命戰爭打倒帝國主義和國民黨，把革命發展到全國去，把帝國主義趕出中國去。誰要是看輕了這個中心任務，誰就不是一個很好的革命工作人員。我們的同志如果把這個中心任務真正看清楚了，懂得無論如何要把革命發展到全國去，那末，我們對於廣大群眾的切身利益問題，群眾的生活問題，就一點也不能疏忽，一點也不能看輕。因為革命戰爭是群眾的戰爭，只有動員群眾才能進行戰爭，只有依靠群眾才能進行戰爭。」[68] 抗日戰爭時期，毛澤東明確指出：「戰爭的偉力之最深厚的根源，存在於民眾之中。」[69] 兵民是勝利之本。據此，毛澤東形成了「人民戰爭」的偉大思想，並通過人民戰爭戰勝了日本帝國主義。解放戰爭時期，毛澤東在和美國記者安娜・

66 毛澤東：《青年運動的方向》，《毛澤東選集》第 2 卷，第 562 頁。

67 毛澤東：《關心群眾生活，注意工作方法》，《毛澤東選集》第 1 卷，第 139 頁。

68 毛澤東：《關心群眾生活，注意工作方法》，《毛澤東選集》第 1 卷，第 136 頁。

69 毛澤東：《論持久戰》，《毛澤東選集》第 2 卷，第 511 頁。

路易士・斯特朗的談話中，將人民的力量與原子彈和反動派的力量作了比較，毫不含糊地指出：「決定戰爭勝敗的是人民，而不是一兩件新式武器。」「從長遠的觀點看問題，真正強大的力量不是屬於反動派，而是屬於人民。」[70] 正是依靠廣大人民群眾的力量，共產黨打敗了國民黨政權，建立了中華人民共和國。

「從群眾中來，到群眾中去。」群眾路線是全心全意為人民服務的重要方面。毛澤東指出：「要得到群眾的擁護嗎？要群眾拿出他們的全力放到戰線上去嗎？那末，就得和群眾在一起，就得去發動群眾的積極性，就得關心群眾的痛癢，就得真心實意地為群眾謀利益，解決群眾的生產和生活的問題，鹽的問題，米的問題，房子的問題，衣的問題，生小孩子的問題，解決群眾的一切問題。我們是這樣做了麼，廣大群眾就必定擁護我們，把革命當作他們的生命，把革命當作他們無上光榮的旗幟。」[71] 全心全意為人民服務是由中國共產黨的性質決定的。共產黨的建立是為了挽救整個中華民族、解放全國人民，每個共產黨員應該把全心全意為人民服務視為自己畢生的責任，處處想到群眾，為群眾打算，把群眾利益放在第一位：「共產黨人的一切言論行動，必須以合乎最廣大人民群眾的最大利益，為最廣大人民群眾所擁護為

**70** 毛澤東：《和美國記者安娜・路易士・斯特朗的談話》，《毛澤東選集》第 4 卷，人民出版社 1991 年版，第 1195 頁。

**71** 毛澤東：《關心群眾生活，注意工作方法》，《毛澤東選集》第 1 卷，第 138-139 頁。

最高標準。」[72]

在全心全意為人民服務問題上，中國共產黨的革命實踐與理論認識保持著高度一致性。毛澤東針對工農兵革命只重視打仗，忽視開展群眾工作的傾向，在一九二七年底提出了工農兵革命軍三大任務，即：打仗消滅敵人；打土豪酬款子；宣傳群眾，組織群眾，武裝群眾，幫助群眾建立革命政權。工農革命軍每到一地，深入群眾，通過訪貧問苦，召開群眾大會等形式，及時了解群眾的意見和要求，幫助群眾解決一些實際問題。邊界貧苦農民迫切需要土地，一九二八年三四月間，毛澤東率領工農革命軍在酃縣的中村和桂東的沙田，開展插牌分田，解決了農民的最大需求。為了維護群眾的利益，掃除舊軍隊的不良習氣，上山伊始，毛澤東就為部隊制定了「三項紀律」，後來又頒佈了「六項注意」，這些紀律鮮明地體現了人民軍隊愛人民的本質特點。長征途中，中國工農紅軍物資匱乏，生活極度困苦，仍然時刻想著人民群眾的利益。中央紅軍占領遵義後，立即發佈《中國工農紅軍總政治部佈告》，明確規定紅軍部隊必須絕對維護沿途群眾的切身利益，以實際行動遵紀愛民。紅軍所到之處，紀律嚴明、秋毫無犯，主動關心群眾、武裝群眾，幫助群眾建立革命政權。沿途各族群眾切實感受到共產黨、紅軍與人民心連心，他們自告奮勇地為紅軍籌款籌糧、燒水送飯、收集情報、救護傷患，不少人還直接參加了紅軍。

**72** 毛澤東：《論聯合政府》，《毛澤東選集》第 3 卷，第 1096 頁。

一九四四年九月，中央警衛團戰士張思德因炭窯崩塌而犧牲，毛澤東在追悼會上以《為人民服務》為題發表演講：「為人民利益而死，就比泰山還重；替法西斯賣力，替剝削人民和壓迫人民的人去死，就比鴻毛還輕。張思德同志是為人民利益而死的，他的死是比泰山還要重的。」[73]「為人民服務」，經過中國共產黨人的實踐和宣傳，深入人心，成為中華民族精神的一筆寶貴財富。

## 二、實事求是

實事求是，源自《漢書・河間獻王傳》，班固稱西漢景帝第三子河間獻王劉德：「修古好學，實事求是。」中國共產黨在長期領導中國革命的過程中，以唯物主義為指導，大力培育和發揚實事求是的作風、學風，形成了實事求是的優良傳統。毛澤東一向注重調查研究，注重理論聯繫實際。一九三〇年五月，毛澤東針對黨內存在的主觀主義和教條主義的錯誤傾向，明確主張反對本本主義，提出了著名的「沒有調查，沒有發言權」，指出：「馬克思主義的『本本』是要學習的，但是必須同我國的實際情況相結合。我們需要『本本』，但是一定要糾正脫離實際情況的本本主義。」[74] 一九三七年七-八月，毛澤東發表《實踐論》和《矛

73 毛澤東：《為人民服務》，《毛澤東選集》第 3 卷，第 1004 頁。
74 毛澤東：《反對本本主義》，《毛澤東選集》第 1 卷，第 109、111-112 頁。

盾論》，從馬克思主義世界觀和方法論的高度，對教條主義進行了批判。一九三八年十月，毛澤東在中共六屆六中全會的報告中，提出共產黨員必須是「實事求是」的模範：「共產黨員應是實事求是的模範，又是具有遠見卓識的模範。因為只有實事求是，才能完成確定的任務；只有遠見卓識，才能不失前進的方向。」[75] 這雖然沒有對「實事求是」作具體解釋，但已經帶有思想方法和思想路線意義。一九四一年延安整風運動中，毛澤東在延安幹部會議上所作的報告《改造我們的學習》中，對「實事求是」做了非常明確的闡釋，他說：「『實事』就是客觀存在著的一切事物，『是』就是客觀事物的內部聯繫，即規律性，『求』就是我們去研究。我們要從國內外、省內外、縣內外、區內外的實際情況出發，從其中引出其固有的而不是臆造的規律性，即找出周圍事變的內部聯繫，作為我們行動的嚮導。而要這樣做，就須不憑主觀想像，不憑一時的熱情，不憑死的書本，而憑客觀存在的事實，詳細地占有材料，在馬克思列寧主義一般原理的指導下，從這些材料中引出正確的結論。」[76] 毛澤東的這一論述，言簡意賅，高屋建瓴，把「實事求是」作為馬克思列寧主義的理論和中國革命的實際相結合的指標，上升到立場、觀點、方法予以論述。「實事求是」是馬克思主義科學世界觀的實質，它集中體

**75** 毛澤東：《中國共產黨在民族戰爭中的地位》，《毛澤東選集》第 2 卷，第 522-523 頁。

**76** 毛澤東：《改造我們的學習》，《毛澤東選集》第 3 卷，第 801 頁。

現了辯證唯物主義和歷史唯物主義的根本要求，此後成為中國共產黨的思想路線。

中國共產黨革命的勝利，一定程度上說，就是實事求是精神的體現。中國革命道路的選擇關係到中國革命的成敗，但是，在中國這樣一個政治經濟發展極不平衡的半殖民地半封建的落後大國，如何進行革命？馬列主義經典著作中並沒有現成的答案。中國共產黨在「八七」會議以前，主要是照搬俄國十月革命的模式，把工作重點放在城市，企圖通過中心城市的總暴動，達到奪取全國政權的戰略目的。「八七」會議後，中國共產黨雖然確定了武裝反抗國民黨反動派和開展土地革命的總方針，但仍然把武裝起義的著眼點放在城市。湘贛邊界的秋收起義進攻的目標中心是城市長沙。在起義部隊一再失利並面臨全軍覆滅的危急情況下，毛澤東等人提出了關於部隊放棄攻打城市，去農村開展遊擊戰爭的正確意見，並在井岡山建立了第一個農村革命根據地，開展了「工農武裝割據」，制定出軍隊建設、黨的建設、政權建設、土地革命等一系列方針政策，開始在實踐中摸索出一條以農村包圍城市，武裝奪取政權的有中國特色的革命道路。這條道路代表了一九二七年大革命失敗後中國革命的發展方向，成功地實現了黨的工作重點由城市到農村的轉移。堅持實事求是，把馬克思主義普遍真理同中國具體實際相結合，也是紅軍長征最寶貴的歷史經驗和精髓。在紅軍實行戰略轉移初期，儘管北上抗日的方針是明確的，但具體的戰略立足點和行動路線，則又必須根據戰爭形勢、沿途的自然和社會條件以及敵我力量對比情況，實事求是地進行調整和變更，而不能搞主觀與客觀相脫離的教條主義。紅軍長征由初期陷入困局到後來踏上坦途的過程，實質上就是實事求是思想路線戰勝並最終取代教條主義的過程。堅持實事求是，一切從實際出發，是中國共產黨對中華民族精神的又一重要貢獻。

## 三、自力更生，艱苦奮鬥

中國的革命環境異常艱險，條件異常艱苦。在井岡山期間，工農紅軍「除糧食外，每天每人只有五分大洋的油鹽柴菜錢，還是難乎為繼。僅僅發油鹽柴菜錢，每月也需現洋萬元以上，全靠打土豪供給。現在全軍五千人的冬衣，有了棉花，還缺少布。這樣冷了，許多士兵還是穿兩層單衣。好在苦慣了」[77]。而當時的武裝鬥爭卻相當殘酷、激烈。從一九二七年十月到一九二九年一月，井岡山軍民在一年的時間裡，連續粉碎了江西敵人的四次「進剿」，湘贛兩省敵軍的三次聯合「會剿」，經歷了「三月失敗」「八月失敗」這兩次重大的挫折，大小戰鬥近百次，平均數天一次。長征作為中國革命無比艱險的一個縮影，面臨的形勢更加險惡。天上每日有飛機偵察轟炸，地上有敵軍圍追堵截，途中還有自然環境造成的難以想像的無數艱難險阻。這種狀況下，先後打了六百餘次重要戰役戰鬥，紅一方面軍長征途中有一百天在打遭遇戰，先後突破四道封鎖線，擊潰敵軍四百多個團。紅軍將士在衣食匱乏、休憩無所、傷亡不斷的情勢下，翻過皚皚雪山，蹚過滔滔急流，走過茫茫草地，以血肉之軀鋪平通向勝利的道路。有

**77** 毛澤東：《井岡山的鬥爭》，《毛澤東選集》第 1 卷，第 65 頁。

人說，一條兩萬五千里的長征路，就是一條浸透熱血的紅飄帶。抗日戰爭期間，日本侵略者實行「三光」政策，國民黨政府實行經濟封鎖，中國共產黨困難重重。「抗戰八年了，我們開頭還有飯吃，有衣穿。隨後逐步困難起來，以至於大困難：糧食不足，油鹽不足，被服不足，經費不足。這是伴隨著一九四〇年至一九四三年敵人大舉進攻和國民黨政府發動三次大規模反人民鬥爭（所謂『反共高潮』）而來的絕大的困難，絕大的矛盾。」[78]

在如此艱難險阻面前，中國共產黨領導人民，自力更生，艱苦奮鬥，表現出前所未有的戰勝困難的革命精神。在井岡山，以毛澤東為代表的中國共產黨人在極為艱難困苦的條件下，自己動手，發展農業生產，創建軍需工業，創辦造幣廠和公賣處，開展群眾性的熬硝鹽運動，組織全軍將士挑糧上山，克服了重重難關，創造了中國革命歷史上的奇跡。紅軍醫院設備簡陋，藥材缺乏，醫護人員就自己上山砍竹子，自製竹鑷子、竹軟膏刀、竹藥筒等，還上山採集中草藥，學習民間偏方，自己動手配製中藥，用來治療傷病員。有一首著名的紅軍歌謠，形象地描述了當時的軍民生活，「紅米飯，南瓜湯，秋茄子，味道香，餐餐吃得精打光；乾稻草，軟又黃，金絲被，蓋身上，暖暖和和入夢鄉」。在人類戰爭史上，紅軍長征是絕無僅有的偉大創舉。紅軍靠每個人的雙腳，縱橫十四省，行程萬餘裡，爬雪山，過草地，靠草根、

**78** 毛澤東：《論軍隊生產自給，兼論整風和生產兩大運動的重要性》，《毛澤東選集》第 3 卷，第 1108-1109 頁。

野菜充饑，考驗最為嚴峻。抗戰進入相持階段後，日軍的掃蕩，國民黨的封鎖，加上華北地區遭受了嚴重的自然災害，使根據地陷入嚴重困難。在這種情況下，毛澤東代表黨中央發出了自己動手豐衣足食的偉大號召，制定了發展經濟保障供給的方針，提出靠我們自己的兩隻手，自力更生，發展生產。一九四三年，毛澤東在勞模大會上動員說：「邊區的軍隊，今年凡有地的，做到每個戰士平均種地十八畝，吃的菜、肉、油，穿的棉衣、毛衣、鞋襪，住的窯洞、房屋，開會的大小禮堂，日用的桌椅板凳、紙張筆墨，燒的柴火、木炭、石炭，差不多一切都可以自己造，自己辦。我們用自己動手的方法，達到了豐衣足食的目的。每個戰士，一年中只需花三個月工夫從事生產，其餘九個月時間都可以從事訓練和作戰。我們的軍隊既不要國民黨政府發餉，也不要邊區政府發餉，也不要老百姓發餉，完全由軍隊自己供給；這一個創造，對於我們的民族解放事業，該有多麼重大的意義啊！抗日戰爭六年半中，敵人在各抗日根據地內實行燒、殺、搶的『三光』政策，陝甘寧邊區則遭受國民黨的重重封鎖，財政上經濟上處於非常困難的地位，我們的軍隊如果只會打仗，那是不能解決問題的。現在我們邊區的軍隊已經學會了生產；前方的軍隊，一部分也學會了，其他部分正在開始學習。」[79] 陝甘寧邊區開展了轟轟烈烈的大生產運動。毛澤東也親自開荒種菜，邊區依靠自力更生、艱苦奮鬥終於度過了最困難的歲月。

**79** 毛澤東：《組織起來》，《毛澤東選集》第3卷，第929頁。

中國共產黨人還注意對革命精神的培育與宣傳。一九三六年十二月，毛澤東在總結土地革命戰爭經驗時指出：「中國共產黨以自己艱苦奮鬥的經歷，以幾十萬英勇黨員和幾萬英勇幹部的流血犧牲，在全民族幾萬萬人中間起了偉大的教育作用。」「沒有中國共產黨在過去十五年間的艱苦奮鬥，挽救新的亡國危險是不可能的。」[80] 他第一次使用了「艱苦奮鬥」的概念，充分肯定了艱苦奮鬥的偉大作用。次年，他為抗日軍政大學題詞時，把「艱苦奮鬥的工作作風」作為抗大的教育方針而加以提倡。一九三九年十二月，在延安召開的幹部生產動員大會上，毛澤東代表黨中央發出了「自己動手，自力更生，艱苦奮鬥，克服困難」的偉大號召，並和中央領導同志一起帶頭參加大生產運動。一九四九年三月，在全國革命勝利前夕黨的七屆二中全會上，毛澤東強調中國共產黨在取得全國政權後必須繼續保持艱苦奮鬥精神，指出：「奪取全國勝利，這只是萬裡長征走完了第一步。……中國的革命是偉大的，但革命以後的路程更長，工作更偉大，更艱苦。這一點現在就必須向黨內講明白，務必使同志們繼續地保持謙虛、謹慎、不驕、不躁的作風，務必使同志們繼續地保持艱苦奮鬥的作風。」[81] 自力更生、艱苦奮鬥精神，時至今日仍然值得大力提倡。

**80** 毛澤東：《中國革命戰爭的戰略問題》，《毛澤東選集》第 1 卷，第 184-185、185 頁。

**81** 毛澤東：《在中國共產黨第七屆中央委員會第二次全體會議上的報告》，《毛澤東選集》第 4 卷，第 1438-1439 頁。

# 第十八章
# 科學精神的倡導

科學技術對於中華民族來說，曾經是一個既熟悉又陌生的名詞。在漫長的古代社會中，中華民族的智慧和靈巧創造了燦爛的文化，特別是創造了高度發達的手工技術。但是，這種文化和技術中缺乏現代科學的因數，更多的是經驗的積累。技術缺乏了科學的引導就像迷途的小羊，終至沒能走上科學昌明的大道。歐風東漸後，西方的科學技術不斷被介紹進中國，中華民族開始了解科學技術，並得以一窺科學技術背後的精神意蘊。然而，中華民族真正理解科學精神，並將科學精神融入民族精神的血液並非一朝一夕之功。

## 第一節 ▸ 西方科學技術的引進對固有觀念的衝擊

### 一、明清之際——西學東漸之濫觴

西方近現代意義上的科學技術輸入中國最早可以追溯到明清之際。一五八二年，英國耶穌會士利瑪竇進入中國，企圖在中國傳播基督教。但是來自異域的信仰與中國固有觀念之間差異委實太大了，外來教義的傳播從一開始便遭遇了種種困難。為了叩開中華精神世界的大門，傳教士不得不借助宗教之外的手段，向中華文明介紹西方科學技術。由此，科學繞開了異質文化和不同價值觀相撞的尷尬，並且恰好適應了當時中國社會生產和技術運轉的需要，對知識分子和統治者產生了吸引力。

耶穌會士東來之際，正是中華文明發展到頂峰的時候，文化的運行已經呼喚著新的創造。適應商業的繁榮，數學開始朝著社會化的方向發展，醫學則初露新趨向的萌芽。發展需求最急需的是天文曆法，明代的曆法一直沿用元代的授時曆和回回曆，隨著時間的推移，這種曆法的誤差漸大。西方的天文曆法知識恰好在此時來到中國，並在實踐中充分顯示了其優於舊法的高明。此外，諸如火器製造，為治河、修水利服務的測量學等均依靠其先進性，以及對社會需要的適應，相繼進入中華文明的視野。

這次西學東漸，由於中外各種因素的制約，並沒有持續下去，中華文明的大格局並未因此發生大的變化。然而，一種新的異質文化帶來的新奇和衝擊是久遠的。明末王徵在《遠西奇器圖說錄・序》中對西洋之器推崇備至，「諸奇妙器無不具備，有用人力、物力者，有用風力、水力者，有用輪盤，有用關捩，有用空虛，有即用重為力者。種種妙用，令人心花開爽。」[1] 字裡行間透出了喜悅之情。這種感官和思想的衝擊在接觸了西學的知識分子中是相同的。徐光啟在翻譯了《測量法義》之後說：「自從余從西泰子譯得《測量法義》，不揣復作勾股諸義，即此法，底

1 王徵：《遠西奇器圖説錄・序》，中華書局影印守山閣叢書版，第8頁。

裡洞然。於以通變施用，如伐材於林，挹水於澤，若思而在，當為之撫掌一快也。」[2]

西洋之「器」和「技」的使用價值帶來了觀念的變化，王徵說：「學問原不問精粗，總期有濟於世人；亦不問中西，總期不違於天。茲所錄者，雖屬技藝末務，而實有益於民生日用。」[3]王徵的話實際上是張揚了儒學的經世致用的取向，其矛頭直指宋明以來「德性之知，不假聞見」和「君子不器」的思想。宋明理學漸露式微徵象。

與此同時，理學末流空談心性的弊端也遭到了質詢。戴震指斥說：「宋以來儒者，以己之見，硬坐為古賢聖立言之意，而語言文字實未知之。其於天下之事也，以己所謂理，強斷行之，而事情原委隱曲實未能得。」[4]顧炎武則直接宣稱：「今之所謂理學，禪學也。」顧炎武：《與施愚山書》，《亭林文集》卷三。清代實學在這種思想基礎上乘勢而起。實學的學術旨趣雖然仍在經學範圍內，但治經方法卻為之一變。與宋學的言心言性相對，清儒以「通經博物」相尚，強調無證不信，論必有據。其所謂的「據」涵蓋的範圍極廣，既包括文獻材料的考據，音韻文字的訓詁，也包括實證的知識和理論辨證，涉及天文、地理、語言、生

2 徐光啟：《勾股義序》，王重民輯校：《徐光啟集》，上海古籍出版社1984年版，第84頁。

3 王徵：《遠西奇器圖説錄・序》，中華書局影印閣叢書版，第11頁。

4 戴震：《與某書》，湯志鈞校點：《戴震集》，上海古籍出版社1980年版，第187頁。

物、機械等具體領域的知識和理論。這些理論和知識構成了經學研究的學理基礎。這種研究遵循了「實事求是」的精神，在很大程度上揚棄了理學的向內的思辨性，開始將經學引向了實證性的研究之路。

## 二、從「器」「技」到「學」——觀念轉變的契機

一八四〇年，英國侵略者的大炮轟開了中國的大門。首批先進的中國人開始睜眼看世界，首先看到的是中國最缺乏的「堅船利炮」這一西方科技的產物。為了抵抗列強侵略，先進的中國人開始引進西方科技。林則徐督粵時，曾購置新式船隻，並打算設廠仿造。戰爭結束後，士人群起鑽研科學技術並著書立說。早期介紹西學的這些著作，開啟了近代中國傳播科學、轉變觀念的閘門。

透過這些著作，人們依稀窺見了一些西方近代文明，思想觀念開始轉變。魏源提出「師夷長技以制夷」，批駁了將西方科技視為「奇技淫巧」的保守僵化的傳統觀念。他認為「有用之物，即奇技而非淫巧」[5]。在他們看來，「夷之長技有三：一戰艦、二火器、三養兵練兵之法」[6]。在這裡，「技」還完全等同於「器」，雖然已經提出了要「師夷之長技」，但在思想深處更認同的還是

5　魏源：《海國圖志》卷二，《籌海篇三・議戰》，嶽麓出版社 1998 年版，第 30 頁。

6　魏源：《海國圖志》卷二，《籌海篇三・議戰》，第 26 頁。

「器」。換言之，科學技術就是它的物化形態。

這種將「器」與「技」混為一談的模糊認識，曾經在人們的頭腦中廣泛存在。概念的真正明晰是在洋務派設廠製造洋器的實踐中實現的。一八六一年，湘軍攻克了長江重鎮安慶，太平天國天京之西已無屏障，曾國藩終於可以騰出手來自設廠局，仿造西洋武器了。此時，曾國藩的認識仍然停留在「技」與「器」混同階段。他並不知道中國傳統的手工之技，並不等同於西方近代以科學為基礎的機械製造技術。他以為，只要依靠中國固有的手工技術，只要「訪募覃思之士，智巧之匠」，「智者盡心，勞者盡力」，「不過一二年，火輪船必為中外官民通行之物」。[7] 左宗棠也認為「訪得覃思研求之人，一一拆看，乃可展其有成」[8]。在他們的思想中，技術乃是外生給定的條件，需要了解的只是「器」的奧秘，「一一拆看」後，奧妙盡釋，然後只要用給定條件去仿造就可以實現「師夷長技以制夷」的宏願了。

在這種思想指導下，曾國藩在安慶內軍械所召集了當時中國最傑出的科學家徐壽、華蘅芳、李善蘭等人，開始了用手工技術仿製機器的過程。歷經百般挫折後，終於製造出了兩艘蒸汽輪船。但試行結果表明，手工製造的蒸汽輪船「行駛遲鈍，不甚得法」。這令曾國藩十分失望。一八六四年，左宗棠在杭州西湖覓

7 曾國藩：《覆陳購買外洋船炮折》，《曾文正公全集》奏稿，卷 17，傳忠書局光緒二年刻本，第 6 頁。

8 《致史致鍔》鈔件，轉引自趙德馨：《洋務派關於近代中國工業的起步》，《近代史研究》1991 年第 1 期。

匠仿製小輪船，採用的也是手工生產方式，其結果也是以失敗告終。

這樣的結果使洋務派醒悟了，他們認識到，中國缺少的不僅是那些威力無比的堅船利炮，更重要的是「技不如人」，「外洋如英、法諸國，說者皆知其唯持此船堅炮利，以橫行海外，而船之何以堅與炮之何以利，則置焉弗講」[9]。因此，要破解洋船之何以堅、洋炮之何以利，必須明了「器」背後的「法」。

李鴻章是最早抓住問題本質的洋務派官員。他通過舉辦洋炮局，親眼目睹了機器生產的過程，終於知道了手工生產和機器生產有本質區別。因此他提出：「中國欲自強，則莫如學習外國利器。欲學習外國利器，則莫如覓制器之器。」[10] 洋船之何以堅、洋炮之何以利，關鍵在於「法」之不同，即中西製造之「法」的不同，不解決「法」，也就是機器製造的技術問題，就不可能製造出「堅船利炮」。茅塞頓開之後，江南機器製造局等使用機器進行生產的軍事工業相繼建立起來。隨後，使用機器進行生產的開平煤礦等民用工業也建立起來了。

了解了「法」之奧秘後，洋務派進一步意識到，欲真正做到師夷之長技，僅有靠洋技師的技術舉辦起來的工廠是不夠的，還

9 《同治三年四月二十八日，總理各國事務衙門恭親王等奏》，《中國近代工業史資料》第一輯上冊，科學出版社 1957 年版，第 264 頁。

10 《同治三年四月二十八日，總理各國事務衙門奏摺附江蘇巡撫李鴻章致總理各國事務衙門函》，《中國近代工業史資料》第一輯上冊，第 262 頁。

必須培養自己的掌握西方科學理論和技術知識的人才。於是，洋務派開始舉辦洋務學堂，有目的、有計劃地培養有別於傳統士子的近代人才。有專門學習軍事製造技術和工業製造技術，培養技術人才的科技學堂，也有以教授外國語言文字為主、培養外交人才的外文學堂。到一八九五年，各類學堂已經培養了畢業學生二千九百八十人，這些畢業生無論主要學習何種專業，均不同程度地學習各種自然科學。

在國內自己培養的同時，洋務派還致力於派學生走出國門，到西方進行更為全面系統的學習。一八七〇年，在中國第一位留美大學畢業生容閎的積極建議下，清政府考慮選派幼童赴美留學。一八七二年，第一批赴美留學幼童成行。此後三年，清政府連續三年派幼童赴美留學，四年共派出一百二十人。幼童赴美的第二年，船政大臣沈葆楨上奏清政府，請求派船政學堂優秀學生出洋留學。一八七七年，第一屆船政學堂留學生赴歐。其後，又先後有兩批船政學堂學生出洋留學。此外，京師同文館和廣東實學館也曾派學生出洋學習西學。

通過接受新式教育，洋務學堂的學生和留學生初步接觸了西方的自然科學。「泰西各國學問，亦不一途，舉凡天文、地理、機器、曆算、醫、化、礦、重、光、熱、聲、電諸學，實試實驗，確有把握，已不如空虛之談。而自格致之學一出，包羅一切，舉古人學問之蕪雜一掃而空，直足合中外而一貫。蓋格致之學者，事事求其實際，滴滴歸其本源，發造化未泄之苞符，尋聖人不傳之墜緒，譬如漆室幽暗而忽燃一燈，天地晦冥而皎然日出。自有此學而凡兵農、禮樂、政刑、教化，皆以格致為基。是以國無不富而兵無不強，利無不興而弊無不剔。」[11] 這是出自格致書院的一名普通學生答卷上的一段話。可以看出，這名學生的觀念已經與傳統士子有了本質的區別，從傳統的鄙視感性和技藝之學轉變到推崇格致之學，並且將格致之學視為各種學問的基礎，視為除弊強國的根本。一名格致書院的普通學生竟然說出了如此不同凡響的話，說明受過科學洗禮的知識分子發生了重要變化，科學地位開始冉冉上升並向社會各個層面滲透。

洋務派的上述行動軌跡表明，由於近代機器大工業是西方資本主義國家科學技術綜合發展的產物，是物化了的科學技術，因此只要接觸到機器生產，就必然會引發對「技」背後的「學」的進一步探究。「今中國欲講求製造輪船、機器諸法，苟不藉西士為先導，俾講明機巧之原，製作之本，竊恐師心自用，徒費錢糧，仍無裨於實際。」[12]「論泰西之學，派別條分，商政、兵法、造船、制器，以及農、漁、牧、礦諸務，實無一不精，而皆導其源於汽學、光學、化學、電學。」[13] 這表明，洋務派以及近代知識分子的目光已經開始指向蘊含於器與技背後的內在規定性，科學的價值開始得到較為廣泛的肯定與提升，科學已經跨越了以外在形式展示自身價值的階段，開始取得了理論的價值形

11 王佐才：《課藝答卷・中國近日講求富強之術以何者為先論》，《格致書院課藝》第一冊，光緒丁亥年版，第 32-33 頁。

12 《同治五年十一月初五日總理各國事務奕 等折》，《洋務運動》二，上海人民出版社 1959 年版，第 23-24 頁。

13 鄭觀應：《西學》，《鄭觀應集》（上冊），上海人民出版社 1982 年版，第 274 頁。

態。西方的數學、物理學、天文學、地質學、地理學、生物學、工程技術等由此陸續進入中國，其覆蓋面之廣、內容之系統、學科種類之齊全，至甲午戰爭前已達到一定規模，科學技術作為「學」已經有了某種相對獨立的地位。

儘管如此，在「中體西用」的總體框架內，科學仍然只是中學的附庸，是作為外在於社會價值觀的工具來使用的。它的基本作用就是為中學服務，為鞏固傳統制度效力。因此，科學對中國固有的思維方式、觀念體系尚未產生內在的深刻衝擊。

## 三、進化論——科學外衣下的宇宙觀

一八九五年，清政府敗給了一向被中國人蔑稱為「蕞爾小國」的日本，而非近代以來屢次給中國以重創的英法等西洋強國，這給了國人以極大的震動。國人急起救國，探究出現如此慘痛結局的原因。

在甲午戰爭第二年，嚴復將達爾文的生物進化論和斯賓塞的社會進化論引進中國。他認為，中國之所以被蕞爾小國日本戰敗，並陷入強鄰環伺的危急境地，就在於「中之人好古而忽今，西之人力今以勝古」[14]，而根據進化論的觀點，優勝劣汰是不可抗拒的自然規律。中國人「好古而忽今」，事事墨守成規，必然會陷於落伍於世界的境地。唯有早日變法，才是救亡圖存的唯一出路。他宣稱「世道必進，後勝於今」。

14 嚴復：《論世變之亟》，《嚴復集》第1冊，第1頁。

嚴復這套以進化論為核心的理論一出世就掀起了軒然大波，在思想界引起極大反響和震動。「自達爾文《種源說》出世以來，全球思想界，忽開一新天地，不徒有形科學為之一變而已」，其他各學「無不受其影響」[15]。資產階級維新派領袖康有為從進化論中找到了新的思想武器，他從古代變易思想中引申出的變異進化思想開始融進新的元素。他說：「方今萬國交通，政俗學藝，日月互校，優勝劣敗，淘汰隨之，置我守舊閉塞無知無欲之國民，投於列國競爭日新又新之世，必不能苟延性命矣」，歐洲各國之所以不斷強盛，「深考其由，則以諸歐政俗學藝，競尚日新，若其工藝精奇，則以講求物質故」。[16]維新派另一領袖梁啟超則對進化論深為讚歎，「進化論實取數千年之舊學根柢而摧棄之，翻新之者也」[17]。

對於維新派而言，進化論不僅僅是一種關於自然現象的科學學說，更重要的是解釋現實、改造社會的銳利武器。它被當做了解釋自然現象、了解宇宙的終極真理，當做了改造社會、重鑄人生的根本之道。至此，維新派對西方科學的認識已經越出了對科學技術的單純學習和引進，其矛頭進一步指向了科學在學術中的地位這個最根本的問題。掩蓋在進化論外衣下的科學開始具有通

15 梁啟超：《進化論革命者頡德之學説》，《梁啟超選集》，上海人民出版社 1984 年版，第 340 頁。

16 康有為：《請厲工藝獎創新折》，《康有為政論集》，中華書局 1981 年版，第 288-289 頁。

17 梁啟超：《進化論革命者頡德之學説》，《梁啟超選集》，第 340 頁。

束學術的普遍意義。在他們看來，科學技術不僅僅是挽救國家危亡的關鍵所在，而且必須置於諸學術之先，在文化的宣導和社會的進步中處於優先的地位。他們提出的「後勝於今」的理念，已經是對傳統文化信奉的「天不變道亦不變」的致命衝擊，而在此基礎上進一步提出的科學之先的命題，則是對體用關係命題的挑戰。由此，科學開始突破「器」「用」的框架，具有了宇宙觀的意義。

維新派是一批正在從舊式儒生向新式知識分子和政治思想家轉變的過渡性人物，他們中的大部分人沒有出國親自領受過外國文化，絕大部分也不以學習自然科學為業。也就是說，他們是政治家，而不是科學家。這決定了他們對西方自然科學的掌握是有限的，對西方科學的理解是一知半解的。他們更關心的是國家的破敗和民族的危亡，他們最急切尋找的是救國救民的藥方。所以，他們更感興趣的是科學學說中可以借用的思想，對於科學內涵的嚴格完整的理解尚不在他們的視野之內。然而，也正是他們這種對科學的文化意義上的理解和整合，為今後科學向價值觀、向民族精神的昇華奠定了基礎。

## 第二節 ▶ 呼喚科學精神

### 一、「賽先生」——重建價值觀的基石

科學最初來到中國，是作為一種技術、作為抵禦外侮的武器出現的。人們很自然地將其看成了形而下的勞力之學，看成了解

決技術問題的有效方法，後來又意識到其背後的學理意義。但是，科學技術既然是近代經濟和科學文化的產物，它自身本來就是近代以來科學的思維方式和價值觀的產物。隨著近代化或曰現代化進程在中國社會歷史發展中的擴張，科學的精神價值意義必然日益彰顯。維新派在科學外衣掩蓋下的進化論宇宙觀的出現，實際上意味著科學突破了自然科學的視域開始了向社會科學領域的進軍。這種進軍的加速則是在民國初年實現的。

「科學」，在近代以來多以「格致」名之。戊戌時期「科學」一詞自日本引進，一些報刊、書籍以及科研機構開始逐步棄用「格致」一詞而改以「科學」表述。「科學」越來越多地出現在書籍、報刊等大眾媒體上，出現在知識分子和大眾的視野中。

一九一五年，《科學》和《新青年》先後創刊。《科學》在創刊號的開篇文章中宣稱：「世界強國，其民權國力之發展，必與其學術思想之進步為平行線。」同年九月，陳獨秀的《敬告青年》在《新青年》創刊號上刊出，他在文章中說：「近代歐洲之所以優越他族者，科學之興，其功不在人權說下，若舟車之有兩輪焉。」一個是「平行線」，一個是「車的兩輪」，何其相似乃爾！這說明，兩個知識分子群體都已經站到了歷史的前沿，開始思考時代的主題。從人員構成看，《科學》和《新青年》的創建人的知識結構和政治思想觀念不盡相同，但他們大都有出洋留學的經歷，對西方科學和文化有著直接而深刻的體驗和理解，這正是他們與維新派的最大不同。正是對西方科學文化的更全面更深刻的理解，使得他們在思考社會問題時更加自覺地聚集在科學的大旗下。兩個知識分子群體都堅定地認為，科學是發現自然界和社會發展的普遍規律的鑰匙，是改造傳統文化、改造中國社會和建立新的民族國家的武器。

《科學》雜誌的創刊人任鴻雋在《科學》創刊號上撰文《說中國無科學之原因》，說：「科學者，智識而有系統之大名，就廣義言之，凡智識之分別部居，以類相從，井然獨譯一事物者，皆得謂之科學。自狹義言之，則智識之關於某一現象，其推理重實驗，其察物有條貫，而又能分別關聯抽舉其大例者謂之科學。」陳獨秀在《敬告青年》中也闡述了科學的含義：「科學者何？吾人對於事物之概念，綜合客觀之現象，訴之主觀之理性而不矛盾之謂也。」[18] 二人都認為科學是運用諸如實驗觀察等方法、經過抽象思考而獲得的關於客觀事物內部規律的有系統的知識。這種對科學的認識可以說已經擺脫了進化論的蟬殼，實現了對科學的哲理意義上的抽象認識和高度概括。

這種滲透了哲學觀照的科學概念的出現，表明科學已經在實質意義上與社會學說發生了聯繫。陳獨秀說：「中國人向來不認識自然以外的學問，也有科學的權威；向來不認識自然科學以外的學問，也要受科學的洗禮……向來不認識中國底學問有應受科學洗禮的必要。」[19] 這就提出了有關社會的學問和有關人生的學問的科學性問題，他認為：「社會科學是拿研究自然科學的方

18 陳獨秀：《敬告青年》，《陳獨秀文章選編》（上），三聯書店 1984 年版，第 77 頁。

19 陳獨秀：《新文化運動是什麼》，《陳獨秀文章選編》（上），三聯書店 1984 年版，第 512 頁。

法，用在一切社會人事的學問上，象社會學、倫理學、歷史學、法律學、經濟學等，凡用自然科學方法來研究、說明的都算是科學，這乃是科學最大的效用。」[20]《科學》群體的另一主要人物胡明復也說：「科學之範圍大矣：若質，若能，若生命，若性，若心理，若社會，若政治，若歷史，舉凡一切之事變，孰非科學應及之範圍？雖謂之盡宇宙可也。」[21] 上述說法表達了一個共同的思想，即科學研究的範圍並不僅僅局限於自然界，科學的發展將解決人類社會的基本問題。因此「不但應該提倡自然科學，並且研究、說明一切學問（國故也包含在內）都應該嚴守科學方法」[22]。科學成為了檢驗知識真偽的標準。「科學發達以後，一切知識道德問題，皆得由科學證明。」[23] 丁文江甚至說得更直白：「凡不是用科學方法研究的結論都不是知識。」[24] 科學成為知識的唯一形態，唯有經過科學方法洗禮的人類認識才有資格被稱為知識，一言以蔽之，科學之外無知識。

那麼，怎樣判斷一種知識的產生、形成是使用了科學的方法呢？《科學》派的骨幹人物毛子水說：「凡立一說，須有證據，證據完備才可以下判斷。對於一種事實，有一個精確的、公平的

20 陳獨秀：《新文化運動是什麼》，《陳獨秀文章選編》（上），第512頁。
21 胡明復：《科學方法論一》，《科學》第2卷，第8期。
22 陳獨秀：《新文化運動是什麼》，《陳獨秀文章選編》（上），第512頁。
23 蔡元培：《致〈新青年〉記者函》，《蔡元培全集》第三卷，中華書局1984年版，第23頁。
24 見丁文江為王星拱《科學概論》一書所作的序，商務印書館民國十九年版。

解析：不盲從他人的話，不固守自己的意見，擇善而從。」[25] 如果從這樣的思想觀點出發來觀察曾經在中國學術中居於統治地位的儒學，就會發現漢以後的儒學與科學精神是背道而馳的。儒學在漢代以後被獨尊為經學，成為中國傳統思想的主流，並在一開始就具有了意識形態的性質。它是絕對真理，是最高權威，容不得半點審視和懷疑。宋明以後，它又朝著內省的方向發展，其衍化的趨勢是自我封閉的教條，其思維方式是自我思辨的獨斷是非。以後，清代實學興起，對「五經」進行了比較系統的整理，其學術研究的方法已經滲進了實證和懷疑的精神。但這種實證和懷疑只限於對經文的考釋和傳注的辨析，對經義依然不容許有些許懷疑。

辛亥革命後，隨著清王朝的覆亡，經學失去了其賴以存身的制度保障，往昔的威風頓然萎靡。但是，在《科學》和《新青年》問世前後，隨著袁世凱復辟帝制步伐的加快，尊孔讀經之說甚囂塵上，社會思想領域沉渣泛起。科學在這種背景下向社會和人文學說的延伸，顯然有批判傳統思想重建價值觀的意義。胡適說：對於吾國之政治、道德、學術等，有三術乃是起死之神舟，這就是「歸納的理論」「歷史的眼光」和「進化的概念」。陳獨秀的表達則更為激烈：「要擁護那德先生，便不得不反對禮教、禮法、貞節、舊倫理、舊政治。要擁護那賽先生，便不得不反對舊藝術、舊宗教。要擁護德先生又要擁護賽先生，便不得不反對

**25** 毛子水：《國故學和科學精神》，《新潮》第 1 卷第 5 號，1919 年 5 月。

國粹和舊文學」，「只有這兩位先生，可以救治中國政治上、道德上、學術上、思想上一切的黑暗」。[26] 至此，科學已經擴展到各個層面，它的內涵也不斷得到提升，在相當程度上已經超越實證研究而上升為一種普遍的價值觀和信仰系統。「儒教不革命，儒學不轉輪，吾國遂無新思想、新學說，何以造新國民？」[27] 吳虞這句話可以說是一語中的。

## 二、社會調查——研究社會政治問題的科學方法

既然「研究、說明一切學問（國故也包含在內）都應該嚴守科學方法」，那麼，採用什麼樣的方法、怎樣研究社會政治問題才算是科學的呢？這並不是一個理論上的問題，而是一個研究路徑問題，民國時期社會調查的興盛反映了價值觀轉變後知識分子對這一問題的探索和科學研究路徑向社會政治研究領域的延伸。

社會調查最早出現於十九世紀初期的歐洲，是近代資本主義社會和近代學術發展的產物。鴉片戰爭前後，西方侵略者開始對中國進行以軍事和經濟的侵略為主要目的社會調查。一些西方傳教士也從了解中國的目的出發，開始了對中國社會情況的多方面調查，一八三三年在澳門出版的《中國叢報》（英文版）已有調

**26** 陳獨秀：《新青年罪案之答辯書》，《陳獨秀文章選編》（上），第 317-318 頁。

**27** 吳虞：《儒家主張階級制度之害》，趙清、鄭城編：《吳虞集》，四川人民出版社 1984 年版，第 98 頁。

查材料[28]。

隨著外人在華進行社會調查，社會學等注重和使用社會調查進行研究的學科於十九世紀末傳入中國，實業界率先開始進行社會調查。進入二十世紀，大批中國學生赴日留學。受到日本社會調查風氣的影響，留學生開始進行社會調查，並迅速影響到國內，清末中國掀起了一股現代社會調查的潮流[29]。

民國初年，中國社會形態發生了巨大變化。隨著帝制的消亡，民主憲政的政治建構在中國的土地上閃現。然而，共和國並沒有真正建立起來。相反，軍閥挾持武力繼續實行其暴力統治。經濟上，辛亥革命後，乘著革命帶來的發展實業的熱潮以及第一次世界大戰帶來的有利契機，民族經濟獲得了黃金發展，國民生產總值以兩位數的比例快速增長。政治架構和經濟形態的變化引起了社會結構的變化，社會利益群體的組合也相應發生了變化。中國應當如何發展，成為社會各界特別是知識分子思考的問題。

同一時期，西方的社會學、人類學等注重使用社會調查方法的學科開始走向成熟，尤其是在美國，社會調查發展十分迅速，有「如雨後春筍」。美國社會調查的特點是「開始即為解決實際問題而作」，「完全為對付實際需要而來」[30]。與此同時，一些外

28 張注洪、王曉秋主編：《國外中國近現代史研究述評》，中國文史出版社 1999 年版，第 109 頁。

29 李章鵬：《清末中國現代社會調查肇興芻論》，《清史研究》2006 年第 2 期。

30 吳文藻：《西方社區研究的近今趨勢》，王慶仁、索文清編：《吳文藻人類學社會學研究文集》，民族出版社 1990 年版，第 152 頁。

籍學者、教會學校的教師按照實證社會學的方法著手對中國社會進行調查，在中國掀起了一次不小的社會調查熱潮。這些情況的發生對於正在思考社會問題、探究使用科學方法研究社會問題的中國知識分子無疑是極大的啟發，很多知識分子都以極大的熱情投入到社會調查中去。

民國初年至二〇、三〇年代在中國社會中進行社會調查的主要有以下幾類知識分子：

一是李大釗、陳獨秀、毛澤東等共產主義知識分子。這些知識分子從馬克思主義唯物史觀出發，相信「一切結論產生於調查情況的末尾，而不是在它的先頭。只有蠢人，才是他一個人，或者邀集一堆人，不作調查，而只是冥思苦索地『想辦法』，『打主意』」[31]。「認識世界不是一件容易的事。馬克思、恩格斯努力終生，做了許多調查研究工作，才完成了科學的共產主義」，「中國革命也需要作調查研究工作，首先就要了解中國是個什麼東西」，[32]「要了解情況，唯一的方法是向社會作調查，調查社會各階級的生動情況」[33]。他們認識到，無產階級要奪取政權，必須對中國的國情有正確而清楚的認識，因此必須自覺地到工人、農民群眾中，到社會中去進行社會調查。

31 毛澤東：《反對本本主義》，《毛澤東選集》第 1 卷，第 110 頁。
32 毛澤東：《關於農村調查》，《毛澤東農村調查文集》，人民出版社 1982 年版，第 21 頁。
33 毛澤東：《〈農村調查〉的序言和跋》，《毛澤東選集》第 3 卷，第 789 頁。

二是在社會經濟領域從事實業經營的新式知識分子。民國初年，隨著辛亥革命的成功和中國資本主義的快速發展，許多在國外留學學習經濟、金融等學科的知識分子先後學成歸國。這些人帶來了西方經濟學思想和社會學思想，極其推崇社會調查對企業經營的作用。例如近代中國著名的企業家穆藕初，他於一九〇九-一九一四年在美國留學，先後學習農學、紡織和企業管理。在美國期間，他結識了美國科學管理理論創始人泰勒及其弟子吉爾培萊斯，先後多次與他們一起探討現代化大生產的科學管理問題，歸國後還把泰勒的《科學管理原理》一書翻譯成中文。回國創業之初，他首先作了實業現狀、發展前景的社會調查。對於選點建廠、勞力供應等各方面也一一調查。他說：「有調查報告，則做事有根據、補救有途徑，其失敗當可以減少。」對於中國舊式經營不重調查的陋習，他批評說：「凡百事業之最大缺點，在乎無調查。無調查，則此盈彼絀，不相調劑。商業中人大都昧乎供求之比例，暗中摸索，類無把握，事業之盈虧，付之天命，良可慨也。」[34]

陳光甫是近代中國民辦銀行的傑出代表，他早年留學美國學習銀行學，回國後創辦上海商業儲蓄銀行，由於經營得法，企業發展十分迅速。他在銀行內部特設調查部，專事金融商情調查。他認為「調查部為銀行之最重要部門，每星期刊行金融商情週

**34** 穆藕初：《振興棉業芻議》，趙清主編，葉世昌、穆家修副主編：《穆藕初文集》，北京大學出版社 1995 年版，第 93 頁。

報，調查至為明晰，而判斷亦確有見地」。「鄙人所指調查為重要部門者，蓋某一事項非經調查不能明瞭，非明瞭不能判斷。」[35] 陳光甫對調查研究的範圍作了詳細規定，並要求調查結果均需做系統的記錄。[36] 在上海銀行的帶動下，許多銀行都開展了社會調查。上海銀行界的專門刊物《銀行週報》刊登了多篇文章，專門闡述信用調查與銀行的關係、信用調查之價值、銀行信用調查部的設置等問題，並刊登多篇社會調查報告。銀行界的社會調查之風甚至還影響到了一貫以舊式作風營生意的錢莊，錢業公會主持發行的《錢業月報》也聘請特約通訊員調查各地錢業的情況並予以刊發。

三是從事各類科學研究的學者。五四新文化運動後，一些中國學者開始對西方人主持的調查感到不滿足。費孝通曾回憶說：「燕京大學社會學系一部分不滿足於社會工作的師生，我也是其中之一，提出了『要理論』的願望。但是又感到英美資產階級的『社會理論』不合中國情況；怎麼辦呢？於是想從社會調查入手。但是當時又認為甘博爾布濟斯以及清河和定縣這類社會調查太膚淺，解決不了問題，想另求出路。」[37] 隨著中國社會學教學、科研隊伍的逐步形成和教學科研機構、學術團體的成立，中

35 中國人民銀行上海市分行金融研究所編：《上海商業儲蓄銀行史料》，上海人民出版社 1990 年版，第 875 頁。
36 壽充一編：《陳光甫與上海銀行》，中國文史出版社 1991 年版，第 180 頁。
37 費孝通：《師承・補課・治學》，生活・讀書・新知三聯書店 2002 年版，第 32 頁。

國社會學學者開始有條件作自己的嘗試。他們致力於將社會學的理論和方法同中國的社會實際相結合，對農村生活和都市情況做了大量調查，發表了一批含有豐富實證材料的調查報告。

還有不少研究自然科學的學者也進行了社會調查。這些學者的研究領域本來就是自然科學，對以實驗和觀察歸納為主的科學方法本身就駕輕就熟，當他們關注社會問題的時候，自然而然地使用了社會調查等科學研究方法。例如，山東大學化學社對山東的形勝、氣候、地質構造、工農經濟各業等各方面的情況做過全面調查。他們宣稱化學社「以扶助國內實業之發展及研究化學實際問題為職志。但欲從事實業之改良及發展，對原料成品之產量品質及目前之實際狀況，非先有調查及統計工作以為研究之借鏡不為功」[38]。著名實業家范旭東從實業救國的目的出發創辦了永久黃化學工業集團[39]，本著為化工生產服務的目的，組織本集團的學者對各地的傳統工業——釀酒業、製鹽業、釀醋業、製鋁業等進行調查，並撰寫刊發了「研究調查報告」共三十九號[40]。自然科學學者使用的調查方法與研究社會科學的學者使用的方法大體一致，所不同的是，在他們的報告中往往會包括所調查物產的原料、產品的構成分析，甚至還有經過實驗後得出的化學分子式。

38 國立山東大學化學社編：《科學的山東》，民國二十四年刊印，第 1 頁。

39 指范旭東創辦的永利化工廠、久大精鹽公司和黃海化學工業社。

40 陳調甫：《范旭東與黃河化學工業研究社》，《文史資料選輯》第八十輯，第 70-72 頁。

上述三類知識分子開展社會調查各有各之目的。以社會經濟調查為例，上述三類人的調查中均涉及了社會經濟。共產主義知識分子對社會經濟進行調查的目的「是要明瞭社會各階級的政治經濟情況」，「是要明瞭各種階級的相互關係，得到正確的階級估量，然後定出我們正確的鬥爭策略」。[41] 調查中更注重社會階級的動向，社會階級構成的經濟基礎。

企業家的社會經濟調查自然首先是為企業經營服務的。陳光甫的話非常典型地反映了這種目的，「本行既為商業銀行，所辦之事皆為商業之事，則一舉一動皆應與商情合拍方不愧商業二字」，所以「舉凡漲落之比較，銷路之淡旺，時間之關係，市面之需要，無不加以徹底研究，俾本行得此應有之知識，庶幾應付環境較為敏捷」[42]。銀行週報則撰文說「各銀行依照其信用調查部之調查報告，小之則可據此決定放款貼現之方針，大則營業之前途均以此為轉移之趨勢，故信用調查部，其事情極為重要」，「實為增進安全之幸福，足以預防市場之恐慌」[43]。雖然企業家之社會調查有明顯的經濟目的，但他們的經營大多揭櫫服務社會的旗幟，含有解決社會問題之目的。例如，在三〇年代的農村金融恐慌中，大多數銀行曾不同程度地參與了農業貸款。上海商業儲蓄銀行宣稱：「本行為繁榮農村，增進生產起見，故有農業合

41 毛澤東：《反對本本主義》，《毛澤東選集》第 1 卷，第 113 頁。
42 中國人民銀行上海市分行金融研究所編：《上海商業儲蓄銀行史料》，第 875 頁。
43 《銀行週報》總第 267 號（1922 年 9 月 26 日）。

作貸款之試辦。其目的：以商業銀行立場，使資金流入內地，以輔助農村經濟之發展。」[44]

學者調查社會經濟狀況和社會經濟制度「重在了解經濟活動的基本性質，及其背後的驅動力，他們想要探求人類的經濟以及社會其他方面的宗教、魔術、親屬組織與法律等的關係。」[45] 不少學者接受了涂爾幹的思想，主張社會調查之純學術目的，即只描述事實，「我們的責任並不能解決問題而是敘述事實。在我們的立場看來，是沒有所謂『人口問題』、『家庭問題』。我們所有的問題是『在一個地方人口數量有多少，組織如何，和他們家庭組織什麼關係等等』。每一個題目都可以引我們到事實的發現。至於『人口是太多麼？如何可以改變它？』等等，我們是沒法回答的，因為這不是客觀事實，而是主觀批評。我們不反對主觀批評，但這不是科學而是政見。在實地研究的時候，我們最好沒有『政見』，不是去尋材料來證明『哪個辦法是對的』，『哪個政見是不錯的』，這樣做去，你會在無意之中看不見許多事實。我們工作時須對事實本身發生興趣。」[46] 但是，也有學者主張調查與研究並重，「通常所謂社會調查，大部以敘述社會實況為主體，至於社會事實存在的原因及社會各部相關的意義，是不去深究

**44** 上海商業儲蓄銀行編印：《上海商業儲蓄銀行農村貸款報告》，1934 年 1 月刊行。

**45** 吳文藻：《功能派社會人類學的由來與現狀》，《吳文藻人類學社會學研究文集》，第 139 頁。

**46** 費孝通：《關於實地研究》，《費孝通文集》第一卷，群言出版社 1999 年版，第 406 頁。

的」。「但實際上，在學術上真有貢獻的科學著作，總是敘述與解釋兼而有之」。[47] 可見，即使學者，其社會調查的目的也有著一定的社會現實目的。

期望通過社會調查了解社會、發現社會問題，為問題的解決提供研究的基礎和解決的思路，這是參與社會調查的不同知識分子的共同出發點。這說明，遵循理性主義之科學方法，運用類似自然科學之觀察、歸納、實驗的方法研究社會問題已經是相當數量知識分子的選擇。這種選擇反映了社會精英對理性主義之認同，顯示了對科學方法的崇尚和對科學精神的皈依。

## 三、黜偽崇真——科學精神的真諦

科學在中國艱難的行進歷程，經歷了由「器」「技」進而「學」，再進而宇宙觀、價值觀的跋涉。在這個過程中，人們不斷地探賾索隱，叩問科學的真諦究竟是什麼，科學精神究竟是什麼。

最先闡述科學精神含義的是維新派思想家嚴復：「今之稱西人者，曰彼善會計而已，又曰彼擅機巧而已。不知吾今茲之所見所聞，如汽機兵械之倫，皆其形下之粗跡，即所謂天算格致之最精，亦其能事之見端，而非命脈之所在。其命脈雲何？苟扼要而

47 吳文藻：《現代社區實地研究的意義和功用》，《吳文藻人類學社會學研究文集》，第 147 頁。

談，不外於學術則黜偽而崇真，於刑政則屈私以為公而已。」[48] 也就是說，在中國人看來威力巨大又大張機巧見其能事的汽機兵輪、天文算學皆非西學之真諦，其真諦是「黜偽而崇真」的精神。在這裡，嚴復雖然還沒有明確使用科學精神的概念，但其所謂格致之學的「命脈」的提法，實際上強調了科學精神之於科學技術的內在核心價值。

嚴復還進一步闡述了科學精神的內容。他認為任何理論、學說必須來源於「物物事事」，必須經過「物物事事」的檢驗，「一理之明，一法之立，必驗之物物事事而皆然，而後定之為不易……方其治之也，成見必不可居，飾詞必不可用，不敢絲毫主張，不得稍行武斷，必勤必耐，必公必慮，而後有以造其至精之域，踐其至實之途」[49]。理論和學說非來自心性的空想、虛妄的遊談，或者已有的成見和武斷。他激烈抨擊了陸王之學之虛妄和自我獨斷：「夫陸王之學，質而言之，則直師心自用而已。自以為不出戶可以知天下，而天下事與其所謂知者，果相合否？不徑庭否？不復問也。」[50] 既然陸王之說並非來自對事事物物的考察，又沒有經過事事物物的檢驗，那麼也就不是科學的。

最早明確使用「科學精神」這一概念的是中國科學社的社長任鴻雋。一九一六年，任鴻雋在《科學》雜誌上發表《科學精神

48 嚴復：《論事變之亟》，《嚴復集》第 1 冊，第 2 頁。
49 嚴復：《救亡決論》，《嚴復集》第 1 冊，第 45 頁。
50 嚴復：《救亡決論》，《嚴復集》第 1 冊，第 44 頁。

論》一文，提出「科學精神者何？求真理是已」。其後，對於什麼是科學精神，政治家、學者、文人等各類知識分子做過多種表述。毛子水認為科學精神這個詞包括許多含義，「大旨是從前人說的『求是』。凡立一說，須有證據，證據完備，才可以下判斷。對於一種事實，有一個精確的公平的解析，不盲從他人的說話，不固守自己的意思，擇善而從，這就是『科學的精神』」[51]。一九二二年，梁啟超發表了題為《科學精神於東西文化》的演講，提出科學精神有三層意思：第一是求真知識；第二是求有系統的真知識；第三是求可以教人的真知識。一九二六年，任鴻雋進一步系統闡述了自己對科學精神的理解，他認為，科學精神包括五個特徵：「崇實」「貴確」「察微」「慎斷」和「存疑」[52]。三〇年代以後，竺可楨先後發表了《利害與是非》《科學之方法與精神》等文章，認為科學的精神就是探求真理，要不盲從，不附和，不武斷，不蠻橫，專心一致，實事求是。

綜合以上各種說法不難看出，二十世紀二〇-三〇年代國人對科學精神的理解已基本達成共識，他們認為所謂科學精神應當包含兩層含義：

一是「黜偽」的理性態度，也就是不盲目聽信的「存疑」精神。在任何聖賢、先哲的說教、理論面前都先要存一個懷疑的態度，都要問一個為什麼，沒有經過檢驗的任何理論、學說都不是

---

**51** 毛子水：《國故和科學的精神》，《新潮》1919年5月。
**52** 任鴻雋：《科學概論》，商務印書館民國十五年版，第40-49頁。

盲目崇信的對象。梁啟超提出要「解放思想」，他說：「無論什麼人向我說什麼道理，我總要窮原竟委想過一番，求出個真知灼見，當運用思想時，絕不允許有絲毫先入為主的意見束縛自己，空洞洞如明鏡照物，經此一想，覺得對我便信從，覺得不對我便反抗，『曾經聖人手，議論安敢到』，這是韓昌黎極無聊的一句話。」[53] 他認為世上沒有什麼金科玉律，對任何學問、學說都必須採取批判的態度，都必須經過一番選擇和批評，不僅中國的孔孟程朱不是神聖不可侵犯的，就是西洋的學說也同樣不是神聖不可侵犯的。胡適明確提出了存疑的原則，主張「以懷疑的態度研究一切」，對於一切原理、學說、觀念以及信仰必須以批判的態度重新加以審視和考察，「懷疑的態度，便是不肯糊裡糊塗的信仰，凡事須要經我自己的心意『詮訂』一遍」，「經過了一番詮訂批評，信仰方才是真正可靠的信仰」。[54]

這種懷疑精神包含三層意思：第一是不盲從他人的話，任何權威、偶像、聖人、先賢的話都在懷疑之列，都不是絕對正確，都要接受理性的審判。第二是「不固守自己的意思」，也就是對於自己的思想、觀念、判斷也應當常懷謙遜之感，常有批判意識，善於吸收他人的正確認識，即所謂「擇善而從」。第三是「慎斷」，「不輕於下結論，科學家的態度，是事實不完備決不輕

53 梁啟超：《歐遊心影錄節錄》（7），《飲冰室合集》專集之二十三，中華書局 1989 年版，第 25 頁。

54 胡適：《王充的哲學》，《胡適文集》（10），北京大學出版社 1998 年版，第 365 頁。

易下斷語，迅率得到的結論，無論他是如何妥協可愛，決不輕易信奉」[55]。如果在沒有透徹研究之前就輕下結論或輕信他人的論斷，「便有蒙蔽自己的眼睛，看不見真理的危險」[56]。也就是說，無論是來自何人的說教，包括自己頭腦中的觀念都不得輕信，都必須經過實踐和理性考察的檢驗。

存疑精神破除了一切偶像和盲從，也就是破除了思想桎梏，帶來了人的個性和創造性的解放，對此顧頡剛竟然興高采烈地說：「我心中沒有一個偶像，由得我用了活潑潑的理性作公平的裁斷，這是我極高興的。」[57]

二是「崇真」「崇實」[58]，也就是一切從事實出發的求實精神。所謂求實精神包括兩層含義：第一是強調了外在客觀世界對於認識的基礎意義。早在近代中國早期，就已有人意識到西方科學背後的精神統攝是「以講求實理考據事物為准」，於是算學、聲學、光學等學科才能綱舉目張，條縷日晰[59]。還有人對科學之精神進行更細緻的表述，西學之「大旨，以格致各事，必須有實在憑據者為根基，因而窮極其理，不憑先懸一理為的，而考證物

---

55 任鴻雋：《科學概論》，第 46-47 頁。
56 任鴻雋：《科學概論》，第 47 頁。
57 顧頡剛：《古史辨第一冊自序》，王煦華編選：《顧頡剛選集》，天津人民出版社 1988 年版，第 79 頁。
58 任鴻雋認為「最顯著的科學精神，至少有五個特徵」，第一個就是「崇實」。
59 蔣同寅：《課藝答卷・答北洋大臣李傅相春季特課題三道》，《格致書院課藝》第四冊，第 1 頁。

性以實之。以是凡目中所見，世上各物，胥欲格其理而致其知」[60]。這話已經觸及了西學精神的實質。降至二十世紀二〇-三〇年代，多位科學家、思想家用不同的表述方式表達了他們對求實精神的理解。「科學是建築於常識上面的」，「設所根據的是空虛的思想，如玄學、哲學，或古人的言語如經學，而所用的方法又不在發明其關係法則，則雖如何有條理組織，而不得為科學」[61]。「科學是……用實證的方法闡明實際之現實的知識」，「科學是實證的研究，凡沒有證據或證據不充分的它都不承認」[62]。「嚴格的不信任一切沒有充分證據的東西——就是赫胥黎叫做存疑主義的。」[63]「嚴格的不信任一切沒有充分證據的東西……所以無論遇見甚麼論斷，甚麼主義，第一句話便是『拿證據來』」[64]。「自然界及社會都有他的實際現象：科學家說明得對，他原來是那樣；科學家說明得不對，他仍舊是那樣；玄學家無論如何胡思亂想，他仍舊是那樣；他的實際現像是死板板的，不是隨著你們唯物論唯心論改變的……科學的說明能和這死板板的實際一一符合，才是最後的成功。」[65] 所有這些話都表達了一

60 鐘天緯：《課藝答卷・答北洋大臣李傅相春季特課題三道》，《格致書院課藝》第四冊，第 15-16 頁。
61 任鴻雋：《科學概論》，第 36、1 頁。
62 葉青：《〈費爾巴哈論〉研究》第八章，辛肯書店 1936 年版，第 250-251 頁。
63 胡適：《五十年來之世界哲學》，《胡適文集》第 3 卷，第 276 頁。
64 丁文江：《玄學與科學》，《科學與人生觀》，山東人民出版社 1997 年版，第 194 頁。
65 陳獨秀：《〈科學與人生觀〉序》，《科學與人生觀》，山東人民出版社

個理念：一切結論和思想的產生都在對事實的採集和分析之後，也就是一切從實際出發。

但是，並非從實際出發，人的認識就能夠全面、深入內裡地看清事物的全貌和本質。從實際出發只是邁出了正確認識的第一步。任鴻雋說：要確定所研究的事實不是一件容易的事，感官和推理常常引導認識走入迷途[66]。要真正達到真，達到對事物的本來面目的正確認識，還需要理性的評判。嚴復最早表達了這樣的思想，「蓋知之晰者始於能析，能析則知其分，知其分則全無所類者，曲有所類。……而後有以行其會通，或取大同而遺其小異，常、寓之德既判，而公例立矣。」[67] 進入二十世紀以後，人們用更明確的方式表達了這樣的思想。任鴻雋認為這種理性評判是在觀察自然現象的基礎上，對事實的精確的了解，是對微小事物和渺小之處的明辨密查[68]。時任北京大學教授，其後任武漢大學校長的王星拱認為，這種理性的評判包括事實之分析、事實之選擇、推論之合法、實驗之證實等五個步驟[69]。胡適則以一句經典的話概括了這種理性評判：「大膽地假設，小心地求證。」小心地求證顯然是對上述各人所論的高度概括。

上述對科學精神的深層理解意味著百年以來中華民族對科學

1997 年版，第 2 頁。

**66** 任鴻雋：《科學概論》，第 40 頁。

**67** 嚴復：《〈穆勒名學〉按語》，《嚴復集》第 4 冊，第 1046 頁。

**68** 任鴻雋：《科學概論》，第 45 頁。

**69** 王星拱：《什麼是科學方法》，《新青年》第 7 卷第 5 號。

的追求進入了新的境界，質言之，能夠以科學的態度、科學的認識達到對科學精神的正確理解。「黜偽」的懷疑精神破除了國人面前不可逾越的絕對真理和先賢之聖言，人們再也不必「袖手一旁驚愕地望著這個已經獲得的絕對真理出神，就再也無事可做了」[70]。求「實」的精神引導國人從客觀實在出發，通過實踐核對總和理性評判達到對事物本來面貌的正確認識和理解。

## 第三節 ▶ 「馬克思主義中國化」命題的提出

至二十世紀二三十年代，從整體上看，中華民族對科學精神的理解已經達到了比較高的水準。但任何正確認識和正確觀念的形成都不是一蹴而就的，已經遭到批判的陳舊觀念有可能改頭換面捲土重來。在動搖了對古聖賢的形而上的迷信後，洋教條又成為束縛國人思想的桎梏。

梁啟超，這位有深邃洞察力的活躍思想家早在五四新文化運動前夕就意識到了這個問題。他說，思想「『既解放便須澈底，不澈底依然不算解放』。就學問而論，總要拿『不許一毫先入為主的意見束縛自己』這句話做個中原則。中國舊思想的束縛固然不受，西洋新思想的束縛也是不受。……因為我們學問根底本來甚淺，稍有價值的學說到了面前，都會發生魔力，不知不覺就被

**70** 恩格斯：《路德維希・費爾巴哈和德國古典哲學的終結》，人民出版社1972年單行本，第7頁。

他束縛起來。我們須知，拿孔孟程朱的話當金科玉律說他們神聖不可侵犯，固是不該，拿馬克思、易蔔生的話當做金科玉律說他們神聖不可侵犯，難道又是該的嗎？」[71]這是梁啟超一九一九年遊歷歐洲回來後寫的一段話，這裡暫且不論梁啟超對待馬克思主義的看法，僅就他對當時國人對待西洋學說的態度的批判而言，可以說是一言中的。其後，梁啟超的批判不幸而言中。在中國革命的征途上，人們曾深受教條主義的危害，直至以毛澤東為代表的中國共產黨人在科學精神指引下，實現了馬克思主義理論與中國革命的實踐相結合，探索中國特色的革命道路，形成了中國化的馬克思主義。

## 一、科學精神對早期進步青年尋覓科學社會主義的導引

在新文化運動思想啟蒙時期，各類出版物、報紙、雜誌紛紛推出譯介西方各種學說的新欄目，熱衷於介紹西方的各種新思想。青年學生則十分熱衷於組織各種社團，研討新思想、新學問。由此，西方各種學說、流派打著新思潮的招牌紛紛湧入中國。其實，所謂新思潮是一個十分龐雜的概念，其中既包括十八世紀西方資產階級革命時期的各種啟蒙思想，也包括興起於十九世紀的名目繁多的各種社會主義流派，還包括打著社會主義旗號的無政府主義。

71 梁啟超：《歐遊心影錄節錄》，《飲冰室合集》專集之二十三，中華書局 1989 年版，第 27 頁。

短期內湧進國門的眾多新思潮、新觀念，給追求救國救民的進步青年帶來了諸多困惑。「今之天下紛紛，就一面而言，本為變革應有事情；就他面言，今之紛紛，毋亦諸人本身本領之不足，無術以救天下之難，徒以膚末之見治其偏而不足者，猥曰吾有以治天下之全邪？」「對於宇宙，對於人生，對於國家，對於教育，作何主張，均茫乎未定，如何教書、辦事？」[72] 上面是毛澤東在一九一七年夏天寫給老師黎錦熙的信中的一段話，表達了毛澤東在尋覓救國真理過程中的苦悶心情，和對現在社會流行的各種思潮的疑惑心態。這種思想情緒典型地代表了當時大多數追求進步的有志青年的思想狀況，說明當時大多數青年學生還沒有確定自己的信仰，他們還在思考、比較和選擇。

這一時期又是科學精神在中國社會得到不斷發揚，並向價值觀攀升的時期，科學精神不斷向思想深處滲透，成為進步青年思考社會問題的方法論和精神指導。

就在這同一封信中，毛澤東在傾訴疑惑的同時，也提出了尋求真理的方法路徑，「欲動天下」，首先必須「不盲從他人是非」，不以他人之是非為是非。這時，毛澤東雖然還沒有明確地意識到要向西方尋求科學社會主義的真理，但是對世人奉若神明的西洋學說並不盲從、不輕信，而是主張加以分辨，加以改造，要切合中國的實際。他認為，中國等東方民族的思想雖然有「不

72 毛澤東：《致黎錦熙信，1917 年 8 月 23 日》，《毛澤東早期文稿》，湖南出版社 1995 年版，第 84、89 頁。

切於實際生活」的弊端，必須大力「摧陷廓清」，而「西方思想也未必盡是，幾多之部分，亦應與東方思想同時改造也」。必須要廣泛研究各種中外先進的思想和學說，「采古講學與今學校二者之長……以略通國學為大要。……過此即須出洋求學，乃求西學大要」。要通過討論、研究，比較中西學之利鈍優劣，分析其真偽虛實，並且根據中國的實際加以融會和改造，只有這樣才能尋求到宇宙之真理、改造中國之利劍。

毛澤東還激烈批判了中國傳統學術和時人脫離實際妄發議論的惡劣學風，「今人學為文，即好議論，能推斷是非，下筆千言，世即譽之為有才，不知此亦妄也。彼其有所議論，皆其心中之臆見，未嘗有當於宇宙事理之真。彼既未曾略用研究功夫，真理從何而來？」[73] 未曾從實際出發、經過研究發出的議論，就是「心中之臆見」，不能稱為真理。任何學說之真理性，不在於下筆千言，也不在於出自某先賢、某聖人，而在於符合實際情況、能解決實際問題。

其後，毛澤東曾反復表達了同樣的思想。一九一九年，毛澤東在湖南組織健學會，欲「為澈底之研究」，以便「採用正確健全之學說」。毛澤東在為該會寫的會則中分析批判了自戊戌維新以來湖南流行的思想，他認為「那時候的思想，是自大的思想」，「是空虛的思想」，「是一種『中學為體，西學為用』的思

**73** 毛澤東：《致黎錦熙信，1917 年 8 月 23 日》，《毛澤東早期文稿》，第 87 頁。

想」，「是以孔子為中心的思想，那時候於政治上有排滿的運動，有要求代議政治的運動。於學術上有廢除科舉，興辦學校，採取科學的運動。卻於孔老爹，仍不敢說出半個『非』字」，這些年來湖南的思想雖然有些變化，但卻非透底的變化。為了真正實現思想的徹底變化，發現真理、服從真理，必須改變研究方法，包括輸入新思潮，廣泛研究哲學、教育學、心理學、政治學、經濟學等學問，以及演講、自由討論等交流方法。研究中要發揚批評精神，「最忌演繹式獨斷態度。中國什麼『師嚴而後道尊』、『師說』、『道統』、『宗派』，都是害了『獨斷態度』的大病。都是思想界的強權，不可不竭力打破」，「我們住在這繁複的社會、詭詐的世界，沒有批評的精神，就容易會做他人的奴隸。」[74] 毛澤東認為，要避免成為他人的精神奴隸，確立正確的思想，必須要從中國的實際情況出發進行實地調查。一九二〇年三月，毛澤東在致周世釗的信中明確提出：「吾人如果要在現今的世界稍為盡一點力，當然脫不開『中國』這個地盤。關於這地盤內的情形，似不可加以實地的調查，及研究。」[75] 他認為，要到西洋去尋求真理，首先應當對中國的情況有所了解，這樣才能有借鑒有比較。

正是憑藉這種重視實學實功、面向社會人生、務求真知的科學精神和科學方法，毛澤東對五四前後流行於中國思想界的種種

**74** 毛澤東：《健學會之成立及進行》，《毛澤東早期文稿》，第 362-368 頁。
**75** 毛澤東：《致周世釗信》，《毛澤東早期文稿》，第 474 頁。

主義和學說進行了深入的探討、分析和比較，最終選擇了科學社會主義。毛澤東的思想歷程代表了當時一批進步青年的思想方法演變歷程，在他們選擇科學社會主義的過程中，除了十月革命的炮聲驚醒了他們正在尋尋覓覓的混沌思想外，科學精神、科學方法論的導引無疑有著重要的作用。

## 二、重視國情分析和調查研究之風在中國共產黨內的形成

一九二一年，中國共產黨成立。中國共產黨一成立就旗幟鮮明地將社會主義和共產主義定為自己的奮鬥目標，決定以共產主義精神教育工人，凡申請入黨的人不得具有非共產主義思想，這實際上就是宣佈了以馬克思主義的科學社會主義作為黨的指導思想。但是，馬克思主義是從西方傳進來的先進思想，它是西方社會發展的產物，中國共產黨人要實現以馬克思主義指導中國革命的實踐，首先必須對中國社會有清晰了解，唯其如此才能做到用馬克思主義的立場、觀點、方法來觀察中國社會、了解中國社會，指導中國革命。

但是年青的中國共產黨人對中國社會的基本情況並不是很清楚，在其後的歲月裡，中國共產黨在領導工農運動的同時積極進行了對國情的分析和調查。

分清敵友問題是革命首要問題，敵友關係的確立是建立在對社會各階級狀況的分析和各階級的關係的正確把握的基礎上的。一九二三年四月和九月，黨的主要領導人陳獨秀先後在《嚮導》和《前鋒》週刊上發表了《資產階級革命與革命的資產階級》《中

國國民革命與社會各階級》等文章，系統闡述了他對中國社會各階級的分析和看法，指出國民革命應當容納「革命的資產階級」，提攜中立的小資產階級，絕對不向「反革命的資產階級」妥協。工人階級是革命的重要力量，但不是獨立的革命勢力，革命的資產階級必須和革命的無產階級攜手，才能打倒共同的敵人。農民階級「自然是國民革命之偉大勢力」，但「居處散漫不易集中，文化低、生活欲望簡單、易於趨向保守」，然而由於外貨的入侵、兵匪和官紳的壓榨，他們有「加入革命之可能」。陳獨秀關於中國社會各階級的分析顯然有合理的成分，初步分清了敵友，對於資產階級的分析是比較深入細緻的，區分了民族資產階級和買辦資產階級，對於中國共產黨以後對資產階級不同階層的分析有重要的先導作用。但關於革命的策略則過分拘泥資產階級民主革命的思維框架，低估了工人、農民在革命中的地位，否認工人階級在革命中的領導地位。

與此同時，瞿秋白、鄧中夏等人也先後撰寫文章對中國社會各階級進行了分析，闡述工人階級是革命領袖的問題。特別是鄧中夏於一九二四年在《中國工人》中發表的《我們的力量》一文，以大量數字和事實論證了中國工人階級的強大力量，批駁了無產階級「很幼稚」的論調，認為只有無產階級才能擔當領導革命的重任，「中國將來的社會革命的領袖固是無產階級，就是目前的國民革命的領袖亦是無產階級」，「只有無產階級有偉大集中的群眾，有革命到底的精神，只有它配做國民革命的領袖。只有無產階級一方面更增進強大他們自己的力量，一方面又督促團結各階級微弱的散漫的力量——聯合成一個革命的力量，方能成就目前國民革命以及將來社會革命的兩種偉大事業。」[76] 瞿秋白、鄧中夏等人的觀點並非毫無瑕疵，但在關於革命的領導力量問題上反駁了陳獨秀的錯誤主張，為黨的四大正確認識中國革命的領導權問題奠定了思想基礎。

此後，惲代英、蔡和森、周恩來、瞿秋白、李大釗等人先後撰文分析中國社會各階級狀況。其中，毛澤東寫於一九二五年的《中國社會各階級的分析》對後來中國革命的影響最深遠。毛澤東在文中系統地分析了中國社會階級狀況，他將資產階級分成代表中國最落後的、最反動的生產關係的買辦階級和具有一定革命傾向的民族資產階級，這顯然是受到了陳獨秀的影響。他又將從資產階級中劃分出小資產階級，並且將其範圍擴大到自耕農、手工業主、小知識分子，並且對他們的政治態度進行了分析。這種細緻分析使得中國共產黨對資產階級的認識更深入、更準確，並且將革命可爭取的力量擴大了。對於革命的動力，他著重對工人階級的情況進行了分析，指出「中國因經濟落後，故現代工業無產階級人數不多」，但「工業無產階級人數雖不多，卻是中國新的生產力的代表者，是近代中國最進步的階級，做了革命運動的領導力量」。[77] 這樣的分析顯然摒棄了單純以數量判斷階級力量大小和成熟程度高低的偏見，從社會發展和社會進步的角度論證

---

**76** 鄧中夏：《我們的力量》，《鄧中夏文集》，人民出版社 1983 年版，第 101、102 頁。

**77** 毛澤東：《中國社會各階級的分析》，《毛澤東選集》第 1 卷，人民出版社 1991 年版，第 7、8 頁。

了無產階級領導革命的可能性和合理性，為以後中國共產黨逐步形成無產階級領導的反帝反封建的新民主主義革命思想奠定了理論基礎。

早期的中國共產黨人在建黨後僅僅幾年的時間內能夠達到對中國社會階級狀況如此準確的認識，與中國共產黨人對社會狀況的深入了解和深刻把握分不開。在民國建立後的社會調查熱潮中，就有中國共產黨人的活躍身影。他們認為：「我們科學的社會主義者之方法就是，站在階級的觀點上，把四周的環境分析清楚。」[78] 他們相信只有依科學的方法才能正確認識中國社會，而科學方法的重要特徵之一就是對四周環境的分析和調查。為著中國革命的開展，許多共產主義知識分子以極大的熱情投入到社會調查中。李大釗一九一九年專門向唐山煤廠的一位朋友做了訪談調查，並根據調查情況寫成了《唐山煤廠的工人生活》一文。一九二〇年，李大釗還指導一些革命知識分子對北京人力車夫進行了調查。陳獨秀在《新青年》中特辟社會調查欄目，刊登了大量社會調查。鄧中夏深入北京長辛店的工人中調查情況，與工人保持聯繫。他還對廣州的工人生活、勞資狀況做了詳細調查，寫成了《1926 年之廣州工潮》。趙世炎從更好地開展學生運動出發，對北京的學校狀況進行了調查，撰寫了《學校調查：北京高等師範附屬中學校》，刊登在《少年世界》第一卷第六期學校調查欄

**78** 趙世炎：《帝國主義之進攻與中國勞動運動》，《趙世炎選集》，四川人民出版社 1984 年版，第 133 頁。

目。而這個雜誌宣稱其宗旨「是作社會的實際調查，謀世界的根本改造」，趙世炎熱衷於向這個雜誌投稿，並且「早就有這個念頭」[79]，說明他是十分贊成社會調查這種了解社會的方法，並相信其科學性。彭湃則寫成了海豐農民運動的調查報告。在中國共產黨人的早期社會調查中，最傑出的是毛澤東。他曾深入安源路礦，調查了解工人的生活、勞動情況。他還於一九二七年初做了大量關於農村情況的調查，寫成了著名的《湖南農民運動考察報告》。他在詳細調查、分析了湖南農民運動的情況後說：「一切革命同志須知：國民革命需要一個大的農村變動。辛亥革命沒有這個變動，所以失敗了。現在有了這個變動，乃是革命完成的重要因素。」[80]毛澤東的這個結論，有理有據，有力地回擊了當時黨內外對農民運動的責難。

幼年的中國共產黨領導的國民革命最後以失敗告終。但是「在大革命的初期和中期，黨的路線基本上是正確的，黨員群眾和黨員幹部的積極性是非常高的，因此獲得了巨大勝利」[81]。在黨的幼年時期，在黨的馬列主義水準不太高、對中國革命的特點和規律都懂得不多的情況下，特別是受到了來自共產國際的錯誤指導的情況下，國民革命能夠取得這樣的成績，與許多共產黨人

79 趙世炎：《學校調查：北京高等師範附屬中學校》，《趙世炎選集》，第47頁。

80 毛澤東：《湖南農民運動考察報告》，《毛澤東選集》第1卷，第16頁。

81 胡繩主編：《中國共產黨的七十年》，中共黨史出版社1991年版，第76頁。

受到了科學精神的薰陶，注重社會調查、注重對社會性質的分析，並以此為出發點制定革命的策略有關，這是中國共產黨在馬克思主義與中國革命實際相結合的道路上進行的初步探索。這樣的思考問題、解決問題的方式或曰黨風、學風的肇端，對於馬克思主義中國化有著重要的奠基意義。

## 三、毛澤東在馬克思主義中國化過程中對科學精神的弘揚和提升

中國共產黨從一建立就是一個高舉馬克思列寧主義旗幟並為理想英勇奮鬥的黨。正如劉少奇所說：「我們的黨從最初建立時起，就是一個完全新式的無產階級政黨，是全心全意為中國人民服務而在最堅固的中國化的馬克思列寧主義理論的基礎上建立起來的黨。」[82] 毛澤東後來在總結黨的鬥爭歷史時也說，中國共產黨在找到了馬克思列寧主義「這個最好的武器」後，就始終是「拿起這個武器的倡導者、宣傳者和組織者」[83]。因此，在中國共產黨建立後，特別是在一九二七年以後的革命征途中，中國共產黨內的錯誤傾向主要不是要不要以馬克思主義為指導的問題，不是馬克思主義是不是指導中國革命的真理的問題，而是如何認識和對待馬克思主義的問題，是要不要從中國的實際出發發展馬

**82** 劉少奇：《論黨》，《劉少奇選集》（上卷），人民出版社 1981 年版，第 315 頁。

**83** 毛澤東：《改造我們的學習》，《毛澤東選集》第 3 卷，第 796 頁。

克思主義、實現馬克思主義中國化的問題。

在這個問題上，中國共產黨內曾多次發生教條主義、主觀主義地照抄照搬馬克思主義經典著作的詞句、個別結論的問題，發生把共產國際的決議神聖化、絕對化的問題。其要害「是一切以外國為中心，作留聲機，機械地生吞活剝地把外國的東西搬到中國來，不研究中國的特點」[84]。在遵義會議前後的數年間，毛澤東深刻反思失敗的教訓，勇敢面對甚囂塵上的「左」傾思潮，以科學的態度對形而上學的思維方式給予了深刻剖析和批判。

毛澤東的剖析主要從兩個方面展開，一是應當以什麼樣的態度學習馬克思主義的問題。如何對待真理、怎樣學習真理對中國人來說是一個需要經常反思的問題。在中國幾千年歷史的發展中，自然經濟的生產方式和儒家文化的至尊地位，養成了人們盲目地頂禮膜拜的思維方式。這種思維方式根深蒂固，曾經長期統治人們的頭腦。因此，對這種思維方式的拋棄，決不是一場五四新文化運動就能澈底解決的。

自從五四運動反對了老八股、老教條之後，國人頭腦中又逐漸「產生了洋八股、洋教條」，將外國的一切東西都視為神明，視為絕對正確，絕對完美。在中國共產黨內，一些「違反了馬克思主義的人則發展這種洋八股、洋教條」，成為黨八股。黨八股打的旗子是舶來的馬克思主義，「言必稱希臘」。表面觀之，似乎在政治主張上，黨八股與某些知識分子的主張並不一樣，但

84 毛澤東：《如何研究中共黨史》，《毛澤東文集》第 2 卷，第 407 頁。

「黨八股也就是一種洋八股」，本質上、在思維模式上與老八股、洋八股是一樣的。即對待真理、對待經典採取的是非理性的、形而上學的態度。對此，毛澤東一針見血地指出：「我們說馬克思主義是對的，決不是因為馬克思這個人是什麼『先哲』，而是因為他的理論，在我們的實踐中，在我們的鬥爭中，證明了是對的。我們的鬥爭需要馬克思主義。我們歡迎這個理論，絲毫不存什麼『先哲』一類的形式的甚至神秘的念頭在裡面。」[85]「真正的理論在世界上只有一種，就是從客觀實際抽出來又在客觀實際中得到了證明的理論」[86]。正確地對待真理的態度應當是「應用馬克思列寧主義的理論和方法，對周圍環境作系統的周密的調查和研究」[87]。為此，毛澤東在黨的六屆六中全會上提出了馬克思主義中國化的命題，「共產黨員是國際主義的馬克思主義者，但馬克思主義必須通過民族形式才能實現。沒有抽象的馬克思主義，只有具體的馬克思主義。所謂具體的馬克思主義，就是通過民族形式的馬克思主義，就是把馬克思主義應用到中國具體環境的具體鬥爭中去，而不是抽象地應用它。成為偉大中華民族之一部分而與這個民族血肉相聯的共產黨員，離開中國的特點來談馬克思主義，只是抽象的空洞的馬克思主義。因此，使馬克思主義中國化，使之在其每一表現中帶著中國的特性，即是說，按著中

**85** 毛澤東：《反對本本主義》，《毛澤東選集》第 1 卷，第 111 頁。
**86** 毛澤東：《整頓黨的作風》，《毛澤東選集》第 3 卷，第 817 頁。
**87** 毛澤東：《改造我們的學習》，《毛澤東選集》第 3 卷，第 800-801 頁。

國的特點去應用它。」[88]

既然真理必須源自實踐又必須在客觀實際中得到證明，那麼，怎樣才能獲得真正的正確的認識呢？這就是毛澤東剖析批判的第二個方面。他說：「馬克思列寧主義是科學，科學是老老實實的學問，任何一點調皮都是不行的。」[89] 要「根據他們的理論來研究中國的歷史實際和革命實際」，「在理論上來思考中國的革命實踐」[90]「為此目的，就要像馬克思所說的詳細地占有材料，加以科學的分析和綜合的研究。」[91] 毛澤東對調查研究非常重視，他認為解決問題的主要步驟都離不開調查研究。為了解決中國革命中出現的問題，毛澤東總是首先向實踐要答案，「要了解情況，唯一的方法是向社會作調查」[92]。他對自己的調查研究成果十分珍視，認為是比其他任何東西都寶貴的東西。一九三〇年，毛澤東在談到他在大革命時代和井岡山時代作幾個調查全部丟失時痛惜地說：「失掉別的任何東西，我不著急，失掉這些調查（特別是衡山、永新兩個），使我時常念及，永久也不會忘記。」[93]

---

88 毛澤東：《論新階段》，《中共中央檔選集》第 11 冊，中共中央黨校出版社 1991 年版，第 658-659 頁。
89 毛澤東：《改造我們的學習》，《毛澤東選集》第 3 卷，第 800 頁。
90 毛澤東：《整頓黨的作風》，《毛澤東選集》第 3 卷，第 814 頁。
91 毛澤東：《改造我們的學習》，《毛澤東選集》第 3 卷，第 799 頁。
92 毛澤東：《〈農村調查〉的序言和跋》，《毛澤東選集》第 3 卷，第 789 頁。
93 毛澤東：《尋烏調查》，《毛澤東文集》第 1 卷，第 118 頁。

毛澤東非常注意培養黨內調查研究的工作方法。在領導紅四軍時期，毛澤東「把進行社會調查規定為工作制度，紅軍政治部制訂了詳細的調查表……紅軍每到一個地方，都首先要弄清當地的階級關係狀況，然後再提出切合群眾需要的口號」[94]。為了在全黨提倡調查研究，養成調查研究之風，毛澤東還特別撰文闡述調查研究的方法[95]。在毛澤東等人的大力倡導下，調查研究逐漸成為全黨的共識。一九四一年，在毛澤東等領導人的倡議下，中共中央做出了《關於調查研究的決定》，同時發佈了《中央關於實施調查研究的決定》（以下簡稱《決定》）。《決定》指出：「我黨現在已是一個擔負著偉大革命任務的大政黨，必須力戒空疏，力戒膚淺，掃除主觀主義作風，採取具體辦法，加重對於歷史、對於環境、對於國內外、省內外、縣內外具體情況的調查與研究，方能有效的組織革命力量，推翻日本帝國主義及其走狗的統治。」[96]《決定》還把調查研究提高到了真理和黨性的高度，「黨內許多同志還不了解沒有調查就沒有發言權這一真理。還不了解系統的周密的社會調查，是決定政策的基礎。還不知道領導機關的基本任務，就在於了解情況與掌握政策，而情況如不了解，則政策勢必錯誤。……還不知道，粗枝大葉、自以為是的主觀主義作風，就是黨性不純的第一個表現；而實事求是、理論與實際密

94 毛澤東：《反對本本主義》，《毛澤東選集》第1卷，第118頁注〔4〕。
95 參見《反對本本主義》和《〈農村調查〉的序言和跋》。
96 《中共中央檔選集（1941—1942）》第13冊，中共中央黨校出版社1991年版，第174頁。

切聯繫，則是黨性堅強的黨員的起碼態度。」[97] 以中央的名義專門做出關於調查研究的決定，這在中國共產黨的歷史上是史無前例的一次，這說明至少在黨的領導高層中，調查研究是中國共產黨的重要工作方法之一已經達成共識。此後，在毛澤東以及黨中央的大力倡導下，調查研究在黨內蔚然成風。中國共產黨第一代領導集體的重要成員陳雲一九四七年總結毛澤東處理問題的方法時曾說：我們黨做工作，實際上是把百分之九十九的力量都用在了了解情況上，「情況了解清楚了，就可以正確地決定對策。」[98]

在馬克思主義中國化的實踐過程中，毛澤東繼承了近代以來特別是五四運動以來中華民族高揚的科學旗幟，不斷弘揚科學精神，並把中華民族對科學精神的闡發提升到了新的高度。

其一，毛澤東高揚一切從事實出發的求實精神，強調明瞭客觀實際的重要性。

求實精神是科學精神的核心內涵之一，在近代以來中華民族求索和弘揚科學精神的征途中，人們特別強調不惟上、不惟書的求實精神。毛澤東繼承了近代以來中華民族的優秀傳統，特別崇尚求實的科學精神。他說：「我們是信奉科學的，不相信神學」[99]，不迷信任何說教、任何神明和權威，唯有來自實際並被實際檢驗了的事實才是最令人信服的。但是，人們對客觀實際的

97 《中共中央檔選集（1941—1942）》第 13 冊，第 173-174 頁。

98 陳雲：《怎樣才能少犯錯誤》，《陳雲文選》第 1 卷，人民出版社 1995 年版，第 343 頁。

99 毛澤東：《關於農村調查》，《毛澤東文集》第 2 卷，第 378 頁。

了解和掌握並不是一件容易的事，必須面向實際、經過反復的調查研究才能有正確的把握。因此，毛澤東非常強調調查研究的重要性，他說：「認識世界，不是一件容易的事。馬克思、恩格斯努力終生，作了許多調查研究工作，才完成了科學的共產主義。列寧、史達林也同樣作了許多調查。」[100] 欲取得中國革命的勝利，也必須像馬克思、列寧那樣，認識中國社會的特點，認識中國革命的特點，「中國革命也需要作調查研究工作，首先就要了解中國是個什麼東西（中國的過去、現在及將來）」[101]。

這種調查研究不是一勞永逸的。因為客觀世界是不斷變化的，需要人們不斷地去了解世界、去認識客觀實際，「我們又相信事物是運動的，變化著的，進步著的。因此，我們的調查，也是長期的。今天需要我們調查，將來我們的兒子、孫子，也要作調查，然後，才能不斷地認識新的事物，獲得新的知識。」[102] 只有不斷地去了解實際、認識實際，才能獲得新知識、新認識，才能指導不斷變化的實踐。

毛澤東對實證精神的推崇並不是乾癟的說教，他對中國社會、對中國革命的認識，對革命的指揮都閃爍著求實精神的光輝。關於戰爭，他認為：「軍事的規律，和其他事物的規律一樣，是客觀實際在我們頭腦中的反映，除了我們的頭腦以外，一

100 毛澤東：《關於農村調查》，《毛澤東文集》第 2 卷，第 378 頁。
101 毛澤東：《關於農村調查》，《毛澤東文集》第 2 卷，第 378 頁。
102 毛澤東：《關於農村調查》，《毛澤東文集》第 2 卷，第 378 頁。

切都是客觀實際的東西。」[103] 關於政策和策略，他說：「無產階級要取得勝利，就完全要靠他的政黨——共產黨的鬥爭策略的正確和堅決。共產黨的正確而不動搖的鬥爭策略，決不是少數人坐在房子裡能夠產生的，它是要在群眾的鬥爭過程中才能產生的，這就是說要在實際經驗中才能產生。因此，我們需要時時了解社會情況，時時進行實際調查。」[104] 在中國革命的艱苦歲月裡，在敵我力量對比極其懸殊的情況下，中國革命之所以能夠一步步走向勝利，以毛澤東為領袖的中國共產黨對中國革命實際的透澈了解和把握是最重要的因素之一。

其二，毛澤東十分強調科學方法論的重要性。

科學方法論在科學精神的闡發和弘揚中具有基礎的手段意義，如果看待理論、觀察問題、思考問題的方法不對，那麼，真理也可能轉化為謬誤。在中國革命的進程中，曾經屢屢發生教條主義地、主觀主義地看待馬克思主義、看待中國社會、看待中國革命的問題，這其中方法論的錯誤是導致問題發生的重要原因之一。毛澤東在反對教條主義、主觀主義的鬥爭中特別注重從方法論的角度分析問題發生的原因，糾正因方法論錯誤引來的問題。

毛澤東特別注重對待馬克思主義理論的態度問題，反對理論脫離實際的誇誇其談。他說：「對於理論脫離實際的人，提議取

---

**103** 毛澤東：《中國革命戰爭的戰略問題》，《毛澤東選集》第 1 卷，第 181-182 頁。

**104** 毛澤東：《反對本本主義》，《毛澤東選集》第 1 卷，第 115 頁。

消他的『理論家』的資格。只有用馬克思主義觀點來研究實際問題、能解決實際問題的，才算實際的理論家。史達林說，脫離實際的理論是空洞的理論。我認為空洞的理論是荒謬絕倫的理論。」[105] 只知背誦馬克思主義的隻言片語的人，不能稱為理論家，不是對待馬克思主義的正確的態度。「我們的原則是革命的，但它是具體的，不是抽象的，必須結合著實際情況來解決問題。」[106] 但是，「許多同志的學習馬克思列寧主義似乎並不是為了革命實踐的需要，而是為了單純的學習。所以雖然讀了，但是消化不了。……這種對待馬克思列寧主義的態度是非常有害的」[107]。這種對待馬克思主義的態度，只是「穿上馬克思主義的外衣，是假馬克思主義」[108]。毛澤東十分欣賞能夠理論聯繫實際、使用正確方法研究中國革命的同志。他主張，「對研究實際問題的文章，要多給稿費。能使馬克思主義中國化的教員，才算好教員，要多給津貼」[109]。他還特別倡議「中央研究組一方面研究馬克思主義的思想方法論」[110]。

---

**105** 毛澤東：《反對主觀主義和宗派主義》，《毛澤東文集》第 2 卷，第 374 頁。

**106** 毛澤東：《對陝北公學畢業同學的臨別贈言》，《毛澤東文集》第 2 卷，第 109 頁

**107** 毛澤東：《改造我們的學習》，《毛澤東選集》第 3 卷，第 797 頁。

**108** 毛澤東：《反對主觀主義和宗派主義》，《毛澤東文集》第 2 卷，第 372 頁。

**109** 毛澤東：《反對主觀主義和宗派主義》，《毛澤東文集》第 2 卷，第 374 頁。

**110** 毛澤東：《反對主觀主義和宗派主義》，《毛澤東文集》第 2 卷，第 375 頁。

毛澤東還具體論述了科學的方法論。他認為，認識事物的科學方法首要因素是實踐，是調查研究。所謂調查研究就是眼睛向下，「要面向下層」，要到群眾中去，「詳細地占有材料，抓住要點。材料是要搜集得愈多愈好。」[111] 詳細地占有材料之後，就必須要看到事物的實質，而把它的現象「只看作入門的嚮導，一進了門就要抓住它的實質，這才是可靠的科學的分析方法」[112]。那麼怎樣才能看到事物的實質呢？這就要「加以科學的分析和綜合的研究」[113]。進行「去粗取精，去偽存真，由表及裡的思索」，這種思索既包括運用理論的過程，也包括運用經驗的過程，「從自己經驗中考證這些結論，吸收那些用得著的東西，拒絕那些用不著的東西，增加那些自己所特有的東西。這後一件事是十分重要的」[114] 毛澤東特別推崇綜合的作用，「要用分析的方法來解決問題。這是過去資產階級提出的科學方法，但還要綜合。我們要用分析和綜合的方法，從整個事物中抽出問題來作分析，再加以綜合。」[115] 他認為，馬克思的《資本論》就是運用分析綜合的方法寫成的，特別是運用了綜合的方法最後得出了資本主義運動的規律。他認為，即使是分析，也是「分析而又綜

---

**111** 毛澤東：《關於農村調查》，《毛澤東文集》第 2 卷，第 382 頁。
**112** 毛澤東：《星星之火，可以燎原》，《毛澤東選集》第 1 卷，第 99 頁。
**113** 毛澤東：《改造我們的學習》，《毛澤東選集》第 3 卷，第 799 頁。
**114** 毛澤東：《中國革命戰爭的戰略問題》，《毛澤東選集》第 1 卷，第 181 頁。
**115** 毛澤東：《反對主觀主義和宗派主義》，《毛澤東文集》第 2 卷，第 375 頁。

合」，小的分析中也有小的綜合。只有分析而沒有綜合，實際上只見樹木，不見森林，無法看到事物的全貌，也就無法找到事物運動的規律，無法得出正確的認識，行動上只能是不斷地犯錯誤。

其三，毛澤東發展了科學精神，提出科學精神的核心是創新精神。

在反對主觀主義和教條主義的過程中，毛澤東特別反對墨守成規和對待理論的僵化態度。他在總結俄國革命的經驗時說，「布林什維主義以馬克思主義作為理論和方法，創造了蘇聯這個社會主義國家。這個布林什維主義，這個社會主義國家，從前沒有過，這是列寧所領導的黨在俄國創造的。列寧把馬克思主義的立場、方法與俄國革命的具體實踐結合起來，創造了一個布林什維主義，用這個理論和策略搞了二月革命、十月革命，史達林接著又搞了三個五年計劃，創造了社會主義的蘇聯。我們要按照同樣的精神去做。我們要把馬、恩、列、斯的方法用到中國來，在中國創造出一些新的東西。只有一般的理論，不用於中國的實際，打不得敵人。但如果把理論用到實際上去，用馬克思主義的立場、方法來解決中國問題，創造些新的東西，這樣就用得了。」[116] 俄國革命之所以能夠成功，關鍵在於俄國布爾什維克靈活地運用了馬克思主義的理論，創造了布林什維主義。所謂布

116 毛澤東：《如何研究中共黨史》，《毛澤東文集》第 2 卷，第 407-408 頁。

林什維主義就是列寧主義，是對馬克思主義的新發展。沒有列寧從俄國革命的實際出發，用創新的精神去指導革命，俄國革命不可能成功。毛澤東認為，中國革命要成功，也必須發揚俄國革命的這種創新的精神。「那些具有一成不變的保守的形式的空洞樂觀的頭腦的同志們，以為……只要遵守既定辦法就無往而不勝。這些想法是完全錯誤的，完全不是共產黨人從鬥爭中創造新局面的思想路線，完全是一種保守路線。」[117] 必須「分清創造性的馬克思主義和教條式的馬克思主義」，要「宣傳創造性的馬克思主義」[118]，只有這樣我們才能「從實踐中找出事物運動的規律來，產生新的理論」[119]。只有新的理論，才能指導社會情況完全不同於西歐和俄國的中國的革命，才能發展馬克思主義，引導革命走向勝利。為此毛澤東大聲疾呼「速速改變保守思想！換取共產黨人的進步的鬥爭思想！到鬥爭中去！到群眾中作實際調查去！」[120]

近代以來，在中華民族對科學精神的思考和闡發中，黜偽崇真的「存疑」精神和「崇真」「崇實」的求實精神已經包含了創新的因數。「黜偽」的過程就是正本清源的過程，同時也必然是破舊立新的過程。求實的過程則是發現新事物新法則的過程。因

117 毛澤東：《反對本本主義》，《毛澤東選集》第 1 卷，第 115-116 頁。
118 毛澤東：《反對主觀主義和宗派主義》，《毛澤東文集》第 2 卷，第 373、374 頁。
119 毛澤東：《關於農村調查》，《毛澤東文集》第 2 卷，第 381 頁。
120 毛澤東：《反對本本主義》，《毛澤東選集》第 1 卷，第 116 頁。

此，宣導黜偽崇真的「存疑」精神和「崇真」「崇實」的求實精神，實際上是呼喚創新，是呼喚發現真理。但是，近代以來尚無人明確提出創新問題，無人明確指出科學精神的實質在於發現新事物，發現新規律，創造新理論。毛澤東明確提出創新的概念，提升和豐富了科學精神的內涵，為科學精神的發揚光大做出了貢獻。

其四，毛澤東提升了科學精神，指出科學問題最終是一個哲學問題，科學精神是唯物論精神的集中體現。

一九三七年，毛澤東先後撰寫了《實踐論》《矛盾論》兩篇哲學名著，從哲學的高度闡發了科學精神。在《矛盾論》一開篇他就說：「蘇聯哲學界在最近數年中批判了德波林學派的唯心論，這件事引起了我們的極大的興趣。德波林的唯心論在中國共產黨內發生了極壞的影響。我們黨內的教條主義思想不能說和這個學派的作風沒有關係。因此，我們現在的哲學研究工作，應當以掃除教條主義思想為主要的目標。」[121] 在《實踐論》中，毛澤東八次使用了「科學」的字樣，他認為馬克思列寧主義的認識是「以科學的社會實踐為特徵的」[122]，也就是說科學精神的實質是唯物的，它以社會實踐為認識的本源，以社會實踐為判斷真理的標準，主觀主義、教條主義不是從實踐出發，而是從本本出發，這不但違反了唯物論的原則，而且是不科學的。

**121** 毛澤東：《矛盾論》，《毛澤東選集》第 1 卷，第 299 頁。
**122** 毛澤東：《實踐論》，《毛澤東選集》第 1 卷，第 295 頁。

在近代以來中國人對科學精神的認識過程中，還不曾有人將科學精神提到唯物論這樣的高度來認識。有的闡發科學精神的人，追根溯源其自身的認知方法仍然是唯心論的。例如在二〇年代初期那場著名的科玄論戰中，丁文江等科學派主力人物對玄學派的觀點進行了大力批駁，造成了宏大陣勢。但是由於理論準備的不足，他們在批駁玄學觀點、證實外部世界的客觀實在性時卻陷入了唯心論的不可知論。他們認為「所謂物質，不過是『常久的感覺的可能』」[123]。既然物是經驗、是感官的感觸，作為實際存在的人——也就是在感知著一切的「我」又是什麼呢？科學派認為：「『我』就是這些感觸之集合，並不是另外有一個形而上的『我』，可以脫離經驗而存在。」[124] 作為認識主體的「我」竟然成了感覺的複合，這就消解了自我，得出了由感覺去感覺的悖論，這樣的結論顯然是非常荒謬的。

在這場論戰中，共產主義知識分子陳獨秀、瞿秋白等人也參與了論戰，並從唯物論的角度出發進行了論證。但他們只是就某些理論問題進行了詳細闡述，並沒有從哲學唯物論的高度概括科學精神的實質。

毛澤東在《實踐論》，全面論述了馬克思主義認識論的基本理論。他提出，馬克思主義認識論一個顯著特點就是它的實踐

123 唐鉞：《心理現象與因果律》，《科學與人生觀》，山東人民出版社 1997 年版，第 214 頁。

124 王星拱：《科學與倫理》，《科學概論》，商務印書館 1932 年版，第 276-277 頁。

性，「強調理論對於實踐的依賴關係，理論的基礎是實踐，又轉過來為實踐服務」[125]。這樣的論述不但從根本上顛覆了玄學家的觀點，還揭露了主觀主義的實質。

毛澤東還回答了科學與人生觀爭論中未能解決的認識的主體性問題，提出了「改造客觀世界，也改造自己的主觀世界——改造自己的認識能力」[126] 的命題，區分了客觀世界與主觀世界。「我」既是客觀存在，又不完全等同於存在於人之自我之外的客觀世界，「我」有能力認識客觀世界，能夠把對客觀世界的認識從淺表的感性認識經過整理和改造上升為理性認識，達到認識客觀世界、改造客觀世界的目的。

這樣，毛澤東就對五四以來關於認識問題的爭論做了最全面的清算，將科學精神的弘揚提升到了「洗刷唯心精神」的高度，使中華民族追尋科學精神的探索攀上了新的高峰。

**125** 毛澤東：《實踐論》，《毛澤東選集》第 1 卷，第 284 頁。
**126** 毛澤東：《實踐論》，《毛澤東選集》第 1 卷，第 296 頁。

# 第十九章 民主精神的追求

幾千年的中國古代文明孕育了博大的中華民族精神，但是卻缺乏現代民主精神。民主進入中國社會，融入中華民族文化，民主精神生長成為中華民族精神的重要組成部分，是近代以後逐漸完成的。近代中國人為振興中華，努力學習西方先進文化，對民主孜孜追求，推動了民主文化與中華文明的融合，推動了中華民族民主精神的形成。

## 第一節 ▶ 追求民主

中華民族民主精神的形成是在近代中國人追求民主的探索和實踐中完成的。鴉片戰爭以來，近代中國人為探求救國救民和社會發展的出路，進行了一個世紀的艱辛探索和鬥爭。其中，反對專制主義、追求民主成為了這一探索和鬥爭的主要內容之一。近代中國人對民主的追求可歌可泣，它經歷了三個重要階段：從鴉片戰爭到甲午戰爭是中國人初識西方民主、嚮往西方民主並開始介紹西方民主的階段；從戊戌變法到辛亥革命是中國人形成了自己的民主思想並以追求資產階級民主為主要目標的階段；從「五四」前後到中華人民共和國成立是中國人在資產階級民主和新民主主義民主的理想上不斷選擇和探索，並沿著自己的選擇孜孜以求，最後認同人民民主方向的階段。近代中國追求民主的主要社會力量有四支：戊戌維新派及其後的立憲派、孫中山領導的資產階級革命派及其後的早期國民黨人、自由主義者、中國共產黨人。

## 一、初識民主

中國在鴉片戰爭戰敗，被迫向西方國家屈服而在一系列不平等條約上簽字後，民族危機逐漸加重。出於對中國戰爭失敗原因的探究，更是出於對救國救民道路的尋求，中國的一些有識之士睜眼看世界，開始把西方的民主制度介紹到中國來。比較突出的是林則徐、魏源、徐繼畬、梁廷枏、姚瑩等人。林則徐組織人編寫的《四洲志》、魏源所著的《海國圖志》、徐繼畬所著的《瀛寰志略》、梁廷枏所著的《海國圖說》、姚瑩所著的《康輶紀行》等，都粗略地介紹了歐美等國家的民主制度，並且都表達了他們對民主制度的好感。

太平天國運動的爆發和第二次鴉片戰爭後民族危機的加深，進一步暴露了清政府的腐敗無能，使一些有識之士迫切感到有迅速進行社會改革的必要。與此同時，緊跟西方侵略者炮艦而來的西方文化也開始逐漸被中國人所認識，一些有識之士在進一步了解西方文化之後開始較多地認識到了西方文化的進步性。於是，從十九世紀六〇年代起，中國社會興起了一股學習西方文化，仿效西方進行社會改革的熱潮。其中，影響最大的是洋務思潮和洋務運動，同時還有早期改良主義思潮。洋務派的主要傾向是學習西方國家先進的自然科學技術，但不主張學習西方的政治民主，不去觸動中國固有的政治制度及政治文化；早期改良主義思想家則主張在學習西方國家先進的自然科學技術的同時，進一步學習西方國家政治民主的某些內容，希望對中國政治進行必要的帶有一定民主色彩的改革。因此，這時期對西方民主採取了比較積極態度的主要是早期改良主義思想家，另外還有少數接觸西方社會較多的官員。

早期改良主義思想家對西方民主的態度比前述的林則徐、魏源等人更為積極。他們不僅介紹西方國家的民主制度，還介紹西方國家的民主思想，而且認識上也相對深入一些。如王韜將西方國家的政治制度分為三種類型的認識，鄭觀應在《盛世危言》中對西方國家議院制度的介紹和評論等，就比前人要更細緻、確切一些。而社會上出現的一些初步介紹西方思想家伏爾泰、孟德斯鳩、盧梭等的生平、學說及其影響的譯著和書籍，則是以前所沒有的。更值得注意的是，早期改良主義思想家們在介紹西方國家民主制度和民主思想的基礎上，提出了具有民主色彩的政治改革主張。一是主張實行「君民共主」。王韜認為：「君民共主」是西方立國的三種方式中最好的一種，「唯君民共治，上下相通，民隱得以上達，君惠亦得以下逮，都俞籲咈，猶有中國三代以上之遺意焉」。「中國苟得君主於上，而民主於下，則上下之交固，君民之分親矣，內可以無亂，外可以無侮，而國本有若苞桑磐石焉。由此而擴充之，富強之效亦無不基於此矣」。[1] 二是主張設立議院。鄭觀應說：「議院者，公議政事之院也，集眾思，廣眾益，用人行政，一秉至公」。有議院，則「君相君民之氣通，上下堂廉之隔去，舉國之心志如一，百端皆有條不紊」。「有議院而昏暴之君無所施其虐，跋扈之臣無所擅其權，大小官司無所卸其責，草野小民無所積其怨，故斷不至數代而亡，一朝而滅也」。因此，中國「苟欲安內攘外，君國子民，持公法以保太平之局，其必自設立議院始矣」。[2] 湯震、陳炽等還對如何設立議院提出了自己的構想，何啟、胡禮垣更是進一步倡議通過「公舉」的方式產生議院。應當看到，早期改良主義思想家主張的「君民共主」和議院與西方國家的君主立憲制度和議院仍有本質上的區別，但其有著明確的「君可而民否，不能行」的認識，希望制約君權，卻確實含有了一定程度的民主意義。

從林則徐、魏源等人到早期改良主義思想家，他們對西方民主的介紹和認識雖然比較粗淺，他們也沒有完全接受民主，但是卻開啟了近代中國人學習西方、追求民主的道路。

## 二、學習和仿效歐美民主

甲午戰爭的失敗充分暴露出清朝專制政治的腐敗是造成中國

1 王韜：《重民》（下），《弢園文錄外編》，中華書局 1959 年版，第 23、24 頁。

2 鄭觀應：《議院》，《鄭觀應集》（上卷），第 311、312、314 頁。

社會貧弱被欺、民族危機不斷加深的主要根源。洋務運動的失敗也促使人們在如何學習西方、學習什麼等問題上進行進一步的探索。伴隨著中西文化的進一步交流和對西方民主的進一步了解，一些先進的中國人開始明確認識到，只有改變中國的封建專制制度，仿效西方國家實行民主政治，才能真正挽救民族危機，實現中國的富強。而此時，中國的近代資本主義已經有了初步的發展，近代工業階級已經產生並形成了一定的力量，這也為民主思想的傳播和民主改革的實行提供了必要的社會基礎。這樣，從十九世紀九〇年代開始，中國近代民主思想形成並得到迅速發展，推進政治民主化的變革運動也不斷掀起。中國人對民主的追求進入了一個理論建設和政治實踐相結合的新階段，民主開始成為中國歷史發展的主旋律之一。在甲午戰敗後二十多年的時間裡，在中國追求民主的主要是戊戌維新派及其後的立憲派、資產階級革命派。

維新派是近代中國最早的明確接受了西方民主思想的政治群體，他們大概在十九世紀九〇年代中期或再早一點的時間形成了自己的民主思想。他們的民主思想中有兩點最值得關注：一是興民權思想。維新派比較正確地論述了君民關係。康有為指出：「民之立君者，以為己之保衛者也。……故凡民皆臣，而命一士以上，皆可統稱為君」[3]。這就明顯地否定了君主獨尊的神聖地

3 康有為：《實理公法全書》，《康有為全集》第 1 集，上海古籍出版社 1987 年版，第 288 頁。

位，含有君民平等的意義。嚴復說：「斯民也，固斯天下之真主也。」[4] 即國家的主體是民而不是君，人民才是國家的主人。譚嗣同說：「生民之初，本無所謂君臣，則皆民也。民不能相治，亦不暇治，於是共舉一民為君」。「夫曰共舉之，則因有民而後有君，君末也，民本也」；「夫曰共舉之，則必可共廢之」。[5] 維新派還比較正確地把握住了民權的本質，他們的「民權」思想已經具有了西方民主思想中個人自主、自由的觀念。康有為說：「人有自主之權」乃是「全合」於「實理」的「公法」，「最有益於人道」。這就把近代西方關於人的自然權利思想說成是永恆、普遍的真理。嚴復的認識更進一步，他已經能比較明確地闡述西方的自由主義思想。他說：「唯天生民，各具賦畀，得自由者乃為全受。故人人各得自由，國國各得自由，第務令毋相侵損而已。侵人自由者，斯為逆天理，賊人道，其殺人傷人及盜蝕人財物，皆侵人自由之極致也。故侵人自由，雖國君不能，而其刑禁章條，要皆為此設耳。」他還指出，正是由於西方重視自由而中國缺少自由，才產生了中西方政治、經濟、社會文化等全面的差異。[6]這裡，嚴復已經看到了個人自由不僅是西方政治而且是整個西方文化的靈魂。二是在國家政治改革方面主張實行君主立憲。維新派對幾千年來的封建君主專制制度進行了猛烈的批判。

---

4　嚴復：《辟韓》，《嚴復集》第 1 冊，第 36 頁。
5　譚嗣同：《仁學》，《譚嗣同全集》（下冊），第 339 頁。
6　嚴復：《論世變之亟》，《嚴復集》第 1 冊，第 2-3 頁。

他們一致認為，自秦以後，中國的君主都是恣意害民、殘民的「獨夫民賊」，長久的君主專制是造成中國貧窮衰弱、備受列強欺淩的根本原因。他們指出，中國最理想的政體是仿照西歐三權分立的君主立憲制。康有為說：「臣竊聞東西各國之強，皆以立憲法開國會之故，國會者，君與國民共議一國之政法也。蓋自三權鼎立之說出，以國會立法，以法官司法，以政府行政，而人主總之，立定憲法，同受治焉。」[7] 這裡，康有為不僅明確提出了要實行君主立憲制，而且指出了該制度基本的組織構成和運作原則。

維新派一面努力宣傳民主思想，一面積極投身到了政治改革的實踐中。一八九八年，他們掀起了一場具有深遠歷史影響的「百日維新」運動。但是由於他們的民權思想和君主立憲主張極富革命性，與中國幾千年來的傳統格格不入，他們的變法主張和實踐遭受到了重重阻力。「百日維新」最後只能在清政府圈定的範圍內進行，本應是一場資產階級民主主義性質的改革變成了實質上的「中體西用」式的變革，而且即便如此也未能避免短命的命運。

「百日維新」失敗後，立憲派繼承和發揚了維新派的民主精神。一方面，他們繼承和發揚了維新派的民主思想，特別是對君主立憲方案進行了更加明確的設計，比較充分地體現了資產階級民主制度三權分立的原則。按照立憲派的設計，國家統治權分為

7 康有為：《請定立憲開國會折》，《康有為政論集》（上冊），第 338 頁。

立法、行政、司法三部分，「有君主以立乎國會國務大臣審判廳之上以總攬此權」。但是，「君主之行立法權，則以國會協贊之形式出之；君主之行行政權，則以大臣副署之形式出之；君主之行司法權，則以審判廳獨立之形式出之」。[8] 國會必須具有立法權，凡法律必須提出於議會，經多數可決而使成立，否則不能實行[9]。國會必須具有監督權，「國會為監督內閣負責任之法定機關，其官僚若不得國會之擁護，即無組織內閣之資格」；「君主對於國會……絕無強迫以遵命議事之權」；各種法律案預算案，「凡國會所不協贊者，政府即不得而施行之」。[10] 國會最好取兩院制，上院由皇族、各省代表、各團體代表等組成，下院由國民選舉。國會選舉是一種沒有財產和教育程度限制的「普通選舉」制度[11]。另一方面，他們繼續為實現自己的民主理想而奮鬥，在二十世紀初掀起了大規模的立憲運動。當然，他們希望依靠清政府的覺醒來實行立憲是不切實際的，最終流產是必然的。

「百日維新」和立憲運動的失敗，反映了近代中國追求民主的道路從一開始就充滿著險阻；也反映出中國社會要走向民主，僅僅希望通過走改良的道路是難以行得通的。一些先進的中國人

8 梁啟超：《憲政淺説》，《飲冰室合集》文集之二十三，中華書局 1989 年版，第 40 頁。

9 梁啟超：《政黨與政治上之信條》，《飲冰室合集》文集之二十三，第 40 頁。

10 《國會請願同志會意見書》，《國風報》第 1 卷第 9 期。

11 梁啟超：《中國國會制度私議》，《飲冰室合集》文集之二十四，第 160 頁。

由此而覺悟，相繼走上了以革命的方式謀求民主理想的道路，資產階級革命派領導的辛亥革命將中國政治民主化運動推向一個高潮，也就自然而然了。

近代中國資產階級革命派是在一八九四年十一月孫中山在美國檀香山創立興中會後開始形成的，到一九〇五年中國同盟會成立時已發展成為一支具有一定規模和社會影響的新生政治力量。隨著維新派、立憲派的改良運動先後失敗，資產階級革命派逐漸發展成中國社會追求民主的主要力量。革命派以孫中山提出的三民主義為旗幟，主張澈底推翻清朝統治，在中國實行民主共和，推動了中國近代民主思想的發展和追求民主的實踐，近代中國對民主的追求繼維新運動後上了一個新臺階。

資產階級革命派的民主思想大概在一九〇五年中國同盟會成立前後基本成熟，它集中體現在三民主義的民權主義中，比維新派的民主思想有了很大的進步。這主要表現在：（1）對民主本質的把握更為準確。陳天華說：「國家譬如一隻船，皇帝是一個舵工，官府是船上的水手，百姓是出資本的東家。……倘若舵工水手不能辦事，東家一定要把這些舵工水手換了，另用一般人，才是道理。」[12] 這種比喻顯然是把人民放在了國家主人的地位，把皇帝和政府官員放在了人民公僕的地位。孫中山更是明確指出：「凡事以人民為重，軍人與官吏不過為國家一種機關，為全

12 陳天華：《警世鐘》，《陳天華集》，湖南人民出版社 1982 年版，第 82 頁。

國人民辦事。」政府官員「不過為國民公僕，受人民供應」。[13]《中華民國臨時約法》明確規定：「中華民國由中華人民組織之」；「中華民國之主權，屬於國民全體」。很明顯，革命派已經完全拋棄了君權，鮮明地確立了人民主權思想。（2）對人權思想的闡發更加深入。革命派普遍認為，人民的自由權利是「天賦」的、與生俱來的，是「不可讓與」和不可侵犯的。鄒容在《革命軍》中強烈呼籲，要以革命「復我天賦之權利」，並指出，「無論何時，政府所為，有干犯人民權利之事，人民即可革命」。革命派注意到了個人自由與群體自由、自由與法律的關係。陳天華指出：「吾儕求總體之自由者也，非求個人之自由者也。以個體之自由解共和，毫釐而千里也」。「惟欲求總體之自由，故不能無對於個人之干涉」，「共和者亦為多數人計，而不得不限制少數人之自由」。[14]「『自由』二字，是有界限的，沒有界限，即是罪惡。如今的人醉心自由，說一有服從性質，即是奴隸了，不知勢力是不可服從的，法律是一定要服從的」[15]。革命派還將人權的內容進一步具體化明確化。中華民國成立後頒佈的《臨時約法》，就對人民在政治、經濟、文化、社會生活等各方面應有的各項權利作了明確規定。（3）確定了建立民主共和制度的理想。孫中山從創立興中會開始，就明確提出了「創立合

13 孫中山：《在湖北軍政界代表歡迎會的演説》，《孫中山選集》，人民出版社 1981 年版，第 100 頁。

14 陳天華：《論中國宜改創共和政體》，《民報》第 1 號，1905 年。

15 陳天華：《獅子吼》，《陳天華集》，第 131 頁。

眾政府」的口號，中國同盟會的綱領之一就是「創立民國」。孫中山在《軍政府宣言》中提出了「建立民國」的基本原則：「由平民革命以建國民政府，凡為國民皆平等以有參政權。大總統由國民共舉。議會以國民公舉之議員構成之，制定中華民國憲法，人人共守。」革命派還對民主共和制度的方案進行了多種設計。《中華民國臨時約法》主要反映出的是照搬美國式的共和制。宋教仁主張對其進行改造，實行政黨政治和內閣制，更像是法國式的共和制。孫中山主張吸收中國古代政治制度中的一些積極因素，對美國式的三權分立制度進行改造，實行立法、行政、司法、考試、監察五權分立的制度，反映出他想避免歐美民主制度缺陷的美好願望。(4) 提出了以革命求民主的思想。資產階級革命派明確意識到，要想挽救嚴重的民族危機，實現中國的獨立、民主、富強，必須推翻清政府的腐朽統治，建立民主共和制度，希望清政府自己進行民主改革是不切實際的。他們當時的基本思路是，把民權主義的政治革命和民族主義的反清革命並為一步走。這些在學術界已有很多人給予過論述，這裡不再贅述。

在三民主義的指導下，以孫中山為代表的資產階級革命派在二十世紀初發動了辛亥革命，民國成立後又發動過「二次革命」、護國運動、護法運動，為維護民主共和進行了不懈鬥爭，在中國追求民主的革命道路上，寫下了波瀾壯闊的篇章。但是，由於種種局限，資產階級革命派的鬥爭最終只換得了一塊民國的空招牌，中國並沒有走上真正民主化的道路，中國人追求民主的征程依然漫長。

綜觀維新派、立憲派、革命派追求民主的歷程，我們發現他們有很多共同特點。其中特別值得注意的有兩點：其一，他們接受的都是歐美國家的民主思想，主張學習和仿效的都是歐美國家的民主模式。這主要是由於當時世界上存在的可供中國人參考和選擇的民主模式還只有歐美國家民主一類，馬克思主義雖然已經誕生，但還沒有被中國人了解，中國人不可能作出更多的選擇。其二，照搬和移植歐美國家民主的色彩十分濃厚，與本國國情的結合還很不夠。這主要是由於當時中國資本主義的發展還很不充分，新興的工業階級力量還很弱小，他們在政治上的代表維新派、立憲派、革命派在政治上還比較幼稚，加上時間緊促，他們沒有能力也沒有條件來得及對歐美國家的民主、本國的國情進行更深入的研究和分析，還不可能很快樹立起明確的根據本國國情探索中國自己的民主藍圖的觀念，而這也成為他們追求的民主最終沒有實現的一個內在原因。

## 三、對民主的新追求

辛亥革命失敗後，國內外環境發生了重大變化，這為中國人對民主進行新的探索提供了新的條件，產生了新的影響。首先，十月革命的爆發為中國送來了馬克思主義，為中國人追求民主提供了新的選擇和新的方向。隨著馬克思主義與中國革命實踐結合的不斷深入，隨著蘇聯建設取得的巨大成功並在世界反法西斯戰爭中發揮的重要作用，無產階級民主觀念逐漸被更多的中國人所接受，即使是熱衷歐美民主的人也不斷受到它的影響。其次，雖然第一次世界大戰暴露了西方資本主義文明的弊端，使得一些中國人開始懷疑歐美國家民主的進步性，但與此同時，十九世紀末、二十世紀初西方國家中興起的具有改良西方資本主義國家民主制度意義的新自由主義思潮也不斷傳入中國，又使得一些中國人在長時間裡仍然對歐美式的民主保持著信念，相信改良能解決歐美民主的不足。特別是美國的發展壯大和世界反法西斯戰爭期間美國對中國的支持，使美國民主的影響在一部分中國人的心目中一直根深蒂固。再次，辛亥革命後中國資本主義獲得了較大的發展，資產階級和無產階級的發展壯大為民主的追求提供了越來越廣泛的社會基礎，而明顯的階級區分則使得中國民主的發展道路開始出現分歧。隨著中國革命的深入和階級分層的日益明顯，民主發展路向上的這種分歧局面在以後延續了很長的時間。又次，中西文化的交流和衝突不斷深入，中國人民的反帝反封建鬥爭繼續發展，這使得中國人在探索中國民主化問題時越來越重視結合自己的國情，越來越注意要求吸收中外文化的優點，改革或捨棄不足，特別是要求適合中國反帝反封建鬥爭實踐的需要。最後，辛亥革命的失敗直接促使了中國人對中國社會變革問題進行反思，對民主化問題進行新的探索。一些激進的民主主義者注重從思想文化領域著手，掀起了新文化運動，希望以此將中國的民主化和社會變革推向深入。新文化運動在五四時期發展到高峰。五四新文化運動在衝破傳統封建專制主義束縛、解放思想方面具有偉大意義，為先進的中國人進一步接受新思想、新觀念，對民主進行新的追求提供了重要前提。

「五四」以後，對民主進行新追求的主要是三種人：從資產階級革命派延續下來的孫中山為代表的早期國民黨人；源於戊戌時期，在「五四」前後形成，以後不斷發展壯大的自由主義者；

中國共產黨人。

孫中山為代表的早期國民黨人對民主的新探索早在「五四」前夕就已經開始了。在這之後近十年的時間裡，有幾方面的因素產生了比較突出的影響：一是這期間西方國家逐漸盛行起來的直接民權思想傳到中國；二是馬克思主義的傳播，十月革命的勝利和俄國對孫中山的幫助，五四運動顯示出的人民群眾的偉大作用和中國共產黨的幫助；三是隨著對帝國主義的認識越來越清楚，中國人的反帝觀念越來越明確。在這些因素的影響下，國民黨人開始了對民主新的追求。

在理論上，到國民黨「一大」召開時，以孫中山為代表的國民黨人將三民主義發展到了新三民主義階段。其中，新民權主義對舊民權主義的發展主要表現在：（1）提出了革命民權、普遍民權和直接民權的思想。民權主義要「求所以適合於現在中國革命之需要」，「民國之民權，唯民國之國民乃能享之，必不輕授此權於反對民國之人」。[16]「詳言之，則凡真正反對帝國主義之個人及團體，均得享有一切自由及權利；而凡賣國罔民以效忠於帝國主義及軍閥者，無論其為團體或個人，皆不得享有此等自由及權利。」[17]「近世各國所謂民權制度，往往為資產階級所專有，適成為壓迫平民之工具。若國民黨之民權主義，則為一般平

16 孫中山：《中國國民黨第一次全國代表大會宣言》，《孫中山選集》，第592頁。

17 孫中山：《中國國民黨第一次全國代表大會宣言》，《孫中山選集》，第592-593頁。

民所共有，非少數者所得而私也。」「國民黨之民權主義，於間接民權之外，複行直接民權，即為國民者不但有選舉權，且兼有創制、複決、罷官諸權也。」[18]（2）比較詳盡地設計出了五權憲法的民主制度模式。五權憲法制度堅持權能分開、人民主權、代議制和直接民權相結合等基本原則，反對西方國家三權分立的政治制度，是一個糅合了近代西方國家議會制度理論、直接民權理論和他對中國國情的思考的一種民主制度方案，體現了較高的民主性、創造性和力求「駕乎歐美之上」的雄心。該制度模式的具體情況下文還將進一步論述。（3）已經明確認識到帝國主義的侵略和中國社會的各種專制勢力才是中國現代化、民主化道路上的主要障礙，乃「計畫澈底的革命」：對內「終要把軍閥來推倒，把受壓〈迫〉的人民完全來解放」；對外「要反抗帝國侵略主義，將世界受帝國主義所壓迫的人民來連絡一致，共同動作，互相扶助，將全世界受壓迫的人民都來解放」。[19] 可以看出，新民權主義與共產黨人的民主思想有許多共同之處，新三民主義與共產黨人的民主革命思想比較接近。

伴隨著理論探索的深入，孫中山為代表的國民黨人確定了聯俄、聯共、扶助農工的政策，與共產黨合作開展了國民革命，經過北伐戰爭，推翻了北洋軍閥的專制統治，在追求民主的革命實

18 孫中山：《中國國民黨第一次全國代表大會宣言》，《孫中山選集》，第592頁。
19 孫中山：《對於國民黨宣言旨趣之説明》，《孫中山選集》，第600頁。

踐中作出了重大貢獻。令人遺憾的是，孫中山未能等到革命成功就去世了，他的後繼者沒能沿著他開闢的民主革命的道路繼續前進。國民黨的蛻變、國共的分裂、一九二七年國民黨建立的南京政權都與孫中山的革命理想背道而馳。中國沒有走向民主，而是開始了新的國民黨的專制統治。

中國自由主義最早於何時產生，人們的說法不一，但不會晚於五四時期應該是無疑的。自由主義者在政治上最突出的表現應該是兩點：一是堅持資產階級民主主義的理想，二是在中國民主化問題上不贊成採取革命或過於激進的方式而傾向於走改良主義的道路。早在五四時期，中國自由主義者受到西方十九世紀末以來新自由主義、改良主義的影響，就開始了對辛亥革命失敗的反思和對中國民主化問題的新探索，實用主義、基爾特社會主義等思潮就是其中的代表。二十世紀二〇年代，又先有好政府主義、廢督裁兵、制憲救國、省自治和聯省自治等改良思潮一度流行，後有《現代評論》派等一些自由主義知識分子繼續為中國的民主化問題進行探索。但由於當時中國社會追求民主的主流是國共兩黨合作領導國民革命，自由主義者的活動影響不大。國民黨蛻變後，情況發生了很大變化，越來越多的不贊成革命又不滿於國民黨專制政治而嚮往資產階級民主理想的人紛紛加入到自由主義群體中來。一些改良主義的黨派團體也迅速建立並發展起來，這些黨派團體的主要成員在其政治主張上與自由主義知識分子的政治主張基本相同，也實際上成為了自由主義者。這樣，五四後特別是一九二七年國民黨南京政權建立後，自由主義者逐漸成為了中國社會繼續追求資產階級民主主義理想的主要社會力量。在抗戰勝利前後，自由主義者對民主的追求無論在理論探索還是在爭取民主的實踐上都達到了頂峰。

自由主義者對中國民主化問題進行的思考和探索是多方面的，內容十分豐富。比較引人注目的有：（1）提出並闡發了一系列民主主義的理念。主要包括個人主義、理性、民主、自由、漸進和改良、寬容等。與西方國家的自由主義相區別，中國自由主義者所標榜的個人主義與集體主義相聯繫，主張「個人自由與集體安全間必須求到和諧」[20]。與此相應的，自由的觀念也常常與集體自由、國家自由和守法聯繫在一起。理性的內涵更強調和平，強調「反對意氣、霸氣和武力」[21]。民主的內涵更加廣泛，民主「不僅限於政治生活，並應擴及經濟生活；不但政治民主，並須經濟民主」[22]。更有人把民主理解為「同時是個政治制度，同時是個社會組織，同時是個教育精神，同時是個生活態度，同時是個思維方法，同時是個前途的理想，同時是個切身的習慣」。歸根到底，民主「同時是一個目標，同時是一個原則，同時是一個精神」。[23]（2）十分強調保障人權自由。在自由主義者看來，「人民的民主權利須得到切實的保障」，乃是「民主政治

20 《自由主義者的信念——辟妥協、騎牆、中間路線》，天津《大公報》1948年1月10日。

21 《自由主義者的信念——辟妥協、騎牆、中間路線》，天津《大公報》1948年1月10日。

22 《我們的志趣和態度》，《觀察》第1卷第1期，1946年9月1日。

23 張東蓀：《西洋的道統——民主主義》，張汝倫：《理性與良知—張東蓀文選》，上海遠東出版社1995年版，第649、661頁。

的一般性」[24]，「是任何一個民主國家起碼必須做到的事」，而且也只有「人民自由權利得到保障，民主政治才有實現的可能」[25]。他們探討了現代社會人們應該享受的各種具體人權，把「謀取衣、食、住」的權利（實際就是勞動權）、「水旱疾病災疫的賑濟權」[26]、生存權、休息權、老弱病殘之生養權[27] 等也明確提了出來。在各項人權中，自由主義者從中國的國情出發，特別強調了要保障言論出版自由、身體自由、集會結社自由三大人權。自由主義者還探討了如何保障人權。比較普遍的意見是建立起三權分立式的民主政治制度，從根本制度上實現對人權的保障。同時還十分強調憲法保障原則，認為「要保障人民的基本自由，需要制定具備充分民主精神的憲法」[28]。「爭人權的人，先爭法律，爭法治的人，先爭憲法」[29]。（3）主張實行資產階級議會民主制。中國自由主義者對國家民主制度形式問題進行過長期探索。從五四後時期探討代議制、聯邦制、集權分治、一院兩

24 鄒韜奮：《中國民主的一般性》，《韜奮全集》（10），上海人民出版社 1995 年版，第 750 頁。

25 湘汀：《保障人民自由權利的基本辦法》，《民主週刊》（北平版）第 2 期，1946 年 1 月 30 日。

26 羅隆基：《論人權》，《政治論文》，新月月刊社 1931 年版，第 5、31 頁。

27 《中國民主同盟綱領》，《中國民主同盟歷史文獻》，文史資料出版社 1983 年版，第 67-68 頁；平心：《憲政正反辨》，《平心文集》第 2 卷，華東師範大學出版社 1985 年版，第 103 頁。

28 平心：《論人民自由》，《平心文集》第 2 卷，第 314 頁。

29 羅隆基：《論人權》，《政治論文》，第 17 頁。

會制等到國民黨南京政權建立初期探討黨治、國家機關構成，再到三〇年代就內閣制、委員制、總統制等問題的探討，最後到抗戰後期特別是抗戰勝利前後對中國未來政治制度問題的探討等，反映出多數人在多數時期比較傾向於實行資產階級議會民主制。其中，政治協商會議期間形成的以民盟政綱和政協五項協議為基本框架的民主制度方案，成為了被自由主義者普遍接受的最成熟的方案。從這一方案來看，他們主張的議會制度體現出了試圖適合中國國情的特點，對西方國家的議會制度進行了適當的改造。這一方案的具體情況下文還將作進一步的論述。（4）主張政治民主與經濟民主相結合，提出了將英美政治民主和蘇聯經濟民主結合起來的「中國型的民主」理想。毫無疑問，自由主義者對英美政治民主一直青睞有加，但他們注意到了英美民主政治有著不重視經濟民主的缺陷。在他們看來，「從民主的立場來說，二十世紀的民主，經濟的自由平等較政治的自由更為重要。對一個職業與生活沒有保障的人民，政治上的自由平等只是一句空話」。為此，他們強調要實行經濟民主，「調整社會經濟制度，從政治上的自由平等擴展到經濟上的自由平等，這就是所謂經濟的民主」。在這方面蘇聯的成績「是中國建立民主制度的極好的參考材料」。主張「拿蘇聯的經濟民主來充實英美的政治民主」。[30]

以自由主義理論為指導，中國五四後的自由主義者開展了多

**30** 《中國民主同盟臨時全國代表大會政治報告》，《中國民主同盟歷史文獻》，第 77 頁。

種多樣的爭取民主的鬥爭實踐。比較有影響的包括：南京國民政府成立後的幾年中，先有一些人為召開國民會議奔走呼號，後有人權派發起了人權運動。九一八事變後，以自由主義者和自由主義傾向的黨派團體為主力的中間勢力發起了國難運動和憲政運動，並積極參加不斷高漲的抗日民主運動。抗戰時期，以國民參政會和各地報刊為主要陣地，自由主義者和自由主義傾向的黨派團體發起了一次又一次的憲政運動，並積極推動第三大黨運動和聯合政府運動。抗戰勝利後，積極推動和參加政治協商會議，積極開展維護政協協議、反對獨裁和內戰的民主運動等等。在一九二七年後的國民黨統治時期，自由主義者成為了中國資產階級民主運動的主要力量，為中國人民的反帝反封建鬥爭、社會的民主化和人民的解放發揮了不可低估的作用。但是，自由主義者的社會基礎主要是民族資產階級和一部分小資產階級及其知識分子，他們自身存在一些明顯的局限：他們在政治上存在著難以克服的軟弱性和妥協性；他們缺乏嚴密的強有力的組織，不能充分發動和團結各種民主力量，這使得他們在反帝反封建的鬥爭中常常處於被動無力的地位；他們的社會成員比較複雜，思想上難以達到高度的統一，行動上也難以協調一致，民主思想的建設又不夠系統，這更加削弱了他們的力量；他們堅持的改良道路、中間道路不符合中國國情。這些局限，決定了他們追求的民主最終無法實現。一九四六年後，當國民黨政府最後撕毀政協協議，澈底走上獨裁、內戰的道路時，自由主義最終走到了盡頭。

在中國近代，對中國民主化問題進行了科學探索，並最終將中國帶向民主化道路的是中國共產黨人。中國共產黨人提出的關於中國民主化的思想可以概括為新民主主義民主思想，中國共產黨人追求民主的實踐就是領導中國人民進行新民主主義革命。

早在五四時期，隨著馬克思主義的傳播，一些具有初步共產主義思想的知識分子開始接受了無產階級民主思想，產生了初步的無產階級民主觀念。但在當時，這種無產階級民主主要是指社會主義階段的無產階級民主。無產階級民主觀念的提出，對中國社會的民主化提出了新的發展方向，但卻並不切合當時的中國實際。隨著對中國國情和中國革命問題認識的加深，共產黨人開始根據中國的具體實際思考中國民主化問題。一九二二年中共「二大」提出了實行民主革命、建立「真正民主共和國」的主張。根據當時的認識，這個「真正民主共和國」，「由民主派掌握政權」[31]，「建設在人民權力之上」[32]，是「無產階級、小資產階級及中產階級左翼的聯合統治，即革命民眾的統治」[33]。很顯然，它既不同於資產階級民主，也不完全等同於無產階級民主，它是後來新民主主義民主的雛形。

一九二七年後，由於受國民黨在政治上的蛻變所帶來的國內階級關係變化，以及黨內「左」傾思想的影響，共產黨人調整了原來的「真正民主共和國」主張，轉而提出了工農民主專政思

**31** 《中國共產黨對於時局的主張》，《中共中央檔選集》第 1 冊，中共中央黨校出版社 1989 年版，第 35 頁。

**32** 陳獨秀：《對於現在中共政治問題的我見》，《陳獨秀文章選編》（中），三聯書店 1984 年版，第 186 頁。

**33** 毛澤東：《答少年中國學會改組委員會問》，《毛澤東文集》第 1 卷，第 19 頁。

想。共產黨人對民主的一些具體問題如強調人民特別是工農的主權地位、政權組織實行民主集中制和議行合一、實行真正普選的選舉制度、保障人權特別是勞動權和生存權、民主與專政思想統一等方面，提出了許多卓有見地的認識。但片面強調無產階級的領導權、排斥民族資產階級和上層小資產階級，則不符合中國當時的國情。

隨著九一八事變後社會形勢的變化，抗日民族統一戰線方針政策的制定和對民主問題的進一步探索，共產黨人重新提出了「民主共和國」方案。首先是在瓦窯堡會議上決定將蘇維埃工農共和國的口號改變為蘇維埃人民共和國；其次是一九三六年夏天以後進一步將蘇維埃人民共和國的口號改變為民主共和國。根據新的「民主共和國」方案，共產黨人的民主思想有了許多新內容：（1）民主共和國必須是「是能夠抵抗外侮的」[34]，緊密結合了抗日的形勢。（2）擴大了民主的範圍。就民主的物件而言，「我們過去的政府是工人、農民和城市小資產階級聯盟的政府」，「從現在起，應當改變為除了工人、農民和城市小資產階級以外，還要加上一切其他階級中願意參加民族革命的分子」。[35] 就地域範圍而言，越出了蘇維埃區域，民主共和國必須是「全中國統一的」，它有「由普選權選舉出來的國會」「全國

34 毛澤東：《中國共產黨致中國國民黨書》，《毛澤東文集》第 1 卷，第 429 頁。

35 毛澤東：《論反對日本帝國主義的策略》，《毛澤東選集》第 1 卷，第 156 頁。

人民和抗日軍隊的抗日救國代表大會」「全國統一的國防政府」。[36]（3）民主共和國實行「各黨派各階級合作的民主政體」。[37]（4）這個民主共和國國體和前途，「按照社會經濟條件，它雖仍是資產階級民主主義性質的國家，但是按照具體的政治條件，它應該是一個工農小資產階級和民族資產階級聯盟的國家，而不同於一般的資產階級共和國。因此，它的前途雖仍然有走上資本主義方向的可能，但是同時又有轉變到社會主義方向的可能，中國無產階級政黨應該力爭這後一個前途」[38]。隨著新的「民主共和國」思想的提出，新民主主義民主思想基本確立了。

抗日戰爭時期，共產黨人圍繞服務抗日和政治民主化兩大主題，經過進一步的理論探索，科學地、完整地提出了「新民主主義」思想，新民主主義民主思想日趨成熟。新民主主義民主思想的核心內容在於：新民主主義共和國既不同於「舊的、過了時的、歐美式的、資產階級專政的所謂民主政治」，也不同於「蘇聯式的、無產階級專政的民主政治」，它是「幾個革命階級聯合起來對於漢奸反動派的民主專政」[39]。就國體而言，它是「在無產階級領導下的一切反帝反封建的人們聯合專政的民主共和

36 《中國共產黨致中國國民黨書》，《毛澤東文集》第 1 卷，第 429 頁。

37 毛澤東：《中國共產黨在抗日時期的任務》，《毛澤東選集》第 1 卷，第 257 頁。

38 毛澤東：《中國共產黨在抗日時期的任務》，《毛澤東選集》第 1 卷，第 263-264 頁。

39 毛澤東：《新民主主義的憲政》，《毛澤東選集》第 2 卷，第 732、733 頁。

國」。就政體而言，它是民主集中制的，「中國現在可以採取全國人民代表大會、省人民代表大會、縣人民代表大會、區人民代表大會直到鄉人民代表大會的系統，並由各級代表大會選舉政府」。[40] 新民主主義民主制度的具體情況下文還將進一步論述。隨著新民主主義民主思想的成熟，中國共產黨人尋找到了中國民主化的正確方向和道路。

抗戰勝利前後，根據當時具體的客觀形勢的要求，為了儘快實行和平和民主，共產黨人曾提出了解決當時國是的具體綱領，即建立聯合政府。在共產黨人看來，聯合政府應該分兩個階段進行，首先是建立臨時聯合政府，而後再向民主的聯合政府過渡。對於臨時聯合政府，共產黨人的基本態度是：「承認蔣主席的領導」，「承認國民黨是第一大黨」[41]；認可「資產階級領導的而有無產階級參加」的形式[42]。但是，由於國民黨政府一意孤行，拒絕民主，發動內戰，把自己完全推向了人民敵人的地位。共產黨人被迫調整了聯合政府思想，進而提出了人民民主專政思想。一九四七年十月十日，共產黨發表《中國人民解放軍宣言》，公開向全國提出：「聯合工農兵學商各被壓迫階級、各人民團體、各民主黨派、各少數民族、各地華僑和其他愛國分子，組成民族統

40 毛澤東：《新民主主義論》，《毛澤東選集》第 2 卷，第 675、677 頁。
41 《董必武關於改組政府問題的報告》，《政治協商會議紀實》（上卷），重慶出版社 1989 年版，第 350 頁。
42 毛澤東：《抗日戰爭勝利後的新形勢和新任務》，《毛澤東文集》第 4 卷，第 7 頁。

一戰線，打倒蔣介石獨裁政府，成立民主聯合政府」；「廢除蔣介石統治的獨裁制度，實行人民民主制度，保障人民言論、出版、集會、結社等項自由」。這樣，共產黨人就把聯合政府推向了人民民主制度的範疇。隨後，共產黨人對人民民主制度進行了新探索新設計，提出了人民民主專政的系統理論。人民民主專政思想從根本上明確了新中國的國體和政體，成為新中國民主建設的理論依據。

新民主主義民主思想是把馬克思主義民主理論與中國革命具體實踐相結合的產物，是近代中國各種民主思想中最完善、最科學的民主思想。它勾畫出了適合中國國情的美好民主藍圖，為中國社會的民主化指明了方向。為建立新民主主義共和國，中國共產黨人領導中國人民進行了舉世矚目的反帝反封建的新民主主義革命。新民主主義革命自五四運動算起，歷時三十年，無數革命志士流血犧牲，前赴後繼，最終建立了人民民主專政的中華人民共和國。中國共產黨人對民主的追求，在中國民主化的歷史上作出了不可磨滅的貢獻。

## 第二節 ▶ 制度設計

在追求民主的過程中，建立一個怎樣的民主制度是中國人最為關注的問題之一，民主制度的設計也比較充分地體現了中國人不斷樹立起來的民主精神。近代中國人在接受外來民主思想，設計中國民主制度的方案時，一般都力求根據本國的國情對外來民主制度理論和民主制度模式進行改造。在中國人設計出的多種民主制度方案中，有三種民主制度方案最引人注目，也最能體現中國人的民主精神。

## 一、孫中山的五權憲法制度

這是孫中山根據中國國情對歐美國家的議會民主制度進行改造而形成的。孫中山看到了歐美民主制度的不足：（1）人民的政治權利有限。即使在「世界上民權頂發達的國家」，人民得到的政治權利「不過是一種選舉和被選舉權」。[43]（2）選舉制度有缺陷，如受財產、性別、教育等條件的限制，政黨操縱，選民對選舉物件不了解，選舉中存在著競選者憑口才「巴結國民」[44]的流弊等，結果「近世各國所謂民權制度，往往為資產階級所專有，適成為壓迫平民之工具」[45]。（3）人民和政府的關係不正常，人民害怕「得到了一個萬能政府」而「沒有方法去節制他」，但人民又需要「一個萬能的政府，完全歸人民使用，為人民謀幸福」，[46]兩者的矛盾無法解決。（4）立法機關兼有監督權，常常造成「議院專制」[47]。（5）代議制有弊端，加上選舉

43 孫中山：《三民主義》，《孫中山選集》，第 756 頁。
44 孫中山：《在東京〈民報〉創刊周年慶祝大會的演説》，《孫中山選集》，第 87 頁。
45 孫中山：《中國國民黨第一次全國代表大會宣言》，《孫中山選集》，第 592 頁。
46 孫中山：《三民主義》，《孫中山選集》，第 765 頁。
47 孫中山：《在東京〈民報〉創刊周年慶祝大會的演説》，《孫中山選集》，第 88 頁。

制上的種種弊端，人民的權力無法真正保證，也不可能直接管理政府。為避免這些缺點，孫中山對歐美國家的議會民主制度進行了改造，並設計出了五權憲法制度。該制度要點如下：

其一，權與能分開，人民有權而政府有能。孫中山把國家比做一輛大汽車，政府中的官吏是一些汽車夫和機器匠，人民是汽車的主人。主人當然應該有權，而汽車夫和機器匠則應該有能力。在國家中，「國民是主人，就是有權的人，政府是專門家，就是有能的人」。孫中山進而又從「政治」的意義上解釋權能分開的原則。他說：「政是眾人之事，集合眾人之事的大力量，便叫做政權；政權就可以說是民權。治是管理眾人之事，集合管理眾人之事的大力量，便叫做治權；治權就可以說是政府權。」這樣，孫中山把權能分開的原則運用到政治上，就把國家權力分成了政權和治權。孫中山認為，政權應「完全交到人民的手內，要人民有充分的政權可以直接去管理國事」。治權應「完全交到政府的機關之內，要政府有很大的力量治理全國事務」。政權與治權的關係是：政權管理治權。孫中山說，「用人民的四個政權來管理政府的五個治權，那才算是一個完全的民權政治機關」[48]。根據權能分開、政權與治權分開的原則，孫中山把國家的中央政權機關確定為國民大會，把中央治權機關確定為國民政府，並把國民大會的地位置於國民政府之上。國民大會實際上掌握國家的最高權力，國民政府實際上受國民大會的領導，這就改變了西方

**48** 孫中山：《三民主義》，《孫中山選集》，第 776、791、793、798 頁。

國家議會與政府之間各執國家一方權力、互相平行制衡的關係。

其二，實行直接民權。孫中山認為，為了保證民權的真正實現，必須實行直接民權。在這方面，孫中山有著多方面的探索，其中最主要的是兩個方面：（1）人民不僅應享有選舉權，還應享有罷免、創制、複決權。選舉權就是人民直接選舉國民大會代表和政府官吏的權；罷免權就是直接罷免國民大會代表和政府官吏的權；創制權就是人民直接創制法律的權；複決權就是人民直接修改法律和廢止法律的權。前兩個權主要是「治人」，後兩個權主要是「治法」。孫中山認為：「人民有了這四個權，才算是充分的民權；能夠實行這四個權，才算是澈底的直接民權。」[49]（2）實行直接民權與間接民權相結合。孫中山考慮到中國國土遼闊、人口眾多的國情，完全實行直接民權是不可能的，因此主張實行直接民權與間接民權相結合。一方面，實行縣自治，在縣一級完全實行直接民權，即「國民有直接選舉官員之權，有直接罷免官員之權，有直接創制法律之權，有直接複決法律之權」。縣自治為全國實行憲政的先決條件。「凡一省全數之縣皆達完全自治者，則為憲政開始時期」。「全國有過半數省份達至憲政開始時期，即全省之地方自治完全成立時期，則開國民大會，決定憲法而頒佈之」。另一方面，縣以上實行直接民權與間接民權相結合。其中，在國家中央權力機關一級，國民大會代表由各縣選舉一名代表組成；「國民大會對於中央政府官員有選舉權、有罷

49 孫中山：《三民主義》，《孫中山選集》，第 796 頁。

免權，對於中央法律有創制權、有複決權」。[50]孫中山主張實行直接民權，一方面擴大了人民在政治上的權力，改變了西方國家人民的權力僅限於選舉權一項而實際上難以實現真正民權的狀況；另一方面也在一定程度上克服了代議制民主的弊端，代議制下只由代議士管理政府、人民不能直接行使政權管理政府的狀況得到了很大的改變。

其三，政府實行五權分立。為了實現真正的民主，孫中山對國家治權制度即政府制度進行了認真的探索，提出了自己獨到的見解。孫中山在西方國家立法權、行政權、司法權三權分立的基礎上，進一步提出了立法權、行政權、司法權、考試權、監察權五權分立的政府組織形式。這裡的考試權和監察權是孫中山借鑒了中國傳統政治制度中的一些機構設置而提出來的。在孫中山看來，中國古代實行的考試選才制度是一個「幾千年的特色」，受到了外國學者的「讚美」，還說英國近年的文官考試制度就是「從中國效仿過去的」。中國古代的監察制度也有「很好的成績」，「像滿清的御史，唐朝的諫議大夫，都是很好的監察制度」。實行考試權獨立，考試選官，就可保證各行業的專家、人才進入國家機關，組成「萬能的政府」；同時，也可避免西方國家僅通過選舉的方式而產生一些不勝其任的官員的現象。實行監察權獨立，就可避免「議院專制」的弊端。在孫中山看來，五權分立集合了「中外的精華」，防止了「一切的流弊」。「象這樣的



**50** 孫中山：《國民政府建國大綱》，《孫中山選集》，第602、603頁。

政府，才是世界上最完全、最良善的政府。國家有了這樣的純良政府，才可以做到民有、民治、民享的國家。」[51]

除以上主要內容外，孫中山還提出了實行廢除財產、性別條件的「普通選舉」、官吏是「公僕」、用人唯賢等思想，這些都在一定程度上保證了五權憲法制度的民主性質。

從孫中山的上述設計中我們不難看到，五權憲法制度模式是近代中國人設計的多種民主制度形式中在理論上比較系統的一種民主制度模式。應該看到，這一民主制度模式存在著許多缺陷，在後來國民黨執政時期又被篡改，孫中山設想的從訓政到憲政的實現道路也缺乏科學性；但是，作為一種民主制度理論的建構，它借鑒和吸收了西方民主的一些基本原則和精神，借鑒了中國古代政治制度的某些內容，蘊涵著孫中山對民主的探索和創見。因此毫無疑義，它充滿著追求民主、追求進步的精神，反映了孫中山希望在中國建立一個理想的民主共和國的強烈願望。孫中山自己就曾這樣說過：「余之謀中國革命，其所持主義，有因襲吾國固有之思想者，有規撫歐洲之學說事蹟者，有吾所獨見而創獲者」[52]。「此刻實行革命，當然是要中國駕乎歐美之上，改造成世界上最新、最進步的國家。」[53]

51 孫中山：《三民主義》，《孫中山選集》，第 799、800 頁。
52 孫中山：《中國革命史》，《孫中山全集》第 7 卷，第 60 頁。
53 孫中山：《三民主義》，《孫中山選集》，第 790 頁。

## 二、民盟的「中國型的民主」制度

這是抗戰勝利前後幾乎代表了當時所有希望走資產階級民主道路的人們共同的要求。從制度方案看，其基本依據是歐美國家的議會民主制度，但它非常強調根據自己的國情對其進行改造。

民盟設計的議會民主制度的基本內容包括：（1）國家政治制度採取三權分立。以國會（或稱議會、國民大會、國民代表會議等）「為代表人民行使主權之最高機關」，其職權相當於各民主國家之議會。國會由參議院與眾議院組成，「參議院由各省議會及少數民族自治單位選舉之代表組織之，眾議院由全國人民直接選舉之代表組織之」。「國家最高行政機構采內閣制，對眾議院負其責任」；同時「國家設總統副總統各一人，由人民直接選舉，行使憲法上所賦予之權」。「司法絕對獨立，不受行政及軍事之干涉」。（2）確定了相關政治環節的一些基本原則。在中央和地方的關係方面，「中央與省之許可權，採均權制度；凡事務有全國一致之性質者，劃歸中央，有因地制宜之性質者，劃歸地方。不偏於中央集權或地方分權」。民盟強調：「地方自治為民主政治之基礎，縣以下應實行直接民權」。關於文官制度，「國家應建立健全之文官制度，設立文官機關，掌管文官之考試、任用、銓敘、考績、薪給、升遷、獎懲、退休、養老等事務，文官選拔實行公開競爭之考試制度，非經考試及格者，不得任用，文官機關之長官及全國事務官應超然於黨派之外」。關於選舉制度，主張實行普選制度，並提出了選舉的兩個基本原則：一是「人民之選舉權，被選舉權絕對不受財產、教育、信仰、性別、種族之限制」。[54] 二是必須保障人民的自由權利、保障人民在政治上法律上社會上的平等地位，認為如果沒有了這些權利和地位的保障，「選舉必定成為兒戲，失卻了他的真實意義」[55]，等等。

從上述制度方案的基本內容來看，民盟設計的「中國型的民主」制度似乎只是沿襲了英美議會民主制度的一些基本原則。但仔細深究，我們則不難發現，民盟設計的「中國型的民主」制度，實際上對英美的議會民主制度給予了一些適合中國國情的合理化改造。突出地表現在：

（1）中國共產黨具有參政地位。早在抗日戰爭時期，作為民盟組織一部分的救國會派就提出：「現代中國的抗戰建國偉業」，「不是任何一個階級所能包辦」的，「必須由全國各階層共同參加，共同努力奮鬥，才能達到我們的目的」。「那麼中國在抗戰建國的共同努力中，不可能採用德意式的一黨專政，也不可能採用蘇聯式的一黨專政，唯一可能的途徑是採用各黨派同時並存與團結合作的民主政治，是很明顯的了」。[56] 抗日戰爭勝利後，民盟贊同中共的聯合政府主張，把建立「舉國一致的聯合政府」確定為「當前國家和平、統一、團結的唯一途徑」和「全國通力合作群策群力共同建國的唯一途徑」[57]。民盟明確提出，新

54 《中國民主同盟綱領》，《中國民主同盟歷史文獻》，第 66-67 頁。

55 《中國民主同盟臨時全國代表大會政治報告》，《中國民主同盟歷史文獻》，第 77 頁。

56 鄒韜奮：《黨派與人權》，《韜奮全集》（10），第 89-90 頁。

57 《中國民主同盟對國事的十項主張》，《政治協商會議紀實》（上卷），第 57 頁。

政府必須要有包括共產黨在內的「各黨派參加」[58]。政治協商會議期間，為實現議會民主理想，民盟與中共結成了事實上的政治聯盟，為制定各項協議相互配合，通力協作。其中，民盟與中共攜手爭取十四名國民政府委員名額以獲得政府決策否決權、爭取超過四分之一強的國民大會代表名額以獲得國民大會立法否決權的行動，充分表明民盟在未來國家政權建設上對中共政治地位的尊重和認同。很顯然，在民盟設計的民主制度中，中國共產黨具有顯然的實際的參政地位。

這一點與主要西方國家的議會民主制度有所不同。在西方國家，儘管在憲法行文上都以「保障人民結社自由」之類的詞句客觀上承認了共產黨的合法地位及其參政地位；在政治生活的實踐中，也確實有共產黨人取得過議會的議員資格甚至是參加政府的資格，但總體來看，共產黨的參政地位極為有限。在英、美兩國，由於實行與資產階級主要是大財團的經濟支持密切相關的政黨競選制度和傳統的兩黨競爭為主要格局的政黨政治，共產黨根本無力與國內的主要資產階級政黨進行政治競爭。而且，英、美議會民主制以資產階級私有制為經濟基礎，在意識形態領域反對馬克思主義，這就不可能使以實現公有制為主要目標、以馬克思主義為理論指導的共產黨獲得發展。美國戰後以麥卡錫主義為代表的反共思潮和反共活動、一九四八年宣佈共產黨為非法等就是

58 《羅隆基代表民主同盟提出改組政府三原則》，《政治協商會議紀實》（上卷），第354頁。

典型的例證。

（2）注意到了政治制度與經濟制度的關係。民盟在設計議會民主制度的過程中，對政治制度與經濟制度的關係給予了較多的注意。民盟比較明確地認識到了英美議會民主制度的缺陷及其產生的原因。「英美的議會政治與政黨政治也有他們的缺點」，這些缺點產生的原因就在於「其社會經濟制度缺乏調整」。「社會上貧富階級存在，人民間貧富有無的懸殊差別太大，因此，人民那些自由平等權利，在許多方面就落了空，就成了有名無實。」為此，民盟提出要實行經濟民主，主張「拿蘇聯的經濟民主來充實英美的政治民主」。[59] 與此相適應，民盟提出了公有財產和私有財產並存、國有經濟與私營經濟並存、土地國有、「全國經濟之生產與分配由國家制定統一經濟計畫」等經濟主張，力圖達到「消滅貧富階級以保障人民經濟上之平等」「保障人民有不虞匱乏之自由」[60] 的目的。民盟將其民主的理想稱之為「中國型的民主」，核心內容正是「拿蘇聯的經濟民主來充實英美的政治民主」。

民盟在設計議會民主制度時對經濟民主的強調顯然與英美民主模式下對經濟民主的關注有所區別。十九世紀末二十世紀初以來，隨著西方新自由主義、社會民主主義思潮的影響，西方國家

59 《中國民主同盟臨時全國代表大會政治報告》，《中國民主同盟歷史文獻》，第 77 頁。

60 《中國民主同盟綱領》，《中國民主同盟歷史文獻》，第 67、68 頁。

開始實行國家干預經濟、限制私人經濟壟斷、保障工人經濟權益等政策，但總體來看仍屬於在不改變現有資本主義經濟制度的基礎上所進行的一定調整和改革的性質。不否認，民盟的思想也深受其影響。但是民盟顯然對當時英美國家的資本主義經濟制度並不滿意，它還希望能借鑒蘇聯的公有制經濟制度的經驗和優點。民盟提出的關於國有經濟、經濟計畫、消滅貧富階級等一系列經濟主張，具有社會主義經濟制度的某些因素，具有力圖將歐美經濟制度和蘇聯經濟制度融合起來以建構一種新型經濟制度的願望。根據馬克思主義的觀點，經濟平等是民主的實質，那麼至少在理論上，民盟設計的議會民主制度應該比西方的議會民主制度具有更平等的經濟基礎，也更接近民主的實質。

民盟設計的議會民主制度的上述特點，反映了民盟對中國民主化道路的積極探索，反映了民盟強烈的力求改造西方議會民主、建構具有中國特色的美好民主制度的精神。民盟對自己的設計曾有過這樣真誠的表白：「民主的意義是跟著時代在演變進步，民主的制度亦是跟著時代在演變進步。拿民主制度上的經驗來比較，英國從議會革命算起有了三百年的歷史，美國從獨立革命算起有了一百七十年的歷史，蘇聯從十月革命算起，有了將近三十年的歷史。別的國家的這些經驗，都是中國今後建立民主制度的參考材料。同時在一個國家建立一種政治經濟制度，絕不能抹煞自己國家過去的歷史，更不能忽視自己國家當前的情況。中國民主同盟在中國所要建立的民主制度，絕對不是，並且絕對不能把英美或蘇聯式的民主全盤抄襲。我們要依靠英、美、蘇的經驗，樹立適合中國國情的民主制度……我們對別人已經實驗過的制度，都願平心靜氣地取其所長，棄其所短，以創造一種中國的民主。」[61] 民盟的這種精神，以及它在民主制度設計中對中共參政地位的堅持、對經濟民主的重視等，使「中國型的民主」制度具有了某些「新民主主義」的成分和性質。周恩來在總結政治協商會議前後一年的工作時就曾這樣說道：「照政協的決議改組的政府，就是聯合政府」。「政協路線就是毛澤東同志《論聯合政府》的路線」。「當然這與我們的新民主主義還有很長的距離，但如照政協做下去，則是向新民主主義的方向發展」。[62] 也正因為如此，在抗戰勝利前後，民盟設計的議會民主制度受到了中間黨派和民主人士的廣泛青睞，共產黨人甚至也在很大程度上給予過認同，並為制定和實現政治協商會議協議與民盟共同努力奮鬥。根據梁漱溟的回憶，這時期共產黨人「希望有一個英美式憲政就行，以期打破國民黨壟斷政權之局」。「周恩來對馬歇爾就曾說過：我們願意要英美式憲法，假如能像美國憲法那樣，我們便滿意了，只怕不可得。」[63] 政治協商會議通過五項決議後，共產黨人明確指出：包括「議會制、內閣制」等原則在內的「這些決議的成立及其實施，國民黨一黨獨裁制度即開始破壞，在全國範圍內開始了國家民主化」；「在我們自己方面，則準備為堅決

61 《中國民主同盟臨時全國代表大會政治報告》，《中國民主同盟歷史文獻》，第 76 頁。

62 周恩來：《一年來的談判及前途》，《周恩來選集》（上卷），人民出版社 1980 年版，第 256 頁。

63 梁漱溟：《參加舊政協的經過》，《政治協商會議紀實》（上卷），第 732 頁。

實現這些決議而奮鬥」，「中國革命的主要鬥爭形式，目前已由武裝鬥爭轉變到非武裝的群眾與議會的鬥爭，國內問題由政治方式來解決」。[64] 共產黨人的支持是對民盟的民主理想和民主精神的極大肯定。

## 三、共產黨人的新民主主義民主制度

這是中國共產黨人以馬克思主義為理論指導、根據中國國情、對蘇聯的民主制度模式進行改造而形成的。在現行全國人民代表大會制度確立之前，中國共產黨人曾對中國民主制度的模式進行過積極探索，先後提出過多種方案，其中大規模實踐過的主要有三種：蘇維埃民主、抗日民主政權、中國人民政治協商會議制度。總體來看，這三種制度模式都具有不同程度的新民主主義性質，都為後來全國人民代表大會制度的形成和確立在理論上和實踐上建立了重要的基礎。鑒於抗日民主政權最具新民主主義性質，這裡我們著重對其進行考察。

抗日戰爭時期，中國共產黨人從中國國情出發，提出了「新民主主義共和國」的構想。關於這一構想的基本內容，毛澤東在《新民主主義論》中有著明確的闡述。他指出：大地主大資產階級專政的、封建的、法西斯的、反人民的國家制度，資產階級舊式民主專政的國家制度以及社會主義國家制度，均不適合中國當

64 《中央關於目前形勢與任務的指示》，《中共中央檔選集》第 16 冊，中共中央黨校出版社 1992 年版，第 62、63 頁。

時的國情。「現在所要建立的」只能是「新民主主義的共和國」。就國體而言，它是「一切反帝反封建的人們聯合專政的民主共和國」。毛澤東特別強調：「國體問題」「只是指的一個問題，就是社會各階級在國家中的地位」，「資產階級總是隱瞞這種階級地位，而用『國民』的名詞達到其一階級專政的實際。這種隱瞞對於革命人民，毫無利益，應該為之清楚地指明。『國民』這個名詞是可用的，但是國民不包括反革命分子，不包括漢奸」。就政體而言，它是民主集中制的，「中國現在可以採取國民大會、省民大會、縣民大會、區民大會直到鄉民大會的系統，並由各級大會選舉政府」。在這個共和國中，無產階級處於「領導或參加領導的地位」。[65] 這裡，毛澤東實際上已經比較明確地提出了未來中國民主制度建設的基本原則。根據「新民主主義共和國」的構想，結合抗日根據地的具體情況，共產黨人進行了建設抗日民主政權的切實實踐。

（1）政權的階級結構和政權的性質。抗日民主政權實行「三三制」，政權中「共產黨員占三分之一，他們代表無產階級和貧農；左派進步分子占三分之一，他們代表小資產階級；中間分子及其他分子占三分之一，他們代表中等資產階級和開明紳士」。「只有漢奸和反共分子才沒有資格參加這種政權」。[66] 這種政權

65 毛澤東：《新民主主義的政治與新民主主義的文化》（後改名為《新民主主義論》），《中國文化》創刊號，延安中國文化社，1940 年 2 月 15 日。

66 毛澤東：《目前抗日統一戰線中的策略問題》，《毛澤東選集》第 2 卷，第 750、750-751 頁。

的性質，「是一切贊成抗日又贊成民主的人們的政權，是幾個革命階級聯合起來對於漢奸和反動派的民主專政。它是和地主資產階級的反革命專政區別的，也和土地革命時期的工農民主專政有區別」[67]。

（2）抗日民主政權實行代表會議制。這種制度實行民主與集中的統一，議與行的統一。該政權的具體組織形式如下：①各級代表機關。邊區自上而下分別設立邊區參議會、縣議會、區民代表會、村民代表會，作為各該級的最高權力機關和全權的民意機關。各級代表機關之間，下級服從上級。各級代表機關的議員或代表，均由所在選區的選民選舉產生；議員或代表均對所在選區的選民負責。其中，邊區參議會是邊區的最高權力機關和全權的民意機關，由民選參議員和聘任參議員組成。邊區參議會具有以下職權：選舉和罷免邊區行政委員會委員及主任委員、副主任委員，監察和彈劾邊區各級任職人員；制定、修改和解釋邊區憲法；創制並複決邊區單行法規；批准邊區政府所提預算、審查決算，決定邊區地方稅及公糧、公債之徵收與廢除；督促和檢查邊區各級政府對其議案的執行情況等等。邊區參議會每年開常會一次，但在駐會議員議決、五分之一以上參議員請求、五分之一以上縣議會請求等情況下，得開臨時會。邊區參議會非有過半數議員出席不得開議，議決議案以出席者過半數同意行之。②各級政

67 毛澤東：《抗日根據地的政權問題》，《毛澤東選集》第 2 卷，第 741 頁。

府。邊區各級政府是邊區各級的最高行政機關。其中，邊區政府委員及最高行政長官均由參議會選舉產生。邊區政府總理全邊區政務，主要包括：執行國民政府委託事項和邊區參議會決議，頒發行政命令，公佈單行法規，負責各項建設；監督所屬機關執行職務，任免所屬行政人員，領導高等法院；辦理選舉；徵稅及編制預決算等。縣一級設縣政府，區、鄉鎮、村分設公所，縣長、區長、鄉長、鎮長、村長均由選民選舉產生，只有在沒有條件舉行選舉的地區才由上級政府委任。邊區政府對邊區參議會負責；縣及縣以下各級政府均受上一級政府指導，並對同級議會或相應的代表機關負責。③邊區司法機關包括各級法院和各級檢察機關。各級司法機關雖然獨立行使司法權，但與政府並不並立，不具有與政府相互制衡的關係，而是受政府的領導。一九四三年頒佈的《陝甘寧邊區總紀政則草案》明確規定：「司法機關為政權工作的一部分，應受政府統一領導，邊區審判委員會及高等法院，受邊區政府領導。各下級司法機關，受各該級政府領導。」可以看出，抗日民主政權實行的代表會議制度，與現行的全國人民代表大會制度十分類似，各級代表機關、各級政府、各級司法機關，在性質、職權、組織方式等各方面，都與現在的各級人民代表大會、各級政府、各級司法機關比較接近。這種政權實行的是民主集中制、議行合一制。正如當時周恩來所說：「這種政權是一元化的，不是兩權並立的。」[68]

68 周恩來：《關於黨的「六大」的研究》，《周恩來選集》（上卷），第161頁。

（3）政權由人民選舉產生。根據陝甘寧邊區各級參議會選舉條例，邊區採取普遍、直接、平等、無記名投票選舉制；凡居住邊區境內的人民，年滿十八歲，不分階級、黨派、職業、男女、宗教、民族、財產及文化程度的差別，都有選舉權和被選舉權。只有賣國者，經法院判決有罪、被剝奪公民權者，精神病患者，無選舉權與被選舉權。很顯然，這是一種公平合理、具有廣泛性的選舉制度。

（4）抗日民主政權要接受共產黨的領導。抗戰中期以後，中國共產黨強調根據地的領導要統一和一元化，並確定由中央代表機關及各級黨委為各地區的最高領導機關，統一各地區的黨政軍民工作的領導。但是，中國共產黨又明確指出，黨對政權的領導是間接的，它主要是靠「使占三分之一的共產黨員在品質上具有優越的條件」，靠這些共產黨員「以黨的正確政策和自己的模範工作」[69] 說服黨外人士接受党的建議。而且「黨對參議會和政府工作的領導，只能經過自己的黨員和黨團，黨委及黨的機關無權直接命令參議會及政府機關」；「黨團意見未被參議會及政府通過時，必須少數服從多數，不得違反民主集中制的原則」。[70] 可見，黨對「三三制」政權的領導不是直接的，它是通過提出正

69 毛澤東：《抗日根據地的政權問題》，《毛澤東選集》第 2 卷，第 742 頁。

70 《中共中央關於統一抗日根據地黨的領導及調整各組織間關係的決定》，彭明：《中國現代史資料選集》第 5 冊補編，中國人民大學出版社 1993 年版，第 412 頁。

確的建議、通過政權內的共產黨員的宣傳和說服工作等辦法來實現的，而且制度上實行黨政分開、少數服從多數，不是一黨包辦、一黨控制。

從以上各方面看來，共產黨的抗日民主政權在階級構成和政權性質上，比較充分地保證了各抗日階級的參政地位，保證了民主政治具有比較廣泛的社會基礎；在政權組織上，參議會制度遵循了人民主權精神，民主集中制和議行合一的原則有利於政權組織的民主性、嚴密性和產生高度的工作效能；在政權的產生方式上，強調選舉的普遍性，體現了對人民權利特別是參政權的尊重；在黨政關係上，既強調共產黨的領導，又強調黨政分開，並對如何處理黨政關係作出了積極的探索。很顯然，共產黨的抗日民主政權比較充分地體現了民主的精神，而且也注意到了當時中國的國情，有其合理性和進步性。在當時中國人設計的各種民主制度形式中，應該是最理想的民主制度形式。

還值得注意的是，共產黨人一再強調，抗日民主政權絕非暫時的權宜之舉，而應是未來新中國民主制度的雛形，共產黨人希望將其推廣到全中國。毛澤東說：「陝甘寧邊區的方向就是全國新民主主義的方向」[71]。「根據地的模型推廣到全國，那時全國就成了新民主主義的共和國。」[72] 劉少奇說：抗日根據地「這種

---

**71** 《毛澤東年譜》中卷，人民出版社、中央文獻出版社 1993 年版，第 173 頁。

**72** 毛澤東：《關於打退第二次反共高潮的總結》，《毛澤東選集》第 2 卷，第 785 頁。

民主化的地區，應該是新的民主共和國——三民主義共和國的地方基礎」，「它有著全國的普遍意義」。[73] 鄧小平也指出：抗日民主政權「不僅是今天敵後抗戰的最好政權形式，而且是將來新民主主義共和國所應採取的政權形式」[74]。共產黨人的這一願望也充分表明了其追求民主的精神和雄心。

## 第三節 ▶ 民主精神的積澱

伴隨著中國人對民主的孜孜追求，民主文化與中華民族文化逐漸融會在一起，民主精神逐漸深入到中華民族文化的深層，內化成了中華民族精神的一部分。以下三個方面的表現比較突出：

其一，外來民主的中國化，最基本地表現乃是國外民主與中國國情的結合。上文提到的近代以來中國人民對民主的追求、對民主制度的設計都比較充分地反映了這一點。此外，外來民主還與中國的民族傳統逐漸聯繫起來。

絕大多數中國人在追求民主的過程中，一般都對中國自身的民族傳統抱有正確的態度，主張理智地對待傳統文化，要求保留和發揚民族傳統中優秀的成分，全盤西化論者很少。這種態度使得他們在接受外來民主和追求民主的過程中，經常將民主問題與

**73** 劉少奇：《論抗日民主政權》，《劉少奇選集》（上卷），第176頁。
**74** 鄧小平：《党與抗日民主政權》，《鄧小平文選》第1卷，人民出版社1994年版，第8頁。

民族傳統聯繫起來。有兩種現象比較典型：

一是很多人經常借用傳統觀念認識和理解民主問題。例如：借用重民觀念。孫中山認為「兩千多年前的孔子、孟子便主張民權」，「堯舜的政治，名義上雖然是用君權，實際上是行民權」。[75]梁漱溟認為「中國文化自古富於民主精神，（只未用民主這名稱）初不後於近代之西洋人」，只是在「尊重多數」「尊重個人自由」兩方面不及西洋民主。[76]張東蓀從《論語》中「性相近習相遠」的觀點、孟子人性善的觀點中得出「人性相同」的思想，並指出「人性相同」是西方民主主義和中國傳統政治思想共同的認識基礎。只不過中國的傳統政治思想「因為特別注重教化之故，致半途而折入於非民主的形態」，因此，「中國所有的只是民主主義的前半段」。[77]又如：借用大同觀念。張瀾認為：「民主政治，人人自愛，人人互尊，所受之教育，所得之享受，皆期趨於平等。貨取於地，而不必藏己，力出於身，而不必為己。將來因社會財富之增加，人類皆富，人類皆樂，各隨其生，共用和平，以達到大同世界，是為民主政治之極則。」[78]《憲政月刊》第 10 號刊文《大同學說中的民主思想》指出：孫中山的「三民

---

75 孫中山：《三民主義》，《孫中山選集》，第 701 頁。

76 梁漱溟：《民主的涵義》，《梁漱溟全集》第 5 卷，山東人民出版社 1992 年版，第 444 頁。

77 張東蓀：《中國的道統——儒家思想》，張汝倫：《理性與良知——張東蓀文選》，第 576-577 頁。

78 張瀾：《中國需要真正的民主政治》，《張瀾文集》，四川教育出版社 1991 年版，第 188 頁。

主義的完備性是從大同學說中產生出來的」；大同學說中勾畫出的大同社會，其政治組織「是一種全民政治的真正民主制度」；「大同學說的主張，除認為經濟方面的生產力應當根據民主的立場歸於公有以外，還注意到社會與政治的民主因素」。毛澤東在論述人民民主專政時也指出：人民民主專政建立後，「對於工人階級、勞動人民和共產黨，則不是什麼被推翻的問題，而是努力工作，創設條件，使階級、國家權力和政黨很自然地歸於消滅，使人類進到大同境域」。[79] 再如：借用平等平均觀念。民盟提出了經濟民主的主張，要「平均財富，消滅貧富階級以保障人民經濟上之平等」[80]。毛澤東在解釋共產黨人的新民主主義民主時曾說：「從前有人說過一句話，說是『有飯大家吃』。我想這可以比喻新民主主義。既然有飯大家吃，就不能由一黨一派一階級來專政。」[81] 就是說，各階級各黨派各個人都應該參與政權，享有民主權利。毛澤東在解釋經濟平等是民主的實質時還說：「共產就是民主」[82]。

二是中國人在認識和理解一些民主問題時經常引入一些傳統思想觀念，從而改變和豐富了其原有內涵。例如：前面提到過，中國人理解的個人主義要求個人與集體相和諧，理解的自由強調

79 毛澤東：《論人民民主專政》，《毛澤東選集》第 4 卷，第 1469 頁。
80 《中國民主同盟綱領》，《中國民主同盟歷史文獻》，第 67 頁。
81 毛澤東：《新民主主義的憲政》，《毛澤東選集》第 2 卷，第 733 頁。
82 毛澤東：《對〈論聯合政府〉的說明》，《毛澤東文集》第 3 卷，第 275 頁。

個人自由必須以大多數的自由為前提，這與西方民主思想中極端突出個人主義和個人自由的地位是不同的，這顯然是受到中國傳統的重視國家、集體觀念的影響。又如：受中國傳統貴和、尚中、修身思想的影響，一些人理解的民主具有了明顯的合作、調和、謙讓等極富中國文化特色的內涵，這與西方的認識有很大的不同。共產黨人十分強調民主作風建設，其中的政治修養、人格修養意義很濃。張申府將「合作（事業的合作）」列為「民主的三要素」之一[83]。民盟解釋民主的精神「第一是容忍，第二是互讓，第三是妥協」[84]；它提出的「中國型的民主」思想具有明顯的調和蘇聯民主和英美民主的意義。很顯然，由於受中國傳統思想觀念的影響，中國人理解的民主內涵已經超出了西方民主內涵中過於突出的政治民主內涵，也超出了西方現代自由主義對民主內涵擴展後理解的內涵。

其二，中國人對民主的接受逐漸由制度組織層面深入到思想層面，進而又深入到民主精神層面，這推動了民主觀念的日益社會化並逐漸深入人心。

我們知道，近代以來，中國人民主思想的發展經歷了一個從制度層面到思想層面的過程，這無疑反映了中國人民主觀念的發展日益深化。其實不僅於此，我們還應進一步看到，中國人民主

**83** 張申府：《民主問題》，《憲政月刊》第 14、15 號合刊，1945 年 3 月 25 日。

**84** 《中國民主同盟一屆二中全會政治報告》，《中國民主同盟歷史文獻》，第 265 頁。

觀念的發展已經深入到民主精神層面。有人注意到，至少在「五四」時期，中國人就已經開始努力揭示民主的精神，探討精神層面民主的內涵[85]。「五四」以後，這種注重揭示和把握民主精神的現象越來越多。例如，劉少奇在闡述民主內涵時就十分強調要把握民主的精神。他說：「民主的精神是什麼？就是平等的精神」，「我們革命者，要有平等的精神，認為一個人沒有權利壓迫或剝削另一個人，沒有權利去侮辱另一個人的人格」。他還說，人雖然有「先天的不同」，如「有智力發育上的差別，有長得高大的與矮小的，有力氣大的與力氣小的，有男人與女人」，雖然「有工作上、職務上、職權上的不同」，但是「大家在基本上是平等的」，「人權上沒有什麼不同」，因此，要尊重他人的「權利、義務與人格」。[86] 梁漱溟很注重從民主精神的角度理解民主的實質含義。他指出：「民主是人類社會生活之一種精神或傾向」，其內涵具有以下五要點：(1)「我承認我，同時亦承認旁人」。(2)「彼此平等」。(3)「講理」。(4)「尊重多數」。(5)「尊重個人自由」。[87] 張申府則把民主精神看作民主內涵的一個重要方面。他說：「民主至少有兩方面。一是民主政治或民主制度，一是民主習慣或民主精神。」並認為後者才是廣義的民

85 參見朱志敏：《「五四」民主觀念研究》，北京師範大學出版社 1996 年版；方敏：《「五四」後三十年民主思想研究》，商務印書館 2004 年版。
86 劉少奇：《民主精神與官僚主義》，《紅旗雜誌》1980 年第 14 期。
87 梁漱溟：《民主的涵義》，《梁漱溟全集》第 5 卷，第 442-444 頁。

主。[88] 民盟對民主有下面的解釋：「民主是人類生活的一種方式，是做人的一種道理。這種道理認定人是目的，社會一切政治經濟的組織，只是人類達到做人目的的工具，人是一切組織一切制度的主人」。因此，「在一個社會裡，人人做人，人人做自己的主人，一切政治經濟的組織都成了這個目標的工具，這就是民主」。[89] 這實際上揭示的正是民主的精神。上述一些中國人對民主精神的揭示和關注，反映了民主精神正在人們的意識中逐漸樹立起來。

隨著人們對民主精神的越來越注重，民主觀念逐漸社會化，逐漸深入人心。首先，我們從近代中國人追求民主的歷程中看到，隨著追求民主鬥爭的不斷深入，近代中國接受、宣傳和追求民主的階級、階層越來越廣泛。戊戌變法、辛亥革命時期，追求民主的社會力量還主要是新興的資產階級、一些進步的知識分子、華僑等。「五四」以後，隨著工人階級獨立地登上政治舞臺，農民階級、小資產階級也被發動起來。這樣，占據著中國人口絕大多數的工人、農民、小資產階級、民族資產階級都加入到接受、宣傳和追求民主的行列，中國新民主主義革命和資產階級民主運動的社會基礎極大地擴展了。無須更多地解釋，近代中國，特別是「五四」後一次又一次的民主浪潮能夠不斷掀起，新

**88** 張申府：《友聲與民主》，《張申府文集》第 1 卷，河北人民出版社 2005 年版，第 455 頁。

**89** 《中國民主同盟臨時全國代表大會政治報告》，《中國民主同盟歷史文獻》，第 75 頁。

民主主義革命能夠廣泛深入地開展並取得最後的勝利，沒有廣泛的具有一定民主意識的基層普通群眾的參加，是根本不可能的。其次，在具體的社會生活中，民主原則開始被越來越多的人貫徹和遵循，民主精神得到越來越多的體現。如在教育領域，陶行知極力推行他的「民主的教育」理念；張申府主張改革教育，「切實地實施民主教育」，「必須在教育上儘量多採行些民主的辦法」。[90] 在婦女界，婦女解放的熱潮不斷掀起，現代女性「迫切的要求平等、獨立、自由」[91]。新聞界、文藝界雖經常受到當局政府的控制、打擊，但很多人依舊勇於發表進步言論，與政府當局進行努力抗爭。他們認為，「言論自由是國家之靈魂社會之生命」，是「民主政治的基礎」。[92] 呼籲「爭民治的人，先爭言論自由」[93]。在經濟界，工會的作用已經在一定程度上有所發揮，勞動者的利益比過去得到了較多的尊重等；在日常生活領域，少數服從多數、尊重他人、民主協商等民主原則越來越被人們所遵循；等等。另外，以下兩則材料也非常鮮明地反映了民主觀念深入人心的狀況。在國統區，從一九四六年的一份對知識青年的調查中發現，青年最喜愛看的雜誌有：《週報》《西風》《文粹》《家

**90** 張申府：《民主與教育》，《張申府文集》第 1 卷，第 550 頁。
**91** 林語堂：《吾國與吾民》，寶文堂書店 1988 年版，第 137 頁。
**92** 張志讓：《提倡言論自由加強言論領導的建議》，《憲政月刊》第 6 號，1944 年 6 月 1 日。
**93** 王贛愚：《言論自由與民治》，《自由論壇》第 2 卷第 3 期，1944 年 3 月 1 日。

庭》《民主》《科學畫報》《女聲》《宇宙》[94]等。其中《週報》《文粹》《民主》，都是民主黨派所辦的刊物，鼓吹民主甚力。一九四一年陝甘寧邊區的第二次普選中，「到處掀起了熱烈的競選浪潮」。九月二十九日，延安市參議員選舉大會上，「十五名候選人相繼登上講臺，發表競選演說」。「在綏德縣第四保的選民大會上，每個候選人都爭先恐後地站出來作競選發言」。這些候選人中許多是非共產黨的工人、農民，還有婦女。「全邊區第一次普選，參加選舉的選民平均到達百分之七十以上；而第二次普選，則平均到達百分之八十五。綏德的四十裡鋪，平時開選民大會，能到百分之八十至百分之九十，但當投票選舉的時候，誰也不放棄自己的權利，百分之一百都到了。」[95]

其三，民主意識開始逐漸深入到民族文化的深層。在一些人的認識中，民主開始成為民族文化建設、民族精神建設的一種基本原則和基本內容，進而又將其看做是整個新社會建設的一項基本原則和基本內容。

大約從清末開始，一些中國人已經把民主與民族文化建設、民族精神建設問題明確地聯繫在了一起。晚清革命派就從國魂鑄造的角度論述到了以平民為「社會之骨髓」的平民魂[96]，論述到

94 孫德鎮：《你最愛》，《上海文化》第 2 期，1946 年 1 月。

95 轉引自李雲峰：《陝甘寧邊區民主政治的實施及其特點》，《西北大學學報（哲社版）》1986 年第 3 期。

96 飛生：《國魂篇》，鄭師渠、史革新：《近代中國民族精神研究讀本》，北京師範大學出版社 2006 年版，第 9 頁。

了要以「獻身破產，鏟平階級，以為國民倡」的方式鑄就「社會魂」[97]。這裡已經隱約提出了民族精神建設要以民主為基本原則和基本內容的思想。新文化運動時期，新文化的宣導者們高舉民主、科學的大旗，提出了塑造新人格、創建民族新文化的進步方向。這裡，民主實際上已經成為了民族文化建設、民族精神建設的一項基本原則和基本內容。抗日戰爭時期，共產黨人把新文化建設的基本原則確定為民族的、科學的、大眾的新文化，其中「大眾化」的原則明確包含著「民主」的內涵。張申府主張積極倡導人權自由，並希望由此對文明文化的建設「有廣大至深的貢獻」；他還把「建設一個真正自由平等快活進步的新中國，以進於天下為公的大同」作為「我們一個當然的理想」列入國民精神建設的要點之一。[98] 另外，眾所周知，現代新儒家雖然在新文化建設問題上的基本態度是「中體西用」，但也明確表示要吸收西方文化中「民主」「科學」等內容。

隨著對民主的追求不斷深入和民主觀念的深化，一些人已經開始把民主看作是未來整個新社會建設的一項基本原則和基本內容。毛澤東就認為：「無論什麼情況，民主的口號都能適應，民主對於中國人是缺乏而不是多餘，這是人人明白的。」[99]「民主

**97** 壯遊：《國民新靈魂》，鄭師渠、史革新：《近代中國民族精神研究讀本》，第 30 頁。

**98** 張申府：《國民精神總動員上的二要點》，《張申府文集》第 1 卷，第 318 頁。

**99** 毛澤東：《為爭取千百萬群眾進入抗日民族統一戰線而鬥爭》，《毛澤東選集》第 1 卷，第 275 頁。

必須是各方面的，是政治上的、軍事上的、經濟上的、文化上的、黨務上的以及國際關係上的，一切這些，都需要民主。」[100]張申府認為：「至中國今日，不但在政治方面，就是抗戰的反攻上，經濟財政上，以及教育文化上，乃至社會別的方面，實在無一不需要民主，無一樣沒有民主能夠解決其困難。」[101]由此，他認定，民主應包括五個方面：「思想民主，社會民主，政治民主，經濟民主，國際民主」[102]。前文提到，張東蓀把民主看作「同時是個政治制度，同時是個社會組織，同時是個教育精神，同時是個生活態度，同時是個思維方法，同時是個前途的理想，同時是個切身的習慣」。把民主看作「同時是一個目標，同時是一個原則，同時是一個精神」的認識，顯然也是把民主看成了未來新社會各方面建設的一項基本原則和基本內容。

綜上所述，經過中國人對民主一個世紀的孜孜追求，隨著中國社會走上人民民主的道路，外來民主日益中國化了，民主觀念逐漸深入人心並滲透進民族生活的各個領域，民主已經成為新的民族文化、民族精神，乃至整個新社會建設的一項基本原則和基本內容。這一切都表明，民主意識、民主精神、民主文化正逐漸深入到中華民族文化的深層。作為中華民族精神的重要內容，民

**100** 毛澤東：《會見中外記者西北參觀團的講話》，《毛澤東文集》第 3 卷，第 169 頁。

**101** 張申府：《民主原則》，《張申府文集》第 1 卷，第 470 頁。

**102** 張申府：《民主問題》，《憲政月刊》第 14、15 號合刊，1945 年 3 月 25 日。

主精神已然成長起來。

毋庸諱言，由於受到幾千年傳統專制觀念的影響，民主在中國的發展時間還比較短暫，再考慮到其他種種消極因素的制約，中華民族的民主精神還存在著這樣或那樣的缺陷和局限。對此，我們可以另做深入探討。這裡，我們希望能從積極的一面強調，中華民族民主精神的形成，反映了中華民族精神在中國近代史上的發展和弘揚，是近代中國人為中華民族的發展留下的無比寶貴的財富，它推動了中國真正民主化的歷程，推動了中華民族振興的歷程。從人類發展的必然趨勢來看，我們也應該持有這樣一種樂觀，中華民族的民主精神一定會隨著時代的演進而不斷發揚光大。

昌明文庫·悅讀中國　A0607030

# 歷史視野下的中華民族精神（中冊）

主　　編　鄭師渠、史革新
責任編輯　陳胤慧
版權策畫　李煥芹

發 行 人　陳滿銘
總 經 理　梁錦興
總 編 輯　陳滿銘
副總編輯　張晏瑞
編 輯 所　萬卷樓圖書股份有限公司
排　　版　菩薩蠻數位文化有限公司
印　　刷　維中科技有限公司
封面設計　菩薩蠻數位文化有限公司

出　　版　昌明文化有限公司
桃園市龜山區中原街 32 號
電話　(02)23216565
發　　行　萬卷樓圖書股份有限公司
臺北市羅斯福路二段 41 號 6 樓之 3
電話　(02)23216565
傳真　(02)23218698
電郵　SERVICE@WANJUAN.COM.TW
大陸經銷　廈門外圖臺灣書店有限公司
　電郵　JKB188@188.COM

**ISBN 978-986-496-404-8**
2019 年 3 月初版
定價：新臺幣 500 元

如何購買本書：
1. 轉帳購書，請透過以下帳戶
　合作金庫銀行　古亭分行
　戶名：萬卷樓圖書股份有限公司
　帳號：0877717092596
2. 網路購書，請透過萬卷樓網站
　網址　WWW.WANJUAN.COM.TW
大量購書，請直接聯繫我們，將有專人為您服務。客服：(02)23216565　分機 610

如有缺頁、破損或裝訂錯誤，請寄回更換
版權所有·翻印必究
Copyright©2019 by WanJuanLou Books CO., Ltd.
All Right Reserved　　**Printed in Taiwan**

國家圖書館出版品預行編目資料

歷史視野下的中華民族精神 / 鄭師渠, 史革新主編. -- 初版. -- 桃園市 : 昌明文化出版 ; 臺北市 : 萬卷樓發行, 2019.03
　冊 ;　公分
ISBN 978-986-496-404-8(中冊 : 平裝). --

1.民族精神 2.中華民族

535.72　　108002852

**本著作物由廣東人民出版社有限公司授權大龍樹（廈門）文化傳媒有限公司和萬卷樓圖書股份有限公司（臺灣）共同出版、發行中文繁體字版版權。**

**本書為金門大學產學合作成果。**　　**校對：陳羚婷／金門大學華語文學系四年級**